广东省中小学"百千万人才培养工程"
初中理科名教师培养项目丛书

丛书总主编：于 慧 李晓娟

"五步五环"教学导向下
初中数学课堂的实践与研究

黎康丽 著

暨南大学出版社
JINAN UNIVERSITY PRESS

中国·广州

图书在版编目（CIP）数据

"五步五环"教学导向下初中数学课堂的实践与研究/黎康丽著. —广州：暨南大学出版社，2024.12
（广东省中小学"百千万人才培养工程"初中理科名教师培养项目丛书／于慧，李晓娟总主编）
ISBN 978 - 7 - 5668 - 3891 - 9

Ⅰ. ①五…　Ⅱ. ①黎…　Ⅲ. ①中学数学课—课堂教学—教学研究—初中　Ⅳ. ①G633. 602

中国国家版本馆 CIP 数据核字（2024）第 066448 号

"五步五环"教学导向下初中数学课堂的实践与研究
"WU BU WU HUAN" JIAOXUE DAOXIANG XIA CHUZHONG SHUXUE KETANG DE SHIJIAN YU YANJIU
著　者：黎康丽
· ·

出 版 人：阳　翼
统　　筹：黄　球　潘江曼
责任编辑：刘宇韬
责任校对：陈皓琳　潘舒凡
责任印制：周一丹　郑玉婷

出版发行：暨南大学出版社（511434）
电　　话：总编室（8620）31105261
　　　　　营销部（8620）37331682　37331689
传　　真：（8620）31105289（办公室）　37331684（营销部）
网　　址：http：//www.jnupress.com
排　　版：广州良弓广告有限公司
印　　刷：广州市友盛彩印有限公司
开　　本：787mm×1092mm　1/16
印　　张：13.75
字　　数：260 千
版　　次：2024 年 12 月第 1 版
印　　次：2024 年 12 月第 1 次
定　　价：59.80 元

自　序

教育是一场向美而行的遇见，研修恰是一段遇见美好的旅程——以"空杯"的心态，清零、重构，更好地重新认识自我。我自 2012 年 8 月担任教研员，正当我遇到瓶颈，感到无法进一步突破自我的时候，我很幸运地成为广东省中小学"百千万人才培养工程"初中理科名教师培养对象。在研修的过程中，我不断磨炼与提升自我，逐渐从优秀迈向卓越，逐渐走向拥有专业精神、专业知识、专业能力，凝练坚定的职业理想信念和人格魅力的自己。

凤凰花开象征未来与希望，代表重生与繁荣，站在凤凰花开的路口——人生重要的转折点，感谢广东省"百千万人才培养工程"项目提供的平台，让我提升教育教学理念，向名师学习，向榜样学习，不断地完善与超越，学会凝练、阐释和传播自己，做学者型的教师；学会跨界创新，将不同领域的知识碰撞与融合，激发灵感，带来新的突破，形成全方位的思考和看待问题的多元视角；学会对新认知的内容进行加工、重组、再创造，提高思维能力和科研能力；学会梳理教学工作，总结经验，反思得失，及时进行总结并转化为文字，提高专业写作水平和教育教学水平。

本书以广东省教育科学规划领导小组中小学教师教育科研能力提升计划项目"支架式教学下促进初中数学课堂深度学习的实践研究"和广东省教育研究院课题"基于支架式教学下初中数学课堂教学的实践研究"为研究契机，深入探索"情意数学"的操作范式及"五步五环"教学法。我不懈探索，找到自己的核心算法，学会以"问题即课题，改进即研究，发展即成果"的理念进行积累；领悟提炼是对原生态的内容进行重新推敲、打磨、建构，学会用第三只眼探寻、追问。以课题研究为引领，走涵养之路，在营养丰富的生态池中，充分吸收营养；强素养之基，学科核心素养落地开花；攀思想之峰，不做简单的教书匠，而是做有思想的教育家；借改革之势，围绕新政策重构重点、破解难点，把育时代新人作为终极目标。

本书第一章阐述为真实而教，深入研究《义务教育数学课程标准（2022年版)》，着力于义务教育数学课程的基本理念、课程目标、初中学段解析三方面，体会在课程改革和教学改革的实践研究中积极探索，体现学科育人功能与价值。第二章阐述为成长而教，基于学科课程标准的要求，在支架式教学法统领下，深度学习触及学生的心灵，精心建构"五步五环"数学课堂模式，从建构的研究策略、意义、教学范式与实践等方面，感受"深究细研、思维灵动"的育人新模式。第三章阐述为深度而教，以单元教学为主题、以数学问题链设计、以数学思想为基本线索，构建"五步五环"五种课型：概念课、定理课、实践课、复习课和讲评课，形成"以情触教，以艺深雕"教学风格，探讨教学的价值，追求"情意数学"教学思想。第四章阐述为理解而教，追求理解为先，以始为终逆向设计教学理念，明确学习结果、确定达标证据、安排教学活动，打造自由舒展的数学课堂，立足于大单元、整体设计视角，落实"教—学—评一致性"教学专业路径，努力实现"教—学—评"的有机统一。

在课题研究及创作本书的过程中，我坚持以课题引领、以点成圆、成事成人、小步迭代、借力而为、团队作战。非常感谢广东省中小学"百千万人才培养工程"初中理科名教师培养项目导师广东第二师范学院数字学院院长李样明、深圳市第二实验学校副校长林伟、广州市天河区教师发展中心教研员刘永东给予我的指导，还要感谢省级课题组的五位成员以及工作室团队的十位学员。同时，也祝愿各位读者，在阅读中成长，在成长中成熟，在成熟中成名，收获更美好的未来！

黎康丽

2024 年 8 月于广东省江门市

目　录
CONTENTS

第一章　基于课程标准，为真实而教

第一节　义务教育数学课程的基本理念

义务教育数学课程以习近平新时代中国特色社会主义思想为指导，落实立德树人的根本任务，致力于实现义务教育阶段的培养目标，使得人人都能获得良好的数学教育，不同的人在数学上得到不同的发展，逐步形成适应终身发展需要的核心素养。

一、确立核心素养导向的课程目标

义务教育数学课程应使学生能够通过学习数学，形成面向未来社会和个人发展所需要的核心素养。核心素养是在数学学习过程中逐渐形成和发展的，不同学段的发展水平不同，这是制定课程目标的基本依据。

课程目标以学生发展为本，以核心素养为导向，进一步强调学生数学基础知识、基本技能、基本思想和基本活动经验（以下简称"四基"）的获得与发展，发展学生运用数学知识与方法发现、提出、分析和解决问题的能力（以下简称"四能"），使其形成正确的情感、态度和价值观。

二、设计体现结构化特征的课程内容

数学课程内容是实现课程目标的重要载体。

（1）课程内容选择。

保持相对稳定的学科体系，体现数学学科特征；关注数学学科发展前沿与数学文化，继承和弘扬中华优秀传统文化；与时俱进，反映现代科学技术与社会发展需要；符合学生的认知规律，帮助学生理解、掌握数学的基础知识和基

本技能，形成数学基本思想，积累数学基本活动经验，发展核心素养。

（2）课程内容组织。

重点是对内容进行结构化整合，探索发展学生核心素养的路径。重视数学结果的形成过程，处理好过程与结果的关系；重视数学内容的直观表述，处理好直观与抽象的关系；重视学生直接经验的形成，处理好直接经验与间接经验的关系。

（3）课程内容呈现。

注重数学知识与方法的层次性和多样性，适当考虑跨学科主题学习；根据学生的年龄特征和认知规律，适当采取螺旋式方式，适当体现选择性，逐渐拓展和加深课程内容，适应学生的发展需求。

三、实施促进学生发展的教学活动

有效的教学活动是学生学和教师教的统一，学生是学习的主体，教师是学习的组织者、引导者与合作者。

学生学习的过程应是主动的。认真听讲、独立思考、动手实践、自主探索、合作交流等是学习数学的重要方式。教学活动应注重启发、激发学生学习兴趣，引发学生积极思考，鼓励学生质疑问难，引导学生在真实情境中发现问题和提出问题，利用观察、猜测、实验、计算、推理、验证、数据分析、直观想象等方法分析问题和解决问题；促进学生理解和掌握数学的基础知识和基本技能，体会和运用数学的思想与方法，获得数学的基本活动经验；培养学生良好的学习习惯，使其形成积极的情感、态度和价值观，逐步形成核心素养。

四、探索激励学习和改进教学的评价

评价不仅要关注学生的数学学习结果，还要关注学生的数学学习过程，激励学生学习，改进教师教学。教师通过学业质量标准的构建，融合"四基""四能"和核心素养的主要表现，将其作为阶段性评价的主要依据，并采用多元的评价主体和多样的评价方式，鼓励学生自我监控学习的过程和结果。

五、促进信息技术与数学课程融合

教师应合理利用现代信息技术，提供丰富的学习资源，设计生动的教学活动，促进数学教学方式方法的变革。在实际问题解决中，学校和教师应创设合理的信息化学习环境，提升学生的探究热情，开拓学生的视野，激发学生的想象力，提高学生的信息素养。

第二节 义务教育数学课程目标

一、数学课程总目标体系建构

《义务教育数学课程标准（2022年版）》的课程目标分为总目标和学段目标。课程总目标明确提出，核心素养是在数学学习过程中逐渐形成和发展的。核心素养的形成和发展与数学知识的学习密不可分，但并不是以琐碎的、零星的碎片化形式呈现和习得，核心素养的发展也具有整体性的协同发展特征，而不是每一种素养独立存在和发展。核心素养的发展是连续的、进阶式的，针对不同学段学生的特点和发展水平，核心素养的培养、评价应该提出不同要求。通过义务教育阶段的数学学习，学生逐步会用数学的眼光观察现实世界，会用数学的思维思考现实世界，会用数学的语言表达现实世界（以下简称"三会"）。

（1）学生能获得适应未来生活和进一步发展所必需的数学基础知识、基本技能、基本思想、基本活动经验。

这是在《义务教育数学课程标准（2011年版）》中就提出来的"四基"目标，也是形成和发展核心素养的重要组成部分。基础知识的学习和掌握是形成和发展学生核心素养的基石，基本技能的训练、数学活动经验的积累是形成核心素养的最基本途径，而基本数学思想则是核心素养的重要组成部分。

（2）学生能体会数学知识之间、数学与其他学科之间、数学与生活之间的联系，在探索真实情境所蕴含的关系中，发现问题和提出问题，运用数学和其他学科的知识与方法分析问题和解决问题。

《义务教育数学课程标准（2011年版）》已明确提出了发现问题、提出问题、分析问题和解决问题的要求，而《义务教育数学课程标准（2022 年版）》则将"四能"和核心素养的目标融合在一起，不仅是培养学生素养的有效途径，还是素养提升所能实现的课程目标的核心指标。

（3）学生能对数学具有好奇心和求知欲，了解数学的价值，欣赏数学美，提高学习数学的兴趣，建立学好数学的信心，养成良好的学习习惯，形成质疑问难、自我反思和勇于探索的科学精神。

核心素养的构成不仅包括关键能力成分，还包括正确的价值观和良好的思维品质，而这些正是育人目标的重要维度，也是三维目标中情感、态度和价值观维度的升级。

二、学段目标特征

为体现义务教育数学课程的整体性与发展性，根据学生数学学习的心理特征和认知规律，我们将九年的学习时间划分为四个学段。在"六三"学制中，1~2 年级为第一学段，3~4 年级为第二学段，5~6 年级为第三学段，7~9 年级为第四学段。我们根据"六三"学制四个学段学生发展的特征，描述总目标在各学段的表现和要求，将核心素养体现在每个学段的具体目标之中。

（一）第一学段（1~2 年级）

在该学段，学生经历简单的数的抽象过程，认识万以内的数，能进行简单的整数四则运算，形成初步的数感、符号意识和运算能力。能辨认简单的立体图形和平面图形，认识长方形和正方形的特征，体验物体长度的测量过程，认识常见的长度单位，形成初步的量感和空间观念。经历简单的分类过程，能根据给定的标准进行分类，形成初步的数据意识。在主题活动中认识货币单位、时间单位和基本方向，尝试用数学方法解决问题，积累数学活动经验，形成初步的量感和应用意识。

学生能在教师指导下，从日常生活中提出简单的数学问题，尝试运用所学的知识和方法解决问题。在解决问题的过程中，感悟分析问题和解决问题的基本方法，感受数学在生活中的应用，形成初步的几何直观和应用意识。

学生对身边与数学有关的事物有好奇心，能参与数学学习活动。在他人帮助下，尝试克服困难，感受数学活动中的成功。了解数学可以描述生活中的一些现象，感受数学与生活的密切联系，感受数学美。能倾听他人的意见，尝试对他人的想法提出建议。

在一年级第一学期的入学适应期，学生可以利用生活经验和幼儿园相关活动经验，通过具体形象、生动活泼的活动方式学习简单的数学内容。这期间的主要目标包括：认识20以内的数，掌握20以内数的加减法（不含退位减法）；能辨认物体和简单图形的形状，掌握简单的分类；解决日常生活中简单的数学问题；对数学学习产生兴趣并树立信心。

（二）第二学段（3~4年级）

在该学段，学生认识自然数，经历小数和分数的形成过程，初步认识小数和分数；能进行较复杂的整数四则运算和简单的小数、分数的加减运算，理解运算律；形成数感、运算能力和初步的推理意识。认识常见的平面图形，经历平面图形的周长和面积的测量过程，探索长方形周长和面积的计算方法；了解图形的平移、旋转和轴对称；形成量感、空间观念和初步的几何直观。经历简单的数据收集过程，了解数据收集、整理和呈现的简单方法；理解平均数的意义，会用平均数解决问题；形成初步的数据意识。在主题活动中进一步认识时间单位和方向，认识质量单位，尝试应用数学和其他学科知识与方法解决问题，积累数学活动经验，形成量感、推理意识和应用意识。

学生能尝试从日常生活中发现和提出数学问题，探索分析和解决问题的方法，经历独立思考并与他人合作交流解决问题的过程，会用常见的数量关系和其他学科的知识与方法解决问题，能初步判断结果的合理性；形成初步的模型意识、几何直观和应用意识。

学生愿意了解日常生活中与数学相关的信息，愿意参与数学学习活动。在他人的鼓励和引导下，体验克服困难、解决问题的成就，体会数学的作用，感受数学美。在学习活动中能提出自己的想法，在与他人交流的过程中，敢于质疑和勤于反思。

（三）第三学段（5~6年级）

在该学段，学生经历用字母表示数的过程，认识自然数的一些特征，理解小数和分数的意义；能进行小数和分数的四则运算，探索数运算的一致性；形成符号意识、运算能力、推理意识。探索几何图形面积和体积的计算方法，会计算常见平面图形的周长和面积，会计算常见立体图形的体积和表面积；能用有序数对确定点的位置，进一步认识图形的平移、旋转和轴对称；形成量感、空间观念和几何直观。经历收集、整理和表达数据的过程，会用条形统计图、折线统计图表达数据,并作出简单的判断;理解百分数的意义,了解随机现象发生的可能性;形成数据意识和初步的应用意识。在主题活动和项目学习中了解负数,应用数学和其他学科知识与方法解决问题,积累数学活动经验,形成数感、量感、模型意识、应用意识和创新意识。

学生能尝试在真实的情境中发现和提出问题,探索运用基本的数量关系,以及几何直观、逻辑推理和其他学科的知识、方法分析与解决问题,形成模型意识和初步的应用意识、创新意识。

学生能对数学形成好奇心和求知欲,主动参与数学学习活动。在解决问题的过程中,体验成功的乐趣,相信自己能够学好数学,感受数学的价值,感受并欣赏数学美。初步养成认真勤奋、独立思考、合作交流、反思质疑的好习惯。

(四) 第四学段 (7~9 年级)

在该学段,学生经历有理数、实数的形成过程,初步理解数域扩充;掌握数与式的运算,能够解释运算结果的意义;会用代数式、方程、不等式、函数等描述现实问题中的数量关系和变化规律,形成合适的运算思路解决问题;形成抽象能力、模型观念,进一步发展运算能力。经历探索图形特征的过程,建立基本的几何概念;通过尺规作图等直观操作的方法,理解平面图形的性质与关系;掌握基本的几何证明方法;知道平移、旋转和轴对称的基本特征,理解相关概念;认识平面直角坐标系,能够通过平面直角坐标系描述图形的位置与运动;形成推理能力,发展空间观念和几何直观。掌握数据收集与整理的基本方法,理解随机现象;探索利用统计图表表示数据的方法,理解各种统计图表的功能;经历利用样本推断总体的过程,能够计算平均数、方差、四分位数等基本统计量,了解频数、频率和概率的意义;形成数据观念、模型观念和推理能力。在项目学习中,综合运用数学和其他学科知识与方法解决问题,积累数学活动经验,发展核心素养。

学生能在不同的情境中从数学的角度发现和提出问题,综合运用数学和其他学科的知识从不同的角度寻求分析问题和解决问题的方法,能运用几何直观、逻辑推理等方法解决问题,形成模型观念和数据观念。在与他人合作交流解决问题的过程中,能够严谨、准确地表达自己的观点,并能较好地理解他人的思考方法和结论。能够回顾解决问题的思考过程,反思方法和结论,形成批判性思维和创新意识。

学生能关注社会生活中与数学相关的信息,主动参与数学活动;在解决数学问题的过程中，能够克服困难，树立学好数学的信心，感受数学在实际生活中的应用，体会数学的价值，欣赏并尝试创造数学美；养成认真勤奋、独立思考、合作交流、反思质疑的学习习惯。

第三节　义务教育数学课程标准初中学段解析

数与代数、图形与几何、统计与概率以及综合与实践组成义务教育阶段数学课程内容四个学习领域。数与代数、图形与几何、统计与概率以数学核心内容和基本思想为主线循序渐进。综合与实践以培养学生综合运用所学知识和方法解决实际问题的能力为日标，引导学生综合运用数学学科和跨学科的知识与方法解决问题。

一、数与代数

数与代数是数学知识体系的基础之一，是学生认知数量关系、探索数学规律、建立数学模型的基石，它可以从数量的角度帮助学生清晰准确地认识、理解和表达现实世界。数与式、方程与不等式和函数构成了初中阶段数与代数领域的三个主题。

依据《义务教育数学课程标准（2022 年版)》的设计，下面用思维导图呈现数与代数领域涉及的知识（见图 1－1)。

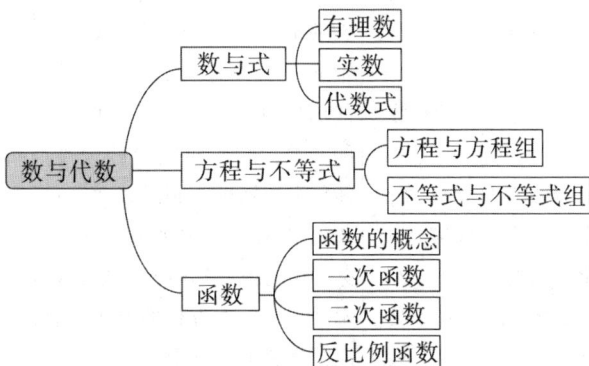

图 1－1　数与代数知识思维导图

（一）内容要求、学业要求及教学提示

1. 数与式

标题	内容要求	学业要求	教学提示
有理数	①理解负数的意义；理解有理数的意义，能用数轴上的点表示有理数，能比较有理数的大小。 ②借助数轴理解相反数和绝对值的意义，掌握求有理数的相反数和绝对值的方法。 ③理解乘方的意义。 ④掌握有理数的加、减、乘、除、乘方及简单的混合运算（以三步以内为主）；理解有理数的运算律，能运用运算律简化运算。 ⑤能运用有理数的运算解决简单问题。	理解负数的意义，会用正数和负数表示具体情境中具有相反意义的量；理解有理数的意义，能用数轴上的点表示有理数，能借助数轴体会相反数和绝对值的意义，初步体会数形结合的思想方法；能比较有理数的大小，能求有理数的相反数和绝对值；会运用乘方的意义准确进行有理数的乘方运算；能熟练地对有理数进行加、减、乘、除、乘方及简单的混合运算（以三步以内为主），理解有理数的运算律，能合理运用运算律简化运算，能运用有理数的运算解决简单问题。	数与式的教学。教师应把握数与式的整体性，一方面，通过负数、有理数和实数的认识，帮助学生进一步感悟数是对数量的抽象，知道绝对值是对数量大小和线段长度的表达，进而体会实数与数轴上的点一一对应的数形结合的意义，会进行实数的运算；另一方面，通过代数式概念和代数式运算的教学，让学生进一步理解字母表示数的意义，通过基于符号的运算和推理，建立符号意识，感悟数学结论的一般性，理解运算方法与运算律的关系，提升运算能力。
实数	①了解无理数和实数，知道实数由有理数和无理数组成，了解实数与数轴上的点一一对应。 ②能用数轴上的点表示实数，能比较实数的大小。 ③能借助数轴理解相反数和绝对值的意义，会求实数的相反数和绝对值。 ④了解平方根、算术平方根、立方根的概念，会用根号表示数的平方根、算术平方根、立方根。	了解无理数和实数，知道实数由有理数和无理数组成，感悟数的扩充；初步认识实数与数轴上的点具有一一对应关系，能用数轴上的点表示一些具体的实数，能比较实数的大小；能借助数轴理解相反数和绝对值的意义，会求实数的相反数、绝对值；知道平方根、算术平方根、立方根的概念，会用根号表示平方根、算术平方根、立方根；知道乘方与开方互为逆运算，会用乘方运算求	

（续上表）

标题	内容要求	学业要求	教学提示
实数	⑤了解乘方与开方互为逆运算，会用平方运算求百以内完全平方数的平方根，会用立方运算求千以内完全立方数（及对应的负整数）的立方根，会用计算器计算平方根和立方根。 ⑥能用有理数估计一个无理数的大致范围。 ⑦了解近似数，在解决实际问题中，能用计算器进行近似计算，会按问题的要求进行简单的近似计算。 ⑧了解二次根式、最简二次根式的概念，了解二次根式（根号下仅限于数）加、减、乘、除运算法则，会用它们进行简单的四则运算。	百以内完全平方数的平方根和千以内完全立方数的立方根（及对应的负整数），会用计算器计算平方根和立方根；能用有理数估计一个无理数的大致范围；初步认识近似数，在解决实际问题中，能用计算器进行近似计算，会按问题的要求进行简单的近似计算，会对结果取近似值；会用二次根式（根号下仅限于数）的加、减、乘、除运算法则进行简单的四则运算。	
代数式	①借助现实情境了解代数式，进一步理解用字母表示数的意义。 ②能分析具体问题中的简单数量关系，并用代数式表示；能根据特定的问题查阅资料，找到所需的公式。 ③会把具体数代入代数式进行计算。 ④了解整数指数幂的意义和基本性质；会用科学计数法表示数（包括在计算器上表示）。 ⑤理解整式的概念，掌握合并同类项和去括号的法则；能	能运用代数式表示具体问题中简单的数量关系，体验用数学符号表达数量关系的过程，会选择适当的方法求代数式的值；会用文字和符号语言表述整数指数幂的基本性质，能根据整数指数幂的基本性质进行幂的运算；会用科学计数法表示数（包括在计算器上表示）；理解整式的概念，掌握合并同类项和去括号的法则，能进行简单的整式加法和减法运算；能进行简单的整式乘法运算（多项式乘法仅限于一次式之	

（续上表）

标题	内容要求	学业要求	教学提示
代数式	进行简单的整式加减运算，能进行简单的整式乘法运算（多项式乘法仅限于一次式之间和一次式与二次式的乘法）。 ⑥理解乘法公式， $(a+b)(a-b)=a^2-b^2$， $(a\pm b)^2=a^2\pm 2ab+b^2$。 了解公式的几何背景，能利用公式进行简单的计算和推理。 ⑦能用提公因式法、公式法（直接利用公式不超过二次）进行因式分解（指数为正整数）。 ⑧了解分式和最简分式的概念，能利用分式的基本性质进行约分和通分；能对简单的分式进行加、减、乘、除运算。 ⑨了解代数推理。	间和一次式与二次式的乘法）；知道平方差公式、完全平方公式的几何背景，并能运用公式进行简单计算和推理；能用提公因式法、公式法（对二次式直接利用平方差公式或完全平方公式）进行因式分解（指数为正整数）；知道分式的分母不能为零，能利用分式的基本性质进行约分、通分，并化简分式，能对简单的分式进行加、减、乘、除运算并将运算结果化为最简分式。	

2. 方程与不等式

标题	内容要求	学业要求	教学提示
方程与方程组	①能根据现实情境理解方程的意义，能针对具体问题列出方程；理解方程解的意义，经历估计方程解的过程。 ②掌握等式的基本性质；能解一元一次方程和可化为一元一次方程的分式方程。	能根据具体问题中的数量关系列出方程，理解方程的意义；认识方程解的意义，经历估计方程解的过程；掌握等式的基本性质，能运用等式的基本性质进行等式的变形；能根据等式的基本性质解	方程与不等式的教学。应当让学生经历对现实问题中量的分析，借助用字母表达的未知数，建立两个量之间关系

（续上表）

标题	内容要求	学业要求	教学提示
方程与方程组	③掌握消元法，能解二元一次方程组。 ④*能解简单的三元一次方程组。 ⑤理解配方法，能用配方法、公式法、因式分解法解数字系数的一元二次方程。 ⑥会用一元二次方程根的判别式判别方程是否有实根及两个实根是否相等。 ⑦了解一元二次方程的根与系数的关系。 ⑧能根据具体问题的实际意义，检验方程解的合理性。	一元一次方程和可化为一元一次方程的分式方程；能根据二元一次方程组的特征，选择代入消元法或加减消元法解二元一次方程组；*能解简单的三元一次方程组；能根据一元二次方程的特征，选择配方法、公式法、因式分解法解数字系数的一元二次方程；会用一元二次方程根的判别式判别方程是否有实根及两个实根是否相等，会将一元二次方程根的情况与一元二次方程根的判别式相联系；知道利用一元二次方程的根与系数的关系可以解决一些简单的问题；能根据具体问题的实际意义，检验方程的解是否合理。建立模型观念。	的过程，知道方程或不等式是现实问题中含有未知数的等量关系或不等关系的数学表达；引导学生关注用字母表示一元二次方程的系数，感悟用字母表示的求根公式的意义，体会算术与代数的差异。
不等式与不等式组	①结合具体问题，了解不等式的意义，探索不等式的基本性质。 ②能解数字系数的一元一次不等式，并能在数轴上表示出解集；会用数轴确定两个一元一次不等式组成的不等式组的解集。 ③能根据具体问题中的数量关系，列出一元一次不等式，解决简单的问题。	结合具体问题，了解不等式的意义，探索不等式的基本性质；能用不等式的基本性质对不等式进行变形；能解数字系数的一元一次不等式，并能在数轴上表示出解集；会用数轴确定两个一元一次不等式组成的不等式组的解集；能根据具体问题中的数量关系，列出一元一次不等式，解决简单的实际问题。建立模型观念。	

注：*表示不是必须掌握的内容。

3．函数

标题	内容要求	学业要求	教学提示
函数的概念	①探索简单实例中的数量关系和变化规律，了解常量、变量的意义；了解函数的概念和表示法，能举出函数的实例。 ②能结合图象对简单实际问题中的函数关系进行分析。 ③能确定简单实际问题中函数自变量的取值范围，会求函数值。 ④能用适当的函数表示法刻画简单实际问题中变量之间的关系，理解函数值的意义。 ⑤结合对函数关系的分析，能对变量的变化情况进行初步讨论。	能识别简单实际问题中的常量、变量及其意义，并能找出变量之间的数量关系及变化规律，形成初步的抽象能力；了解函数的概念和表示法，能举出函数的实例，初步形成模型观念；能用适当的函数表示法刻画简单实际问题中变量之间的关系，理解函数值的意义；能确定简单实际问题中函数自变量的取值范围，并会求函数值；能根据函数图象分析出实际问题中变量的信息，发现变量间的变化规律；能结合函数图象对简单实际问题中的函数关系进行分析，结合对函数关系的分析，能对变量的变化趋势进行初步推测。	函数的教学。要通过对现实问题中变量的分析，建立两个变量之间变化的依赖关系，让学生理解用函数表达变化关系的实际意义；要引导学生借助平面直角坐标系中的描点，理解函数图象与表达式的对应关系，理解函数与对应的方程、不等式的关系，增强几何直观；使学生会用函数表达现实世界事物的简单规律，经历用数学的语言表达现实世界的过程，提升学习数学的兴趣，进一步发展应用意识。
一次函数	①结合具体情境体会一次函数的意义，能根据已知条件确定一次函数的表达式；会运用待定系数法确定一次函数的表达式。 ②能画一次函数的图象，根据图象和表达式 $y = kx + b$ $(k \neq 0)$ 探索并理解 $k > 0$ 和 $k < 0$ 时图象的变化情况；理解正比例函数。 ③体会一次函数与二元一次方程的关系。 ④能用一次函数解决简单实际问题。	能根据简单实际问题中的已知条件确定一次函数的表达式；会在不同情境中运用待定系数法确定一次函数的表达式；会画出一次函数的图象；会根据一次函数的表达式求其图象与坐标轴的交点坐标；会根据一次函数的图象和表达式 $y = kx + b$ $(k \neq 0)$ 探索并理解值的变化对函数图象的影响。认识正比例函数中两个变量之间的对应规律，会结合实例说明正比例函	

（续上表）

标题	内容要求	学业要求	教学提示
一次函数		数的意义及变量之间的对应规律。会根据一次函数的图象解释一次函数与二元一次方程的关系；能在实际问题中列出一次函数的表达式，并结合一次函数的图象与表达式的性质等解决简单的实际问题。	
二次函数	①通过对实际问题的分析，体会二次函数的意义。 ②能画二次函数的图象，通过图象了解二次函数的性质，知道二次函数系数与图象形状和对称轴的关系。 ③会求二次函数的最大值或最小值，并能确定相应自变量的值。能解决相应的实际问题。 ④知道二次函数和一元二次方程之间的关系，会利用二次函数的图象求一元二次方程的近似解。	会通过分析实际问题的情境确定二次函数的表达式，体会二次函数的意义；会用描点法画出二次函数的图象，会利用一些特殊点画出二次函数的草图；通过图象了解二次函数的性质，知道二次函数的系数与图象形状和对称轴的关系。会根据二次函数的表达式求其图象与坐标轴的交点坐标；会用配方法将数字系数的二次函数的表达式化为 $y = a(x-h)^2 + k$ 的形式，能由此得出二次函数图象的顶点坐标，说出图象的开口方向，画出图象的对称轴，得出二次函数的最大值或最小值，并能确定相应自变量的值，解决简单的实际问题。知道二次函数和一元二次方程之间的关系，会利用二次函数的图象求一元二次方程的近似解。	

（续上表）

标题	内容要求	学业要求	教学提示
反比例函数	①结合具体情境体会反比例函数的意义，能根据已知条件确定反比例函数的表达式。②能画反比例函数的图象，根据图象和表达式 $y = \dfrac{k}{x}$ （$k \neq 0$）探索并理解 $k > 0$ 和 $k < 0$ 时图象的变化情况。③能用反比例函数解决简单实际问题。	结合具体情境用实例体会反比例函数的意义，能根据已知条件确定反比例函数的表达式；会用描点法画出反比例函数的图象；知道当 $k > 0$ 和 $k < 0$ 时反比例函数 $y = \dfrac{k}{x}$ （$k \neq 0$）图象的整体特征；能用反比例函数解决简单的实际问题。	

（二）教学实施建议

1. 核心素养导向

数学学科带给学生的不只是纯粹的知识，在现阶段的学校教育中，发展学生的核心素养已成为必然趋势，这需要我们以落实核心素养为导向，以课程目标为主线，整体把握教学内容。

抽象能力、运算能力、推理能力等与"数与式"呈现密切相关的核心素养。如：了解代数推理，设 $\overline{abcd}$ 是一个四位数，若 $a + b + c + d$ 可以被 3 整除，则这个数可以被 3 整除。

运算能力、模型观念、应用意识等与"方程与不等式"呈现密切相关的核心素养。如：知道一元二次方程的根与系数的关系，能通过系数表示方程的根，通用方程的根表示系数，设 $ax^2 + bx + c = 0$（$a \neq 0$）为一元二次方程，一元二次方程的两个根 x_1，x_2 满足 $x_1 + x_2 = -\dfrac{b}{a}$，$x_1 \cdot x_2 = \dfrac{c}{a}$。

抽象能力、几何直观、模型观念、应用意识、创新意识等与"函数"呈现密切相关的核心素养。如题：求二次函数的最大值或最小值。如下图，计划用长为 a 米的绳子围一个矩形围栏，其中一边是墙，试确定其余三条边的长度，使得围出的面积最大。

2. 把握教学内容

（1）整体把握"数与代数"领域的教学。

教师在教学中要注重数学知识的系统性，整体把握教学内容，了解数学知识的产生与来源、结构与关联、价值与意义，在数学学习主题的整体下建构脉络清晰、条理分明、相互联系的数学知识体系；引导学生在数学原理、概念及法则之间建构起有效的认识结构，感受数学的整体性，学会用整体的、联系的、发展的眼光看问题，形成科学的思维习惯。

把数与代数内容视为一个整体，认识数的确定性，同时感受数的使用的局限性，只有数不够还要使用抽象的符号——字母来表示一般的数，便产生了代数这门学科。数式通性使运用数的运算法则和运算律对式子进行变形和化简变为可能，而字母取值的一般性使得式子不再唯一，二者的依存关系使方程、不等式与函数顺其自然产生。教师应在数与式、方程与不等式、函数的每部分的知识讲解中尝试留下伏笔，使探究知识的过程呈现延续性、整体性。

（2）重视数学运算，注重循序渐进。

数与代数是提升数学运算能力的重要载体，运算是数与代数教学的重心。初中阶段运算种类更加丰富，包括加、减、乘、除、乘方、开方，运算的对象更为复杂与抽象，包括负数、代数式的运算，对于学生来说具有一定的挑战性。

教师应引导学生正确使用相应的运算法则、运算律，保证运算过程的正确性。代数符号运算不仅仅是单纯的符号游戏，更需要引导学生知道运算过程的含义，思考运算结果的合理性，提高学生对数学对象的认识以及其运算的正确率。设计恰当的活动，使学生熟练应用运算法则，体会运算法则的必要性，加强练习与巩固。在教学过程中，教师创造条件给学生表达解法与思路，追问不同方法以及选择不同方法的理由，通过讨论、分享、碰撞，使学生加强对一般方法和特殊技巧的了解，最终选择适合自己认知特点的方法来灵活解题，体会到数学并不等同于机械的运算。

3. 关注能力发展

（1）发展模型观念。

对运用数学模型解决实际问题有清晰的认识称为模型观念。教师应加强对学生模型观念的培养，感知数学建模的基本过程，从现实生活或具体情境中抽象出数学问题，用数学符号建立方程、不等式、函数等表示数学问题中的数量关系和变化规律，求出结果并讨论结果的意义。教师应关注情境的丰富性，使得学生可以从现实生活中挖掘出丰富的现实情境，解释图象所表达的函数关系，认识函数和函数图象的价值。

（2）关注推理能力。

数学教学过程中，教师自始至终都需关注并发展学生的推理能力，数与代数领域中，推理活动包括运算、使用公式、探究数量关系。从一些事实和命题出发，依据规则推出其他命题或结论是初中阶段推理能力的主要表现。学生应初步掌握推理的基本形式和规则，通过特殊结果推断一般结论，初步形成逻辑表达与交流的习惯。初中阶段，教师除了关注推理能力本质，还需增强数学表达、推理论证的相关教学。通过从特殊到一般的推理实现由数到式的飞跃；在使用性质、定理时，关注条件与结论的关系；对发现问题、提出问题、探究和表述论证的过程，逻辑性地进行表达与交流；在较为复杂的情境中把握事物之间的联系与脉络，使学生在运算中的推理意识得到进一步的加强。

（三）教学案例分析

反比例函数的应用中与 k 有关的面积问题

一、课程标准分析

初中阶段在函数的教学过程中，学生要经历从实际问题中建立数学模型、求解模型、验证反思的过程，形成模型观念。反比例函数作为函数的重要组成部分，要求学生结合具体情境用实例体会反比例函数的意义，知道 $k>0$ 和 $k<0$ 时反比例函数 $y=\dfrac{k}{x}$（$k\neq0$）图象的整体特征。因此，本案例设计为"反比例函数的应用中与 k 有关的面积问题"。

二、教学案例过程

（一）教学目标

理解反比例函数图象中 k 的几何意义，根据其图象与性质，构建恰当的数学模型，并灵活运用模型解决反比例函数 k 与面积有关的常见问题。学生经历从函数图象上任意一点向 x、y 轴作垂线所得矩形（三角形）面积的探索过程，进一步理解函数系数 k 的几何意义，体会数形结合、转化、类比、建模等数学思想、数学方法。让学生通过在原有模型基础上构建新模型，体验知识间的内在联系，激发学生更深层次的思维活动，感受数学的应用价值，培养学生在数学建模方面的核心素养。

（二）教学重点、难点

教学重点：反比例函数 k 与面积问题的探究和运用。

教学难点：灵活运用反比例函数 k 解决有关的面积问题。

（三）教学过程

1. 复习巩固，引入新知

解析式		
图象	k ___ 0	k ___ 0
示意图	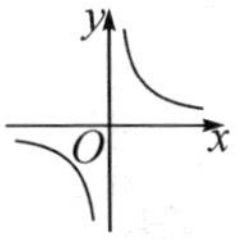	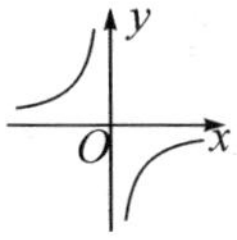
性质	图象在第___、___象限，在_____ ____，函数 y 的值随着 x 的增大而_____。	图象在第___、___象限，在_____ ____，函数 y 的值随着 x 的增大而_____。
k 的几何意义	如右图所示，过双曲线 $y = \dfrac{k}{x}$ 上任意一点，P (x, y) 作关于 x 轴，y 轴的垂线 PM、PN，垂足为 M、N，所得矩形 $PMON$ 的面积 $S =$ _____，所得 $\triangle OPM$ 的面积 $S =$ 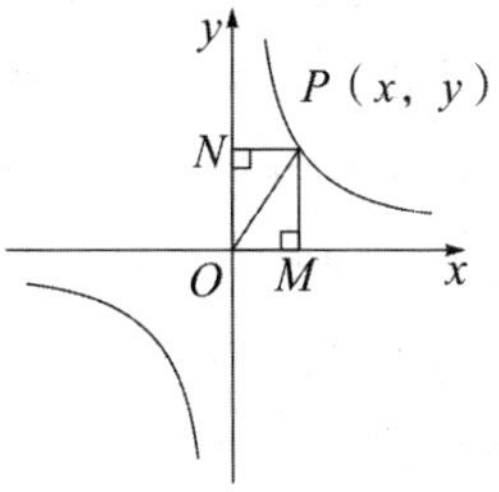 _____。	

【设计意图】本环节通过复习反比例函数的概念、图象及性质，为探究矩形的面积与 k 的关系作好铺垫。初步引入数学建模思想，提高学生的数学应用能力，增强学好数学的信心。

2. 探究新知，建立模型

模型一：反比例函数图象与矩形面积

例 1. 如图 1，点 P (m, n) 是反比例函数 $y = \dfrac{k}{x}$ 图象上一点，$PA \perp x$ 轴，$PB \perp y$ 轴，则 $S_{矩形OAPB} =$ _____。

变式 1：如图 2，已知点 P 是反比例函数 $y = \dfrac{k}{x}$ 图象上一点，$PM \perp x$ 轴，$PN \perp y$ 轴，若 $S_{矩形OMPN}$ 的面积为 4，则 k 的取值_____。

如图3，点 P 在反比例函数 $y = -\dfrac{4}{x}$ 上，$PA \perp y$ 轴，M、N 为 x 轴上两动点，则 $S_{平行四边形APMN} = $ _____。

变式2：如图4，已知点 A、点 B 为反比例函数 $y = -\dfrac{4}{x}$ 图象上两点，分别过 A、B 向 x 轴、y 轴作垂线，若阴影面积为1，则 $S_{矩形ACEG} + S_{矩形BFDG} = $ _____。

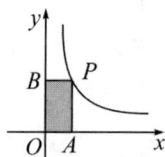
图1
例1

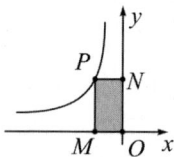
图2
变式1

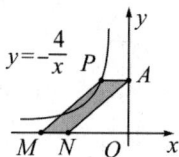
图3

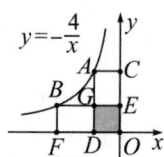
图4
变式2

【设计意图】 本环节设计了求反比例函数图象与矩形面积的基本模型，过双曲线上任意一点，作两条坐标轴的垂线，所得矩形面积为 $|k|$。课堂上先引导学生思考第一个问题：$S_{矩形DAPB}$ 与 $|k|$ 有怎样的关系？接着师生合作探究出矩形的面积与 $|k|$ 的关系，$S_{矩形DAPB} = |k|$。再引导小组合作讨论第二个问题：图2由图1经过怎样的运动变化？学生通过小组合作后发现：图1、图2中矩形与平行四边形两者之间等底等高，所以他们的面积相等，都为 $|k|$。因此在反比例函数中求平行四边形的面积，都可以转化成矩形面积的模型，实现由一般到特殊的迁移。变式2进一步将矩形叠加，通过知识的"再创造"，提高学生的解题能力和知识综合运用能力。本环节培养学生的数学建模能力，让学生领悟数形结合的思想方法。

3. 巧用模型，类比探究

模型二：反比例函数图象与直角三角形面积的模型

例2. 如图1，点 P (m, n) 是反比例函数图象上一点，$PA \perp x$ 轴，$PB \perp y$ 轴，则 $S_{\triangle OAP} = $ _____。

变式1：如图2，点 P 为反比例函数 $y = \dfrac{6}{x}$ 图象上一点，$PD \perp x$ 轴，点 B 为 y 轴上的动点，则 $S_{\triangle PBD} = $ _____。

变式2：如图3，点 A 为反比例函数 $y = -\dfrac{4}{x}$ 图象上一点，点 B 为反比例

函数 $y = \dfrac{2}{x}$ 图象上一点，$AB // x$ 轴，点 P 为 x 轴上任意一点，则 $S_{\triangle PAB} = $ _____。

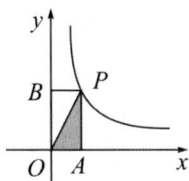

图1

例2

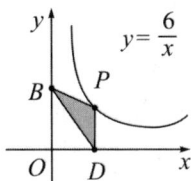

图2

变式1

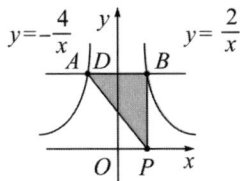

图3

变式2

【设计意图】本环节通过小组合作，类比探究发现反比例函数图象与直角三角形面积之间的关系。过双曲线上任意一点，作一条坐标轴的垂线，所得直角三角形面积为矩形面积的一半，即为 $\dfrac{1}{2}|k|$。变式1将直角三角形转化为一般的三角形。引导学生通过等面积法发现，$S_{\triangle PBD} = S_{\triangle PDO}$，也为 $\dfrac{1}{2}|k|$，教师紧接着利用几何画板，动态演示反比例函数图象中把一般三角形转化成直角三角形的模型，让学生更深层次地感受图形的转化。变式2再进一步求三角形叠加面积的情况，让学生感受由单支的三角形模型叠加到双支的三角形模型，也是转化为两个直角三角形面积的和。本环节从反比例函数图象中求四边形面积的学习自然过渡到三角形面积的学习，通过观察、归纳，学生体会类比、数形结合、一般到特殊、转化等数学思想。

4. 例题精练，应用新知

例3. 如图，已知双曲线 $y = \dfrac{6}{x}$ 经过矩形 $OABC$ 边 AB 的中点 F，交 BC 于点 E，则矩形 $OABC$ 的面积为 _____。

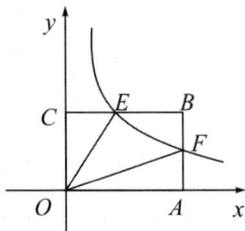

变式：如图，已知双曲线 $y = \dfrac{k}{x}$ （ $x > 0$ ）经过矩形 $OABC$ 边 AB 的中点 F，交 BC 于点 E，若四边形 $OEBF$ 的面积为 4，则 $k =$ _____。

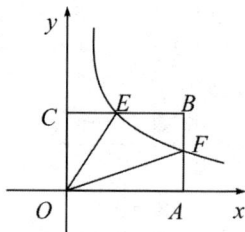

【设计意图】 为了让学生灵活运用知识点，引入了例 3，由题目学生可运用直角三角形模型得 $S_{\triangle AOF} = S_{\triangle COE} = \dfrac{1}{2} \times 6 = 3$。但是题目要求的是 $S_{矩形OABC}$，只能通过添加辅助线，先将 $S_{矩形OABC}$ 转化为 $2S_{\triangle OAB}$。因为点 F 为边 AB 的中点，所以 $S_{\triangle OAB} = 2S_{\triangle OAF}$，则 $S_{矩形OABC} = 4S_{\triangle OAF}$。此题主要是突破添加辅助线这一难点，将求矩形的面积转化为求三角形的面积，如何构造三角形就成为解决本题的关键。变式将例 3 题目变成已知面积求 k 值，让学生进一步感受数学建模应用性的特点，问题源于实际，探索过程充满了思考、试探、操作的实验，而探索结果又运用于实践。

5. 拓展模型，方法延伸

（1）以正方形 $ABCD$ 两条对角线的交点 O 为坐标原点，建立如图 1 所示的平面直角坐标系，双曲线 $y = \dfrac{3}{x}$ 经过点 D，则正方形 $ABCD$ 的面积为 _____。

（2）如图 2，A、B 是函数 $y = \dfrac{1}{x}$ 的图象上关于原点 O 对称的任意两点。AC 平行于 y 轴，BC 平行于 x 轴，则 $\triangle ABC$ 的面积为 _____。

（3）在反比例函数 $y = \dfrac{2}{x}$ （ $x > 0$ ）的图象上，有点 P_1、P_2、P_3、P_4，它们的横坐标依次为 1、2、3、4，分别过这些点作 x 轴与 y 轴的垂线，如图 3 中所构成的阴影部分的面积从左到右依次为 S_1、S_2、S_3，则 $S_1 + S_2 + S_3 =$ _____。

（4）如图 4，点 A 在双曲线 $y = \dfrac{5}{x}$ 上，点 B 在双曲线 $y = \dfrac{7}{x}$ 上，且 $AB /\!/ x$ 轴，C、D 在 x 轴上，若四边形 $ABCD$ 为平行四边形，则它的面积为 _____。

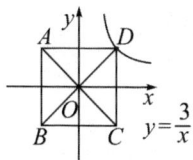
图1

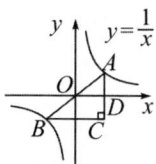
图2

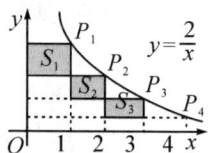
图3

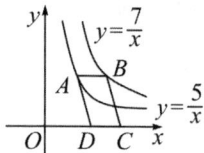
图4

（5）如图，在平面直角坐标系中，过点 $M(0, 2)$ 的直线与 x 轴平行，且直线分别与反比例函数 $y = \dfrac{6}{x}$（$x>0$）和 $y = \dfrac{k}{x}$（$x<0$）的图象交于点 P、点 Q。

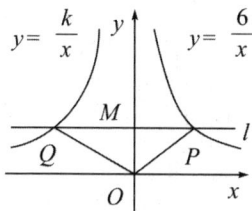

（1）求 P 点的坐标；

（2）若 $\triangle POQ$ 的面积为 8，求 k 的值。

【设计意图】 五个题目难度由低到高，每道题都是对两个基本模型更深层次的探究，第 1 题到第 3 题都是针对单反比例函数图象。第 1 题已知 k 值求正方形的面积；第 2 题已知 k 值求双支三角形的面积；第 3 题已知 k 值求阴影部分的面积和。第 4 题和第 5 题都是从双反比例函数图象入手，第 4 题为已知 k 值求同侧双支四边形的面积；第 5 题为异侧双支三角形，求其中一个反比例函数的 k 值。在教学过程中先让学生独立完成，然后小组交流，每名成员完成一个题目的讲解，力争让所有学生都积极地投入知识的学习中。通过这个环节，学生领悟到解决反比例函数有关的面积问题，可以把原图形通过切割、平移等变换，转化为较容易求面积的图形。培养学生灵活运用数学知识与方法，提高分析问题和解决问题的能力。

6. 归纳反馈，小结评价

如图，过双曲线 $y = \dfrac{k}{x}$（$k \neq 0$）上任一点 $P(x, y)$ 作 x 轴、y 轴的垂线

PM、PN，垂足为 M、N，所得矩形 $PMON$ 的面积 $S = PM \cdot PN = |y| \cdot |x|$。

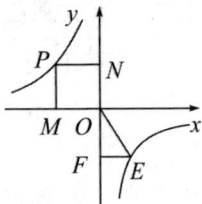

$S_{矩形PMON} = $ _____；$S_{\triangle OFE} = $ _____。

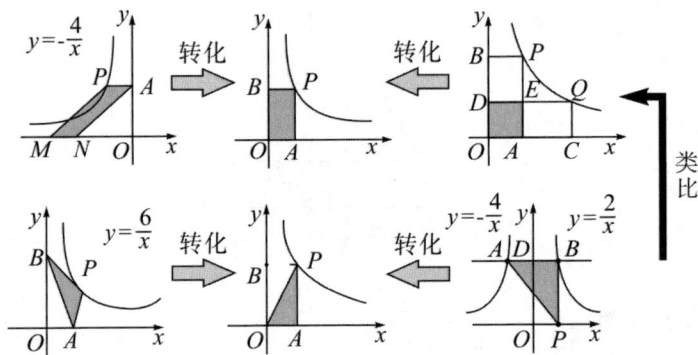

【设计意图】通过师生共同梳理，运用思维导图对主要知识、典型图形和思想方法进行简洁明晰的整理，对模型的理解也就更加透彻，对问题解决有更深刻的理解。

三、教学案例分析

本案例将反比例函数 k 的几何意义串联形成一条主线，让学生体会发现模型的过程，探讨建立模型的解题思路，把数形结合思想及参数意识贯穿于解题过程，不断强化 k 的代数意义和几何意义的一致性，以此教会学生运用数学思维方式进行思考。促进其推理能力、几何直观等素养在课堂落地，让学生熟练掌握研究函数的一般方法。

在教学活动中，本节课设计了解答难度有层次梯度的题目，通过学生小组合作讲解的形式相互帮助解决问题，让不同学生都有相应收获，实现"不同的人在数学上得到不同的发展"，又让每个学生都融入表达与倾听中。开拓学生的思维能力，培养创新意识，提高数学素养。

　　注重信息技术与数学教学的深度融合，借助几何画板动态展示反比例函数 k 值与矩形、平行四边形、直角三角形等图形之间的关系，通过动态的直观感受，让学生感受到知识的融会贯通。同时本节课还注重思维导图的运用，归纳小结让学生通过思维导图的形式对所学知识进行整理，从而将原本抽象的知识具体化，有效促使学生形成整体数学框架。

　　教—学—评一体化，本节课教师始终以目标问题为核心，教学设计与评价相结合，在教学活动中引导学生对模型的探究、拓展，自始至终都助推教学目标的分层展开、逐步深入，为保障教学目标的完善、学习结果的达成、教学评价的渗透奠定了基础。

二、图形与几何

　　图形的性质、图形的变化、图形与坐标构成了初中阶段图形与几何的三个主题。从演绎证明、运动变化、量化分析三个方面研究点、线、面、角，相交线与平行线，三角形，四边形，圆等几何图形的基本性质和相互关系。

　　依据《义务教育数学课程标准（2022 年版)》的设计，下面用思维导图呈现图形与几何领域涉及的知识（见图 1－2）。

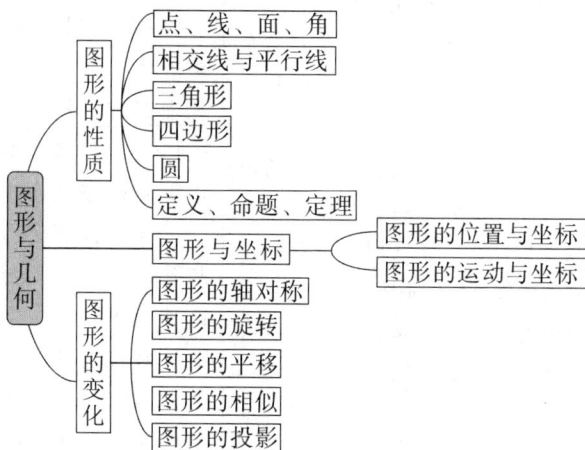

图 1－2　图形与几何知识思维导图

（一）内容要求、学业要求及教学提示

1. 图形的性质

标题	内容要求	学业要求	教学提示
点、线、面、角	①通过实物和模型，了解从物体抽象出来的几何体、平面、直线和点等概念。 ②会比较线段的长短，理解线段的和、差，以及线段中点的意义。 ③掌握基本事实：两点确定一条直线。 ④掌握基本事实：两点之间线段最短。 ⑤理解两点间距离的意义，能度量和表达两点间的距离。 ⑥理解角的概念，能比较角的大小；认识度、分、秒等角的度量单位，能进行简单的单位换算，会计算角的和、差。 ⑦能用尺规作图：作一个角等于已知角；作一个角的平分线。	了解点、线、面、角的概念，掌握三角形、平行四边形、多边形、圆的概念。知道图形的特征、共性与区别，理解线段长短的度量，探究并理解角度大小的度量，理解两条直线平行或垂直的关系。形成和发展抽象能力；在直观理解和掌握图形与几何基本事实的基础上，经历得到和验证数学结论的过程，感悟具有传递性的数学逻辑，形成几何直观和推理能力；经历尺规作图的过程，增强动手能力，能想	图形的性质的教学需要引导学生理解欧几里得平面几何的基本思想，感悟几何体系的基本框架：通过定义确定论证的对象，通过基本事实确定论证的起点，通过证明确定论证的逻辑，通过命题确定论证的结果。要组织学生经历图形分析与比较的过程，引导学生学会关注事物的共性、分辨事物的差异、形成合适的类，会用准确的语言描述研究对象的概念，提升抽象能力，会用数学的眼光观察现实世界；要通过生活中的或者数学中的现实情境，引导学生感悟基
相交线与平行线	①理解对顶角、余角、补角等概念，探索并掌握对顶角相等、同角（或等角）的余角相等、同角（或等角）的补角相等的性质。 ②理解垂线、垂线段等概念，能用三角板或量角器过一点画已知直线的垂线。 ③能用尺规作图：作一条线段的垂直平分线；过一点作已知直线的垂线。 ④掌握基本事实：同一平面内，过一点有且只有一条直线与已知直线垂直。 ⑤理解点到直线的距离的意义，能度量点到直线的距离。 ⑥识别同位角、内错角、同旁内角。 ⑦理解平行线的概念。 ⑧掌握平行线基本事实I：过直线外一点有且只有一条直线与这条直线平行。		

（续上表）

标题	内容要求	学业要求	教学提示
相交线与平行线	⑨掌握平行线基本事实Ⅱ：两条直线被第三条直线所截，如果同位角相等，那么这两条直线平行。 ⑩探索并证明平行线的判定定理：两条直线被第三条直线所截，如果内错角相等（或同旁内角互补），那么这两条直线平行。 ⑪掌握平行线的性质定理Ⅰ：两条平行直线被第三条直线所截，同位角相等。了解定理的证明。 ⑫探索并证明平行线的性质定理Ⅱ：两条平行直线被第三条直线所截，内错角相等（或同旁内角互补）。 ⑬能用三角板和直尺过已知直线外一点画这条直线的平行线。 ⑭能用尺规作图：过直线外一点作这条直线的平行线。 ⑮了解平行于同一条直线的两条直线平行。	象出通过尺规作图的操作所形成的图形，理解尺规作图的基本原理与方法，发展空间观念和空间想象力。	本事实的意义，经历几何命题发现和证明的过程，感悟归纳推理过程和演绎推理过程的传递性，增强推理能力，会用数学的思维思考现实世界；要引导学生经历针对图形性质、关系、变化确立几何命题的过程，体会数学命题中条件和结论的表述，感悟数学表达的准确性和严谨性，会借助图形分析问题，形成解决问题的思路，发展模型观念，会用数学的语言表达现实世界。
三角形	①理解三角形及其内角、外角、中线、高线、角平分线等概念，了解三角形的稳定性。 ②探索并证明三角形的内角和定理。掌握它的推论：三角形的外角等于与它不相邻的两个内角的和。 ③证明三角形的任意两边之和大于第三边。 ④理解全等三角形的概念，能识别全等三角形中的对应边、对应角。 ⑤掌握基本事实：两边及其夹角分别相等的两个三角形全等。 ⑥掌握基本事实：两角及其夹边分别相等的两个三角形全等。 ⑦掌握基本事实：三边分别相等的两个三角形全等。 ⑧证明定理：两角分别相等且其中一组等角的对边相等的两个三角形全等。		

（续上表）

标题	内容要求	学业要求	教学提示
三角形	⑨理解角平分线的概念，探索并证明角平分线的性质定理：角平分线上的点到角两边的距离相等；反之，角的内部到角两边距离相等的点在角的平分线上。 ⑩理解线段垂直平分线的概念，探索并证明线段垂直平分线的性质定理：线段垂直平分线上的点到线段两端的距离相等；反之，到线段两端距离相等的点在线段的垂直平分线上。 ⑪理解等腰三角形的概念，探索并证明等腰三角形的性质定理：等腰三角形的两个底角相等；底边上的高线、中线及顶角平分线重合。探索并掌握等腰三角形的判定定理：有两个角相等的三角形是等腰三角形。探索等边三角形的性质定理：等边三角形的各角都等于60°。探索等边三角形的判定定理：三个角都相等的三角形（或有一个角是60°的等腰三角形）是等边三角形。 ⑫理解直角三角形的概念，探索并掌握直角三角形的性质定理：直角三角形的两个锐角互余，直角三角形斜边上的中线等于斜边的一半。掌握：有两个角互余的三角形是直角三角形。 ⑬探索勾股定理及其逆定理，并能运用它们解决一些简单的实际问题。 ⑭探索并掌握判定直角三角形全等的"斜边、直角边"定理。 ⑮了解三角形重心的概念。 ⑯能用尺规作图：已知三边、两边及其夹角、两角及其夹边作三角形；已知底边及底边上的高线作等腰三角形；已知一直角边和斜边作直角三角形。		

（续上表）

标题	内容要求	学业要求	教学提示
四边形	①了解多边形的概念及多边形的顶点、边、内角、外角与对角线；探索并掌握多边形内角和与外角和公式。 ②理解平行四边形、矩形、菱形、正方形、梯形的概念，以及它们之间的关系；了解四边形的不稳定性。 ③探索并证明平行四边形的性质定理：平行四边形的对边相等、对角相等、对角线互相平分。探索并证明平行四边形的判定定理：一组对边平行且相等的四边形是平行四边形；两组对边分别相等的四边形是平行四边形；对角线互相平分的四边形是平行四边形。 ④理解两条平行线之间距离的概念，能度量两条平行线之间的距离。 ⑤探索并证明矩形、菱形的性质定理：矩形的四个角都是直角，对角线相等；菱形的四条边相等，对角线互相垂直。探索并证明矩形、菱形的判定定理：三个角是直角的四边形是矩形，对角线相等的平行四边形是矩形；四边相等的四边形是菱形，对角线互相垂直的平行四边形是菱形。正方形既是矩形，又是菱形；理解矩形、菱形、正方形之间的包含关系。 ⑥探索并证明三角形的中位线定理。		
圆	①理解圆、弧、弦、圆心角、圆周角的概念，了解等圆、等弧的概念；探索并掌握点与圆的位置关系。 ②探索并证明垂径定理：垂直于弦的直径平分弦以及弦所对的两条弧。 ③探索圆周角与圆心角及其所对弧的关系，知道同弧（或等弧）所对的圆周角相等。了解		

（续上表）

标题	内容要求	学业要求	教学提示
圆	并证明圆周角定理及其推论：圆周角等于它所对弧上的圆心角的一半；直径所对的圆周角是直角，90°的圆周角所对的弦是直径；圆内接四边形的对角互补。 ④了解三角形的内心与外心。 ⑤了解直线与圆的位置关系，掌握切线的概念。 ⑥能用尺规作图：过不在同一直线上的三点作圆；作三角形的外接圆、内切圆；作圆的内接正方形和内接正六边形。 ⑦＊能用尺规作图：过圆外一点作圆的切线。 ⑧＊探索并证明切线长定理：过圆外一点的两条切线长相等。 ⑨会计算圆的弧长、扇形的面积。 ⑩了解正多边形的概念及正多边形与圆的关系。		
定义、命题、定理	①通过具体实例，了解定义、命题、定理、推论的意义。 ②结合具体实例，会区分命题的条件和结论，了解原命题及其逆命题的概念。会识别两个互逆的命题，知道即使原命题成立，其逆命题也不一定成立。 ③知道证明的意义和证明的必要性，知道数学思维要合乎逻辑，知道可以用不同的形式表述证明的过程，会用综合法的证明格式。 ④了解反例的作用，知道利用反例可以判断一个命题是错误的。 ⑤通过实例体会反证法的含义。		

2. 图形的变化

标题	内容要求	学业要求	教学提示
图形的轴对称	①通过具体实例理解轴对称的概念，探索它的基本性质：成轴对称的两个图形中对应点的连线被对称轴垂直平分。 ②能画出简单平面图形（点、线段、直线、三角形等）关于给定对称轴的对称图形。 ③理解轴对称图形的概念；探索等腰三角形、矩形、菱形、正多边形、圆的轴对称性质。 ④认识并欣赏自然界和现实生活中的轴对称图形。	理解轴对称、旋转、平移这三类基本的图形运动，知道三类运动的基本特征，会用图形的运动认识、理解和表达现实世界中相应的现象；理解几何图形的对称性，感悟现实世界中的对称美，知道可以用数学的语言表达对称；知道直角三角形的边角关系，理解锐角三角函数，能用锐角三角函数解决简单的实际问题；了解图形相似的意义，会判断简单的相似三角形；经历从不同角度观察立体图形的过程，知道简单立体图形的侧面展开图。在这	图形的变化的教学：应当通过信息技术的演示或者实物的操作，让学生感悟图形轴对称、旋转、平移变化的基本特征，知道变感知化是需要参照物的，可以借助参照物述说变化的基本特征；知道这三类变化有一个基本性质，即图形中任意两点间的距离保持不变，夹角也保持不变。这样的教学活动不仅有助于学生理解几何学的本质，还能引导学生发现自然界中的对称之美，感悟图形有规律变化产生的美，会用几何知识表达物体简单的运动规律，增强对数学学习的兴趣。
图形的旋转	①通过具体实例认识平面图形关于旋转中心的旋转。探索它的基本性质：一个图形和旋转得到的图形中，对应点到旋转中心距离相等，两组对应点分别与旋转中心连线所成的角相等。 ②了解中心对称、中心对称图形的概念，探索它们的基本性质：成中心对称的两个图形中，对应点的连线经过对称中心，且被对称中心平分。 ③探索线段、平行四边形、正多边形、圆的中心对称性质。 ④认识并欣赏自然界和现实生活中的中心对称图形。		
图形的平移	①通过具体实例认识平移，探索它的基本性质：一个图形和它经过平移所得的图形中，两组对应点的连线平行（或在同一条直线上）且相等。 ②认识并欣赏平移在自然界和现实生活中的应用。 ③运用图形的轴对称、旋转、平移进行图案设计。		

(续上表)

标题	内容要求	学业要求	教学提示
图形的相似	①了解比例的基本性质、线段的比、成比例的线段；通过建筑、艺术上的实例了解黄金分割。 ②通过具体实例认识图形的相似。了解相似多边形和相似比。 ③掌握基本事实：两条直线被一组平行线所截，所得的对应线段成比例。 ④了解相似三角形的判定定理：两角分别相等的两个三角形相似；两边成比例且夹角相等的两个三角形相似；三边成比例的两个三角形相似。＊了解相似三角形判定定理的证明。 ⑤了解相似三角形的性质定理：相似三角形对应线段的比等于相似比；面积比等于相似比的平方。 ⑥了解图形的位似，知道利用位似可以将一个图形放大或缩小。 ⑦会利用图形的相似解决一些简单的实际问题。 ⑧利用相似的直角三角形，探索并认识锐角三角函数（$\sin A$，$\cos A$，$\tan A$），知道30°、45°、60°角的三角函数值。 ⑨会使用计算器由已知锐角求它的三角函数值，由已知三角函数值求它的对应锐角。 ⑩能用锐角三角函数解直角三角形，能用相关知识解决一些简单的实际问题。	样的过程中，发展几何直观和空间观念。	
图形的投影	①通过丰富的实例，了解中心投影和平行投影的概念。 ②会画直棱柱、圆柱、圆锥、球的主视图、左视图、俯视图，能判断简单物体的视图，并会根据视图描述简单的几何体。 ③了解直棱柱、圆锥的侧面展开图，能根据展开图想象和制作模型。 ④通过实例，了解上述视图与展开图在现实生活中的应用。		

注：＊表示不是必须掌握的内容。

3. 图形与坐标

标题	内容要求	学业要求	教学提示
图形的位置与坐标	①理解平面直角坐标系的有关概念，能画出平面直角坐标系；在给定的平面直角坐标系中，能根据坐标描出点的位置，由点的位置写出坐标。 ②在实际问题中，能建立适当的平面直角坐标系，描述物体的位置。 ③对给定的正方形，会选择合适的平面直角坐标系，写出它的顶点坐标，学会用坐标表达简单图形。 ④在平面上，运用方位角和距离刻画两个物体的相对位置。	感悟平面直角坐标系是沟通代数与几何的桥梁，理解平面上点与坐标之间的一一对应关系，能用坐标描述简单几何图形的位置；会用坐标表达图形的变化、简单图形的性质，感悟通过几何建立直观、通过代数得到数学表达的过程。在这样的过程中，感悟数形结合的思想，会用数形结合的方法分析和解决问题。	图形与坐标的教学：平面直角坐标系是数轴的拓展，是沟通几何与代数的桥梁，内容核心是平面上的点与用数对表示的坐标的一一对应。要强调数形结合，引导学生经历用坐标表达图形的轴对称、旋转、平移变化的过程，体会用代数方法表达图形变化的意义，发展几何直观；引导学生经历借助平面直角坐标系解决现实问题的过程，感悟数形结合的意义，发展推理能力和运算能力，增强应用意识和创新意识。
图形的运动与坐标	①在平面直角坐标系中，以坐标轴为对称轴，能写出一个已知顶点坐标的多边形的对称图形的顶点坐标，知道对应顶点坐标之间的关系。 ②在平面直角坐标系中，能写出一个已知顶点坐标的多边形沿坐标轴方向平移一定距离后图形的顶点坐标，知道对应顶点坐标之间的关系。 ③在平面直角坐标系中，探索并了解将一个多边形依次沿两个坐标轴方向平移后所得到的图形和原来图形具有平移关系，体会图形顶点坐标的变化。 ④在平面直角坐标系中，探索并了解将一个多边形的顶点坐标（有一个顶点为原点）分别扩大或缩小相同倍数时所对应的图形与原图形是位似的。		

（二）教学实施建议

1. 核心素养导向

核心素养不仅意味着学生必须学习数学领域特定的概念和模型，还意味着学生应该具备如何运用这些概念和模型解决日常生活问题的能力。空间观念、几何直观、抽象能力和推理能力是初中阶段图形与几何领域所对应的核心素养的重要表现。

教师要让学生借助实物与模型从物体中抽象出几何图形，通过实验探究、直观发现形成对图形概念的理解，发现图形的特征、共性与区别，体验图形的运动与图形的对称性，发展学生的抽象能力。基于概念理解，从基本事实出发推导图形的几何性质，理解并掌握尺规作图的基本原理和方法，发展学生的空间观念、推理能力。让学生知道图形运动中轴对称、旋转、平移的基本特性，会用图形的运动认识、理解和表达现实世界中相应的对称之美，感悟图形有规律变化产生的美，会用运动变化的方法研究图形的性质，会用几何知识表达物体简单的运动规律，发展学生的几何直观和空间观念。

《义务教育数学课程标准（2022年版）》加大了尺规作图的教学比重，对学生动手作图能力提出了更高的要求，关注对学生几何直观、逻辑推理能力的培养。如尺规作图：作一条线段的垂直平分线、过一点作已知直线的垂线。

例如，会过圆外的一个定点作圆的两条切线，知道这两条切线关于定点与圆心的连线对称。即过点 P 的两条切线 $PM = PN$，且关于直线 OP 对称。

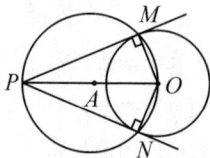

2. 把握教学内容

教师要重视整体分析教学内容，了解数学知识的产生与来源、结构与关联、价值与意义，合理安排课程内容和教学内容。强化学生对数学知识本质的理解，提炼能贯穿多种数学知识的数学概念，构建数学学习主题统领下脉络清晰的数学知识体系，形成逻辑性较强的数学基础知识结构。同时，在学习的过程中，学生要动手操作，从学习活动中感受图形的变化，从数学活动中获得经验，经历探究、质疑、演绎、推理过程，从中探索相关几何原理，最终解决问题。

例如，三角形这一单元的学习在图形与几何领域中具有相当重要的作用，它是学生学习了直线、射线、相交线与平行线等知识后，第一次深入研究的平面图形。学生在学习三角形有关的线段、有关的角基础上，进一步学习多边形、等腰三角形、等边三角形、直角三角形等知识，同时也为后续学习全等三角形、轴对称、相似三角形等内容打下基础。教师需要站在一个更高的视角看待讲授内容，整体把握教学内容。一般而言，由简单到复杂的编排符合学生的认知规律。

3. 关注能力发展

（1）自主探究的能力。

培养学生创新精神和实践能力，要让学生学会自主探究式的学习数学，使学生真正成为学习的主人。教师要加强理论学习，更新教育教学观念，在教学过程中不断改进教学方式，推进启发式、探究式的教学模式，积极探索开放性教学、项目式学习、合作式学习，通过活动任务和问题串的设计，注重引导学生进行自主探究。在几何内容的学习中，教师应采取学生动手实践、教师引导提问、师生合作探究的教学方法，让学生经历动手作图的过程，在作图的过程中，感受图形的生成，进而对图形的性质进行自主探究。

（2）小初衔接。

教育部《关于全面深化课程改革落实立德树人根本任务的意见》要求加强各学段教材上下衔接、横向配合。促进师生之间、教与学之间的磨合，有利于学生完成从小学到初中过渡的数学教育。

（3）信息技术应用能力。

注重信息技术与数学教学的融合，利用数学专用软件几何画板、GeoGebra、Z＋Z智能教育平台等开展数学实验，丰富教学场景，让图形"动"起来，将抽象的数学知识直观化，激发学生多感官参与教学活动和探究新知的欲望，发展学生的直观感知、想象能力和思维能力，加快学生对数学概念的理解和数学知识的建构。

（三）教学案例分析：勾股定理

勾股定理复习课

一、课程标准分析

本单元主要学习勾股定理与勾股定理的逆定理。本案例要求学生在已学知识的基础上，进一步对这两个定理的思想方法进行总结归纳，并能运用它们解决一些简单的实际问题。教师引导学生通过不同的角度寻求分析问题和解决问题的方法，理解勾股定理实质是求线段长度的方法之一、勾股定理的逆定理是通过数的角度判断直角三角形的方法，积累数学活动经验，发展学生几何直观、推理能力、模型观念以及创新意识等数学核心素养，让学生学会用数学的眼光观察现实世界，用数学的语言表达现实世界。

二、教学案例过程

（一）教学目标

（1）理解勾股定理与勾股定理逆定理的关系与区别。

（2）解决勾股定理、勾股定理逆定理以及它们的综合应用等问题。

（3）总结本章运用的思想方法以及应用。

（二）教学重点、难点

重点：（1）利用勾股定理求线段的长度。

　　　（2）利用勾股定理逆定理判断三角形是直角三角形。

难点：（1）寻找或构造直角三角形，通过勾股定理求出线段的长度。

　　　（2）总结本章运用的思想方法。

（三）课前复习检测

1. 在直角三角形中，若两直角边的长分别为 3 cm、4 cm ，则斜边长为 _____ cm。

2. 已知直角三角形的两边长为 3 和 4，则另一条边长是 _____ 。

3. 在三角形 ABC 中，$AB = 10$，$AC = 17$，BC 边上的高线 $AD = 8$，则 BC 的长为 _____ 。

4. 如图，正方形 $ABCD$ 中，边长为 4，F 为 DC 的中点，E 为 BC 上一点，$CE = \dfrac{1}{4}BC$，请证明 $\angle AFE$ 是直角。

思路：可通过构造 _____ ，证明 $\angle AFE$ 是直角。

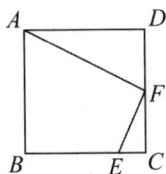

证明：_____（说明如何作辅助线）

$\because AB = BC = CD = AD = 4$，$F$ 为 DC 的中点，$CE = \dfrac{1}{4}BC$，

$\therefore CF = DF = $_____，$CE = $_____；$\therefore BE = $_____

由勾股定理得

$AF^2 = $_____；

$EF^2 = $_____；

$AE^2 = $_____；

$\therefore AF^2 + EF^2 = $_____$ = $_____，

$\therefore \triangle AFE$ 是_____，

$\therefore \angle AFE = 90°$，即 $\angle AFE$ 是直角。

自学评价

评价指标	1. 能总结本章所学的内容及联系学过的相关知识	2. 复习过程对复习目标的掌握情况较好	3. 能自主完成复习检测练习	4. 复习后不再存疑
评价等级				

注：优秀"A"，良好"B"，合格"C"，仍需努力"D"。

【设计意图】根据学生的学情，本环节设计了四道题，以填空为主，学生通过完成复习检测的问题对整章内容进行查漏补缺，回顾本章的重要思想方法，并通过课前复习检测，总结自身仍对知识存在的理解问题，从而提高课堂听课效率。

（四）梳理知识，夯实能力

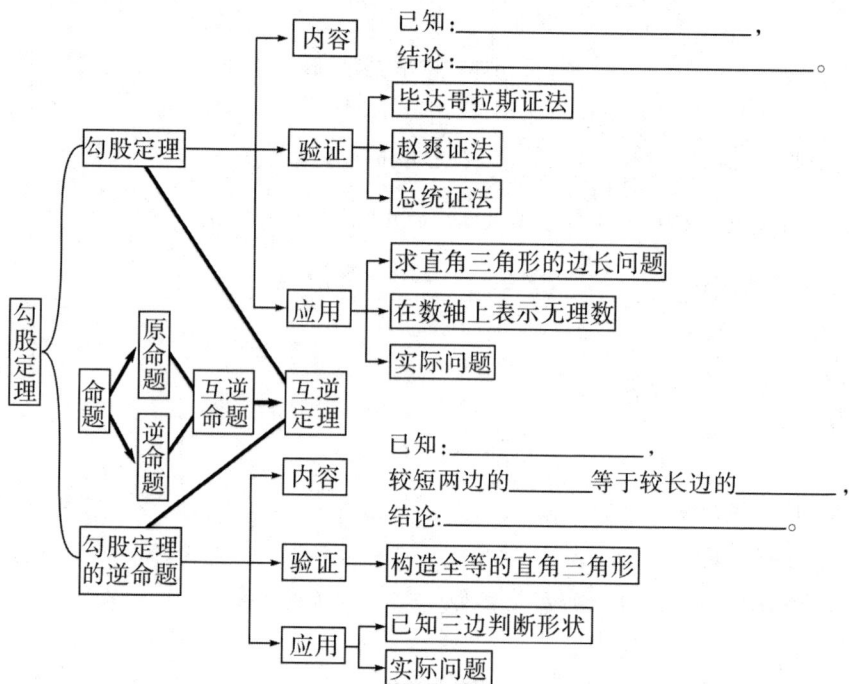

【设计意图】 通过思维导图回顾本章的知识点并梳理知识点之间的关系，使学生有目的地学，有层次地解，有实效地练。

（五）变式典例，总结归纳

问题一：如图，在正方形 $ABCD$ 中，F 为 DC 的中点，E 为 BC 上一点，$CE = \dfrac{1}{4}BC$，请证明 $\angle AFE$ 是直角。

思路：在已知边的数量关系，未知边长的情况下，可用_____思想解决问题。

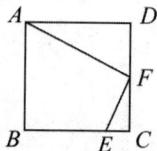

【方法点拨】

1. 已知直角三角形的两条边的边长，可根据_____求出第三边的长度。

2. 当直角三角形的两边边长未知或边长存在特殊数量关系，需要用_____思想，根据_____列方程求解边长。

3. 当已知直角三角形的两边长，但未指明是何种边时，需_____讨论求解边长。

4. 当题目中已知条件是斜三角形且没有图形时，要注意分_____三角形和_____三角形两种情况讨论。

5. 勾股定理逆定理一般用于判断一个角是否为_____。

【设计意图】本环节以课本一道例题展开对整章的复习，引出本章重要解题思想——方程思想，让学生深刻理解方程思想的应用，通过方法点拨进行总结，引导学生学会总结并积累做题经验。

（六）举一反三，学以致用

问题二：如图，折叠长方形 $ABCD$ 的一边 AD，使点 D 落在 BC 边的 F 点处，若 $AB=8$ cm，$BC=10$ cm，求 EC 的长。

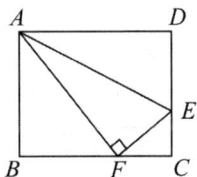

问题三：如图，在 Rt$\triangle ABC$ 中，$\angle ACB=90°$，已知 $AC=6$，$BC=8$，AD 是 $\triangle ABC$ 的角平分线，求 DC 的长。

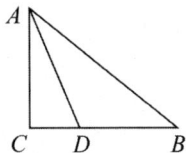

【方法点拨】

1. 矩形翻折模型巧记：

见矩形，有翻折，折前折后_____相等，找出新出现的直角三角形，利用勾股定理列_____来求解。

2. 直角三角形锐角平分线模型巧记：

见角平分线，求长度，先把_____两边作，构造直角三角形，利用勾股定理来求解。

【设计意图】 巩固和提升学生对知识的理解与应用，培养学生举一反三解决问题的能力。

（七）迁移应用，深度学习

问题四：如图，是一个边长为1的正方体硬纸盒，现在 A 处有一只蚂蚁，想沿着正方体的外表面到达 B 处吃食物，求蚂蚁爬行的最短距离是多少。

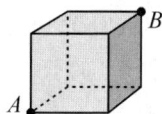

思路：在同一平面内，两点之间，_____最短；把立体图形_____。

自学评价

评价指标	1. 能否正确辨别不同题型应用什么思想方法解决	2. 能掌握分类、方程和转化思想，灵活运用方法解决问题	3. 讲解后，能自主写出正确解答过程	4. 能积极举手回答问题
评价等级				

注：优秀 "A"，良好 "B"，合格 "C"，仍需努力 "D"。

【设计意图】 本环节设计的是一道关于立体图形的题目，通过分析让学生深刻体会转化数学思想。学生完成自我评价后可以了解自身学习存在的不足，及时反思与总结。

（八）当堂检测，反思内化

1. 在△ABC中，$AB=10$，$AC=2$，BC边上的高$AD=6$，则另一边BC等于（　　）

A. 10　　　　B. 8　　　　C. 6或10　　　　D. 8或10

2. 如图1，所有的四边形都是正方形，所有的三角形都是直角三角形，其中最大的正方形的边长为5 cm，则所有正方形A、B、C、D、E、F、G的面积之和为_____。

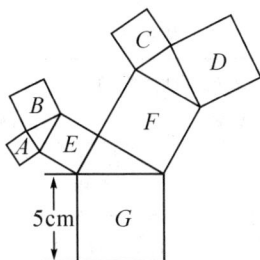

图1

3. 我国古代数学著作《九章算术》有这样一个问题："今有池方一丈，葭生其中央，出水一尺，引葭赴岸，适与岸齐，问水深几何？"（注：丈、尺是长度单位，1丈＝10尺）这段话翻译成现代汉语，即：如图2，有一个水池，水面是一个边长为1丈的正方形，在水池正中央有一根芦苇，它高出水面1尺，如果把这根芦苇拉向水池一边的中点，它的顶端恰好到达池边的水面，则水池里水的深度是_____尺。

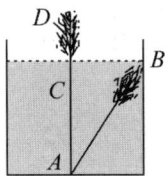

图2

4. 如图3，已知B、C两个乡镇相距25千米，有一个自然保护区A与B相距15千米，A与C相距20千米，以点A为圆心、10千米为半径的圆是自然保护区的范围，现在要在B、C两个乡镇之间修一条笔直的公路，请问：这条公路是否会穿过自然保护区？试通过计算加以说明。

思路：点到直线的距离，_____最短；判断公路是否会穿过自然保护区，只需比较_____与_____大小即可。

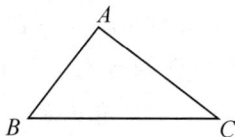

图3

小组评价

评价指标	1. 能及时总结归纳知识方法，做好笔记	2. 在规定时间内完成堂上练习	3. 练习书写工整，格式规范	4. 能与组员积极合作、互相交流
评价等级				

注：优秀"A"，良好"B"，合格"C"，仍需努力"D"。

【设计意图】 通过课堂当堂检测及时准确掌握学生的学习情况，确保当堂知识当堂过关，通过小组互批互帮，帮助学生查漏补缺，提高课堂效率。通过小组评价结果，更加客观地反馈同学对本节内容的掌握情况。

（九）课堂小结，思辨收获

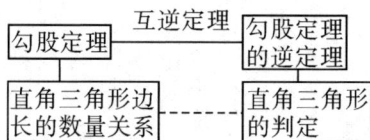

注：本章重要的数学思想方法有：_____思想。

教师评价

评价指标	1. 课堂练习订正批改情况	2. 积极举手，回答表达清楚	3. 解决问题的策略、方法	4. 课后作业完成情况
评价等级				

注：优秀"A"，良好"B"，合格"C"，仍需努力"D"。

【设计意图】引导学生完成课堂小结与分析错题的原因，巩固复习所学知识以及正确做法，加深学生对错题正确做法的记忆。课后教师进行评价，及时反馈给学生与家长，让学生准确地掌握学情，有利于学生课后有目的性地进行复习与巩固，从而形成高效课堂。

三、教学案例分析

（1）本案例是单元复习课，主要基于单元整体教学思想指引，利用思维导图引入复习，引导学生对本单元所学的知识进行整合与梳理，从整体入手感知单元，让学生知道本单元学什么，结合自身的探索和体验，理解本单元所学知识的作用，从内容到数学思想方法再到获取知识的途径等，给学生自由的空间，鼓励学生敢想、多说，引导学生从多角度对本章知识进行系统化学习，提高学生的素质，锻炼学生的综合能力及表达能力。

（2）本案例创设一系列问题串，以课本一道题作为贯穿整节课的主线，从平面图形到立体图形，从正方形、长方形到三角形，涵盖了本章的所有重要思想方法。通过变式典例，将知识与方法实现先聚合再活化，培养学生解决问题的能力，提升数学核心素养，从而达到深度学习的目标。

（3）利用多媒体技术展示学生的复习练习结果，通过学生互问互答的环节，吸引学生的注意力，在讲解过程中注重引导学生学会找出解题的基本入手点，分析问题，积累解题经验，学会总结归纳，从而提高学生学习效率，充分发挥学生主体性，培养学生边做边总结的良好复习习惯。

（4）教—学—评一体化，课堂教学中保持三者的一致性，采用多样化的反馈和评价，并结合学习习惯与思维方法等不同方面给予相应的评价等级。

三、统计与概率

抽样与数据分析和随机事件的概率构成了初中阶段统计与概率领域两个主题。学生应学习获得数据的抽样方法、通过样本数据推断总体特征的方法，以及定量刻画随机事件发生可能性大小的方法。

依据《义务教育数学课程标准（2022 年版）》的设计，下面用思维导图呈现统计与概率领域涉及的知识（见图 1-3）。

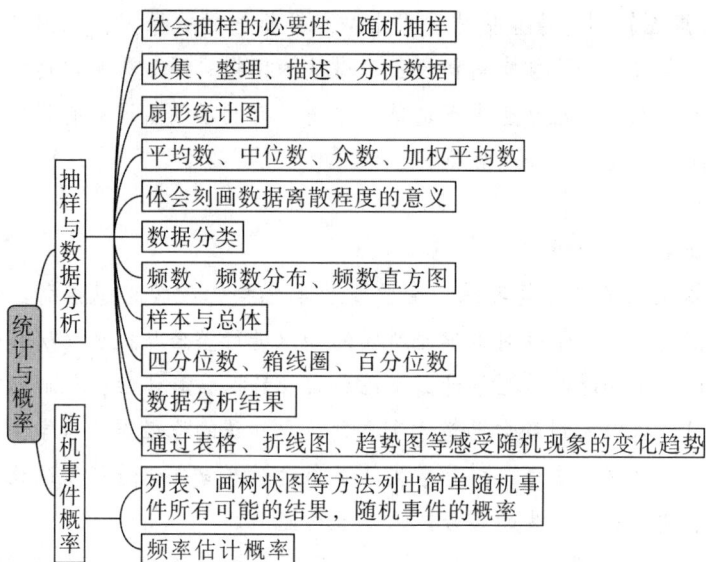

图 1-3 统计与概率知识思维导图

(一) 内容要求、学业要求及教学提示

1. 抽样与数据分析

标题	内容要求	学业要求	教学提示
抽样与数据分析	(1) 体会抽样的必要性,通过实例认识简单随机抽样。 (2) 进一步经历收集、整理、描述、分析数据的活动,了解数据处理的过程;能用计算器处理较为复杂的数据。 (3) 会制作扇形统计图,能用统计图直观、有效地描述数据。 (4) 理解平均数、中位数、众数的意义,能计算中位数、众数、加权平均数,知道它们是对数据集中趋势的描述。 (5) 体会刻画数据离散程度的意义,会计算一组简单数据的离差平方和、方差。	知道抽样调查的必要性和简单随机抽样的特点。能根据问题的需要,设计恰当的调查问卷并会用简单随机抽样收集数据;能绘制扇形统计图、频数直方图,能用扇形统计图、条形统计图、折线统计图、频数直方图等整理与描述收集到的数据,能读懂扇形统计图、条形统计图、折线统计图、频数直方图等反映的数据信息,能利用频数直方图解释数据中蕴含的信息;能计算一组数据的中位数、众数、加权	抽样与数据分析的教学应当以现实生活中的实例为背景,引导学生理解抽样的必要性,知道要根据研究问题的需要,选择恰当的方法收集数据,会用简单随机抽样的方法;引导学生通过对实际问题中数据的整理与分析,认识数据的数字特征各自的意义与功能,理解平均数、中位数、众数

（续上表）

标题	内容要求	学业要求	教学提示
抽样与数据分析	（6）经历数据分类的活动，知道按照组内离差平方和最小的原则对数据进行分类的方法。 （7）通过实例，了解频数和频数分布的意义，能画频数直方图，能利用频数直方图解释数据中蕴含的信息。 （8）体会样本与总体的关系，知道可以用样本平均数估计总体平均数，用样本方差估计总体方差。 （9）会计算四分位数，了解四分位数与箱形图的关系，感悟百分位数的意义。 （10）能解释数据分析的结果，能根据结果作出简单的判断和预测，并能进行交流。 （11）通过表格、折线图、趋势图等，感受随机现象的变化趋势。	平均数，知道计算加权平均数的分布式计算方法，知道中位数、众数、平均数都能刻画这组数据的集中趋势以及它们各自的特点；会计算一组简单数据的离差平方和、方差，知道离差平方和、方差都能刻画这组数据的波动（离散）程度，知道按照组内离差平方和最小的原则对数据进行分类的方法；知道样本与总体的关系，能用样本平均数估计总体平均数，能用样本方差估计总体方差；知道百分位数和四分位数，能计算一组数据的四分位数，知道箱形图可以直观反映数据分布的信息；能根据问题的需要提取中位数、众数、平均数、四分位数、方差等数据的数字特征，能根据数据的数字特征解释或解决问题；能根据需要使用恰当的统计图表整理和表示数据，能根据统计图表分析随机现象的变化趋势；体会数据分析的重要性，感悟通过样本特征估计总体特征的思想，形成数据观念，发展模型观念。	如何刻画数据的集中趋势，理解方差如何刻画数据的离散程度，理解四分位数如何刻画数据的取值特征，会用样本数据的数字特征分析相关问题；引导学生通过对实际问题中数据的分类，了解数据分类的意义和简单的数据分类方法，知道几种统计图各自的功能，会选择恰当的统计图表描述和表达数据，能根据样本数据的变化趋势推断总体的变化趋势。在这样的过程中，让学生感悟数据分析的必要性，形成和发展数据观念和模型观念。

2. 随机事件概率

标题	内容要求	学业要求	教学提示
随机事件概率	（1）能通过列表、画树状图等方法列出简单随机事件所有可能的结果，以及指定随机事件发生的所有可能结果，了解随机事件的概率。 （2）知道通过大量重复试验，可以用频率估计概率。	能描述简单随机事件的特征（可能结果的个数有限，每一个可能结果出现的概率相等），能用列表、画树状图等方法求出简单随机事件所有可能的结果以及指定随机事件发生的所有可能结果，能计算简单随机事件的概率；知道经历大量重复试验，随机事件发生的频率具有稳定性，能用频率估计概率；体会数据的随机性以及概率与统计的关系；能综合运用统计与概率的思维方法解决简单的实际问题。	随机事件的概率的教学：要从小学阶段的定性描述逐渐走向初中阶段的定量分析，应当通过简单易行的情境，引导学生感悟随机事件，理解概率是对随机事件发生可能性大小的度量；引导学生认识一类简单的随机事件，其所有可能发生结果的个数是有限的，每个可能结果发生的概率是相等的，在此基础上了解简单随机事件概率的计算方法；引导学生通过大量重复试验，发现随机事件发生频率的稳定性，感悟用频率估计概率的道理，会用频率估计概率。在这样的过程中，引导学生学会从统计与概率的角度认识、理解和表达现实世界中大量存在的随机现象。

（二）教学实施建议

1. 核心素养导向

初中阶段统计与概率着力培养学生数据观念的核心素养，使其对数据的意义和随机性有比较清晰的认识。

统计与概率领域的五个主题与核心素养主要表现的关联如下：①数据分类核心素养主要表现为数据意识、应用意识；②数据的收集、整理与表达核心素养主要表现为数据意识、应用意识、模型意识、运算能力、几何直观；③随机现象发生的可能性核心素养主要表现为数据意识、应用意识、推理意识；④抽样与数据分析核心素养主要表现为数据观念、模型观念、应用意识、创新意识、抽象能力、运算能力、几何直观、推理能力；⑤随机事件的概率核心素养主要表现为数据观念、模型观念、应用意识、创新意识、运算能力、抽象能力、推理能力。

例如，趋势统计图。表 1-1 是我国 2011—2020 年国内生产总值（GDP）数据，尝试在平面直角体系中用统计图描述我国这段时间的经济发展趋势。

表 1-1　我国 2011—2020 年 GDP 数据表

年份	2011	2012	2013	2014	2015	2016	2017	2018	2019	2020
GDP/亿元	487 940.2	538 580.0	592 963.2	643 563.1	688 858.2	746 395.1	832 035.9	919 281.1	986 515.2	1 013 567.0

2. 把握教学内容

在小学所学的定性描述随机现象发生可能性的基础上，初中阶段的学生要经历在具体情境中猜测、试验、收集数据、分析结果的全过程，能够对随机现象进行定量刻画，理解概率的意义，了解概率是描述不确定现象的数学模型，能够进行简单的运算。

在统计教学中，应引导学生根据实际问题的需要，选择恰当的方法收集数据，根据数据分析的需要，选择恰当的统计图表描述和表达数据，并从样本数据中提取需要的数字特征，用样本的数字特征推断总体的统计规律；对于统计的基本概念，应结合具体问题进行描述，并利用数字特征（平均数、方差等）和数据直观图表进行数据分析，解释和解决问题。

在概率教学中，应通过日常生活的实例让学生了解随机事件与概率的意义；通过具体实例，引导学生认识简单随机事件所有可能的结果的有限性和可能性，在此基础上了解概率计算公式的意义；可以引导学生通过大量重复实验，发现随着试验次数的增多频率具有稳定性特征，由此可以用频率来估计概率。

3. 关注能力发展

注重信息技术能力的应用，教师探索信息化环境下的数学教学模式，引导学生动手实验，体会实践发生的随机性和随机现象中的规律性。频率的稳定性往往只能通过大量的试验发现，囿于时间和空间，学生在探究活动中往往不能收集到大量的数据，教师可以使用计算机来模拟多次重复试验的过程，让学生看到试验现象和结果，避免产生错误的认识。此外，还可以让学生用计算器计算较为复杂的统计量，用计算机帮助快速绘制统计图，并借助网络资源获取更丰富的真实数据，了解与统计相关的更为广阔的问题背景，使学生深刻理解"统计与概率"的知识方法在生活实际中的广泛应用。

（三）教学案例分析

随机事件

一、课程标准分析

《义务教育数学课程标准（2022 年版）》指出：本章是在小学了解了随机现象发生的可能性基础上，进一步学习事件的概率，从小学阶段的定性描述逐渐走向初中阶段的定量分析，主要内容包括随机事件和概率的有关概念，用列举法（包括列表法和画树状图法）求简单随机试验中事件的概率，利用频率估计概率。而"随机事件与概率"作为"概率初步"这一章中的第一节内容，主要是为了让学生了解随机事件和概率的有关概念，这既是概率论的基础，又是生活中存在的大量现象的一个反映，主要培养学生正确的随机观念，正确理解概率的意义。

二、教学案例过程

（一）教学目标

（1）通过对生活中各种事件的判断，归纳出必然事件、不可能事件和随机事件的特点。

（2）通过实验操作、观察、思考和总结，提炼出三种事件的本质属性，并抽象成数学概念。

（3）体验从事物的表象到本质的探究过程，感受到数学的科学性及生活中丰富的数学现象。

（二）教学重点、难点

教学重点：随机事件的特点。

教学难点：对生活中的随机事件作出准确的判断。

（三）创设情境，明确任务

生死签

相传古代有个王国，国王非常阴险而多疑，一位正直的大臣得罪了国王，被判死刑。这个国家世代沿袭着一条奇特的法规：凡是死囚，在临刑前都要抽一次"生死签"（写着"生"和"死"的两张纸条），犯人当众抽签，若抽到"死"签，则立即处死；若抽到"生"签，则当场赦免。国王一心想处死大臣，于是他与几个心腹密谋，想出一条毒计：暗中让执行官把"生死签"的两张纸条都写成了"死"。

请问这位大臣最后一定会被处死吗？

【设计意图】巧妙地以《生死签》故事布下悬念，引出课题，让学生经历从动情到启发，从启发到小组合作探索的学习之旅。

（四）自主协作，合作探究

活动1：抽签。

五名学生参加演讲比赛，以抽签方式决定每个人的出场顺序，为了抽签，我们在盒子里放了五个分别写有数字1、2、3、4、5的乒乓球，把乒乓球充分摇匀后，小军先抽，随机从盒中抽一个乒乓球，根据抽签结果回答问题：

（1）有几种可能的结果？

（2）抽到的数字小于6吗？

（3）抽到的数字会是0吗？

（4）抽到的数字会是1吗？

观察（2）（3）（4）的结果，你能否将其进行简单的分类？

【设计意图】让学生亲身体验，亲自实践，感受到现实生活中存在必然事件、不可能事件，还有一些是可能发生，也可能不发生的，让学生乐于亲近数学，感受数学，喜欢数学。

活动2：探索体验。

为了更深刻地体会以上结果的分类，我们再来做一个试验：掷骰子。以小组为单位按照以下的操作规则来完成试验。

操作规则：

（1）每人掷3次。

(2) 骰子离桌面 10 cm 左右。

(3) 骰子不能掉落到地面。

(4) 组长观察并在小白板记录好"实验结果测试单"。

(5) 每个组员类比活动 1 提出几个问题，例如：出现的点数会是 6 吗？

【设计意图】 整合教材，以小组合作、动手操作试验的形式来完成，小白板展示成果，既锻炼了组员设计问题和组长随机应变的能力，又培养了学生深度学习的能力。

归纳：

必然事件：＿＿＿＿＿＿＿＿的事件；

不可能事件：＿＿＿＿＿＿＿＿的事件；

随机事件：＿＿＿＿＿＿＿＿的事件；

随机事件的特点：＿＿＿＿＿＿。

【设计意图】 由学生总结，让其参与分类，感知事件的区别，增加课堂的趣味性，激发学生学习兴趣，培养学生整理归纳和数学抽象的核心素养。

活动 3：摸球试验。

箱子中装有 4 个红球、2 个蓝球，这些球的形状、大小、质地等完全相同，即除颜色外无其他差别。在看不到球的条件下，随机从袋子中摸出 1 个球。

(1) 这个球是蓝球还是红球？

(2) 如果两种球都有可能被摸出，那么摸出红球和摸出蓝球的可能性一样大吗？

数据统计表

颜色	频数	频率
蓝球		
红球		

选 1 名同学为代表，拿着装有 4 个红球、2 个蓝球（每个球除颜色外全部相同）的纸箱，让一个组的所有同学依次摸 1 个球，记下它的颜色，再放回箱

中，老师用电子表格记录摸出的红球和蓝球的频数。

【设计意图】让学生通过自主摸球来感知随机事件发生的可能性是有大小之分的，突破教学难点，活跃课堂气氛，学会用一分为二的观点看问题。

【阶段评估】

1. 判断下列事件是必然事件、不可能事件还是随机事件。

　(1) 通常加热到100 ℃时，水沸腾。(　　　　　)

　(2) 篮球队员在罚球线上投篮一次，未投中。(　　　　　)

　(3) 掷一次骰子，向上的一面是6点。(　　　　　)

　(4) 三角形的内角和是360°。(　　　　　)

　(5) 经过城市中某一个有交通信号灯的路口，遇到红灯。(　　　　　)

　(6) 某射击运动员射击一次，命中靶心。(　　　　　)

2. 下列事件中，是不可能事件的是(　　　　)。

　A. 买一张彩票中奖　　　　　　B. 抛一百个硬币，全部正面朝上

　C. 水在0 ℃以下结冰　　　　　D. 两个正数的和为负数

3. 下列事件中，是随机事件的是(　　　　)。

　A. 宇宙飞来一块陨石，落在火车上

　B. 两直线平行，同位角相等

　C. 内错角相等，两直线平行

　D. 直角三角形的两个锐角和为90°

4. 下列事件中，属于必然事件的是(　　　　)。

　A. 经过有交通信号灯的路口，遇到红灯

　B. 任意购买一张电影票，座位号是双号

　C. 射击运动员射击一次，命中10环

　D. 在三角形中，任意两边之和大于第三边

5. 下列事件中，属于确定性事件的个数是(　　　　)。

　①打开电视，正在播放广告　　　②掷骰子，所得点数小于10

　③同旁内角互补，两直线平行　　④在一个只装有红球的袋子里摸出白球

　A. 0 个　　　　　B. 1 个　　　　　C. 2 个　　　　　D. 3 个

【设计意图】题目层层递进，既重视课本的习题，又适当引申和进行跨学科融合，使习题的作用更加突出，有利于学生对知识的串联、累积、加工，从

而达到举一反三的效果。

（五）课堂小结，完成任务

这节课你学到了什么？

【设计意图】学生自主画思维导图展示课堂小结，老师加以修正完善，帮助其理清思维脉络，加深其对概念的理解，落实其数学建模的核心素养。

（六）点拨引导，升华任务

1.《生死签》故事后续：

然而在断头台前，聪明的大臣迅速抽出一张签纸塞进了嘴里，等到执行官反应过来，签纸早已吞下，大臣故作叹息道："我听天意，将苦果吞下，只要看剩下的签是什么字就清楚了。"剩下的当然写着"死"字，国王怕犯众怒，只好当众释放了大臣。国王"机关算尽"，想让大臣死，反而搬起石头砸自己的脚，让机智的大臣死里逃生。

请思考以下问题：

（1）在法规中，大臣的死属于什么事件？

（2）在国王的谋划中，大臣的死属于什么事件？

（3）在大臣的计谋中，自己的死又属于什么事件？

【设计意图】揭开谜底，首尾呼应，该故事中"大臣被处死"这一事件由于条件的改变在随机事件、必然事件与不可能事件之间相互转化，强调了事件的发生要"在一定的条件下"；让学生学会用辩证的思想看问题，培养其逻辑推理的核心素养。

2. 看视频《挑战不可能》并思考如何才能将看似不可能的事挑战成功呢？

【设计意图】通过观看郭子睿挑战成功的过程，联系本节课的知识，对学生进行有关梦想的思想教育：只要我们坚持不懈地努力，定能实现圆梦中考这一随机事件，使学生学习热情高涨，信心激增。

（七）评估检测，深化任务

1. 下列事件是不可能事件的是(   )。

    A. 明天会下雪   B. 小明购买一张彩票，一定中奖

    C. 两个正数的积为正数   D. 在一个只装有白球的袋子中摸出黑球

2. 下列事件属于必然事件的是(   )。

    A. 明天气温会升高   B. 太阳从东边升起

    C. 太阳从西边升起   D. 打开电视机，正在播放广告

3. 下列事件是随机事件的是(   )。

    A. 水涨船高   B. 冬天下雪   C. 水中捞月   D. 冬去春来

4. 指出下列事件中，哪些是必然事件，哪些是不可能事件，哪些是随机事件。

    （1）两直线平行，内错角相等。(   )

    （2）运动员再次打破110米跨栏的世界纪录。(   )

    （3）掷一次骰子，向上一面是3点。(   )

    （4）13个人中，至少有两个人出生的月份相同。(   )

    （5）在装有3个球的布袋里摸出4个球。(   )

    （6）抛掷一千枚硬币，全部正面朝上。(   )

【设计意图】该部分选择了与本节课相关的中考题，由浅入深，由易到难，跨学科融合，既检测了学生对本节课知识的掌握情况，又对他们进行了知识性的评价。在课堂讲解时，用欣赏和尊重的语言对学生进行激励性的过程性评价，也让学生进行自我评价，以多角度的评价机制充分调动学生学习的积极性。

三、教学案例分析

本案例在教学活动中注重探究问题创设，利用核心问题驱动，以问题促思考，让学生主动学习。在例题的设计上，依纲靠本，整合教材来设计，力争做到由易到难、层层推进、环环相扣，尽量满足不同层次学生的学习需要，力求让每名学生都有所收获，在掌握基础知识、基本技能的过程中培养学生的数据分析、数学抽象、数学建模、逻辑推理等数学核心素养，学生初步养成独立思考、探究质疑、合作交流等学习习惯以及自我反思能力。

同时，本节课还设计了两个故事：其中《生死签》故事首尾呼应，巧破教学难点，而《挑战不可能》则说明通过努力可以将看似不可能的小概率事件挑战成功，从知识角度分析其中所蕴含的数学思维，实现数学育人的目标，从而升华教学。

四、综合与实践

初中阶段的综合与实践领域可采用项目式学习的方式，以问题解决为导向，整合数学与其他学科的知识和思想方法，让学生感受数学与科学、技术、经济、金融、地理、艺术等学科领域的融合，积累数学活动经验，体会数学的科学价值。

依据《义务教育数学课程标准（2022 年版）》的设计，下面用思维导图呈现综合与实践领域涉及的知识（见图 1-4）。

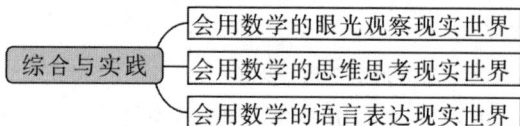

图 1-4　综合与实践思维导图

（一）内容要求、学业要求及教学提示

标题	内容要求	学业要求	教学提示
综合与实践	（1）在社会生活和科学技术的真实情境中，结合方程与不等式函数、图形的变化、图形与坐标、抽样与数据分析等内容，经历现实情境数学化，探索数学关系、性质与规律的过程，感悟如何从数学的角度发现问题和提出问题，逐步形成"会用数学的眼光	经历项目式学习的全过程。能综合运用数学和其他学科的知识与方法，在实际情境中发现问题，并将其转化为合理的数学问题；能独立思考，与他人合作，提出解决问题的思路，设计解决问题的方案；能根据问题的背	注重引导学生通过小组合作或独立思考，经历发现和提出问题的过程。其中，提出问题是指提出合适的数学问题。从发现问题到提出问题，往往要经历从语言表达到数学表达的过程。其中，语言表达不仅包括日常生活语言，还包括其他学科的语言。教师要帮助学生感悟如何从数学的角度审视问题，在发现和提出问题的过程中，引导学生用数学的眼光观察现实世界。注重引导学生经历分析和解决问题的过程。问题是由学生自己或与他人交流中提出的，解决问题的过程要与提出问题的过程有机结合，积累解决实际问题的经验。教师要帮助学生感悟解决现实问题不仅要

（续上表）

标题	内容要求	学业要求	教学提示
综合与实践	观察现实世界"的核心素养。 （2）用数学的思维方法，运用数学与其他相关学科的知识，综合地、有逻辑地分析问题，经历分工合作、试验调查、建立模型、计算反思、解决问题的过程，提升思维能力，逐步形成"会用数学的思维思考现实世界"的核心素养。 （3）用数学的语言，将现实问题转化为数学问题，经历用数学方法解决问题的过程，感悟科学研究的过程与方法，感受数学与其他学科融合中所彰显的功效，积累数学活动经验，逐步形成"会用数学的语言表达现实世界"的核心素养。	景，通过对问题条件和预期结论的分析，构建数学模型；能合理使用数据，进行合理计算，借助模型得到结论；能根据问题背景分析结论的意义，反思模型的合理性，最终得到符合问题背景的模型解答。 在这样的过程中，理解数学，应用数学，形成和发展应用意识、模型观念等；提升获取信息和资料的能力，整合数学与其他学科的知识，完成跨学科实践活动，感悟数学与生活、数学与其他学科的关联，发展学习能力、实践能力和创新意识。	关注数学的知识，更要关注问题的背景知识，发现问题的本质与规律，然后用数学的概念、定理或公式予以表达。在建立数学模型的过程中，引导学生用数学的思维思考现实世界。 最终要引导学生解释数学结论的现实意义，进而解决问题。在许多情况下，模型中的参数或重要指标与所要解决问题的背景资料有关，往往需要分析模型结论的合理性，主要是分析结论是否与现实吻合。如果有悖于现实，就需要调整模型，直至合理。在这样的过程中，让学生感悟重事实、讲道理的科学精神，体会数学表达的简洁与精确，引导学生用数学的语言表达现实世界。

(二) 教学实施建议

1. 核心素养导向

学校教育需要借助课程内容来培养学生的核心素养，培养全面发展的人。着力培养学生跨学科能力，使核心素养真正落地，提升其在真实情境中解决问题的能力。传统的数学试题考的是纯数学，学生通过推理、运算寻求解答。新型试题需要在文字、图象描述的现实情境中抽象、设置条件解决实际问题。

核心素养导向的教学目标是对"四基""四能"教学目标的继承、发展，并提出了更高的要求。在综合与实践的领域中，项目式学习帮助学生通过用数学方法解决现实问题，引导学生发现解决现实的关键要素，学会用数学的思维分析要素之间的关系，经历发现问题、提出问题、分析问题和解决问题的过程，培养其应用意识与创新意识。

如绘制公园平面地图。为满足游客个性化需求，公园常常需要提供不同主题的地图。这个素材可以作为跨学科主题学习的载体，让学生自主选择某一场景，如文化古迹、景观、建筑、古树分布、植物分布、定向越野、美食等，提炼相应主题，综合运用数学、地理、美术等知识，绘制公园平面地图，创造性地完成活动任务。

2. 把握教学内容

综合与实践领域为了体现单元主题教学，更加注重知识间的关系与结构，强调以跨学科主题学习为主，以真实问题为载体，适当采取主题活动或项目学习的方式呈现。借助单元主题教学，将零散的知识点联系起来，有效整合数学知识与技能，让学生综合运用各学科知识，理解一整个主题有利于正向迁移的实现，形成具体与抽象交错的复杂认知结构，引导学生在跨学科背景下用数学解决实际生活中的问题，感受数学学科的魅力与价值，落实核心素养。

如：变速自行车中的数学探究活动。①课堂引入——生活中常见的自行车。观察所骑自行车，思考需要关注的数学问题。②普通自行车的基本原理，通过观察、归纳、实验、推理研究活动，分析普通自行车的旋转。③变速自行车的基本变速原理，通过观察、归纳、实验、推理研究活动，分析变速自行车的变速原理。④拓展问题——利用自行车如何测量家到学校的距离？如何根据变速自行车的变速原理选择档位？⑤分析报告——如何提出新的研究问题？如何设计研究方案？

3．关注能力发展

（1）项目式学习。

《义务教育数学课程标准（2022 年版）》明确提出初中阶段综合与实践领域，要以跨学科项目式学习的方式，整合数学与其他学科的知识和思想方法。在教学中，学生有可能知道了很多数学知识，但仍旧解决不了现实问题；学生有可能学习了很多解题方法，但情境一换就不知道该如何解决。这些现象驱动了教师对课堂进行改革。项目式学习可以有效地解决分科教学与活动探究的冲突，它鼓励学生主动参与、主动思考，避免知识的单向灌输，在一节课中将多个学科内容包含其中。跨学科的项目式教学，目的是提升学生的学科关键能力，提高跨学科素养。项目式学习成果由驱动性问题转化。

（2）跨学科主题学习。

以跨学科主题学习为载体，让学生亲身经历实践、探究、体现、反思、合作、交流等学习过程，从中积累数学活动经验，体会数学知识之间、数学与其他学科之间、数学与现实世界之间的关联。通过解决真实问题，促进学生对数学学科的理解和跨学科知识的获得，发展学生核心素养，培养创新意识、实践能力、社会担当等综合品质，促进数学学科育人方式和学习方式的根本变革。

（3）现代信息技术应用。

教师应不断提升自身的数字素养，探索信息化环境下的数学教学模式，充分利用新兴信息技术对教学实施、教学评价和学生学习的支持功能，创设线上线下一体化的“混合式”学习生态，促进学生的个性化学习和核心素养的发展。在数学教学设计与实施的过程中，利用信息技术对文本、图象、声音、图形、动画进行综合处理，合理选用信息化学习环境，有利于提升学生探究的热情、开阔学生的视野、激发学生的想象力、提高学生信息素养。

（三）教学案例分析

平面直角坐标系的应用

一、课程标准分析

本课教学内容是数学活动实践课。本课程适合开展项目式学习，以问题情境为导向，整合数学与其他领域的知识和思想方法，让学生从数学的角度观察与分析、思考与表达、解决与阐述社会生活以及科学技术中遇到的现实问题，积累数学互动的经验，体会数学的科学价值。因此，本案例侧重于培养学生捕捉情境信息、理解问题、分析问题、解决问题等应用能力，发展学生数学核心素养。为达到预期，在开展项目式学习过程中，本案例将基于单元整体教学的视角，引导学生在实际问题中建立适当的平面直角坐标系，描述物体的位置，建立图形与代数的联系，为几何问题和代数问题的相互转化打下基础。

二、教学案例过程

(一) 教学目标

(1) 创设单元情境族，引导学生观察平面分布图，明确表达位置与线路图的方法与步骤。

(2) 搭建活动平台，促进学生合作交流，从合作交流中得到启示，完善思考的方案。

(3) 培养学生运用"用坐标表示地理位置"的相关知识解决问题的能力。

(二) 教学重点、难点

重点：创设单元情境族，引导学生观察平面分布图，明确表达位置与线路图的方法与步骤。

难点：培养学生运用"用坐标表示地理位置"的相关知识解决问题的能力。

(三) 导航任务，思维起航

活动1：导航任务

春天到了，七 (2) 班组织同学到人民公园春游。老师为每位同学派发了一张景区示意图，请一位同学给大家描述各景点的位置。

自学评价

评价指标	1. 能找到示意图中有多少个景点及其名字	2. 知道示意图中的方位及比例尺	3. 能描述各景点的位置	4. 你描述的位置能用精准数据表示吗
评价等级				

注：优秀"A"，良好"B"，合格"C"，仍需努力"D"。

【设计意图】根据教材活动情境改编，降低学习起点，让学生在学习已有发展区通过自主努力探索情境，并进行自评，掌握学情，确定教学起点。

（四）导航原理，构建知识

活动2：导航原理

如图，以公园的湖心亭为原点，分别以正东、正北方向为 x 轴、y 轴正方向建立平面直角坐标系，如果取比例尺为 1∶10 000，而且取实际长度100 m为图中的1个单位长度，解答下面的问题：

（1）请写出东门、中心广场、望春亭、牡丹园的坐标。

（2）若一个点的坐标是（100，－300），描出它的位置。

（3）若东门的坐标是（400，0），请在图中描出坐标系。

（4）若望春亭的坐标是（300，－100），它是以谁为坐标原点呢？

启示：

（1）描述位置时，确定坐标原点，能确定各景点的＿＿＿＿＿。

（2）若坐标原点发生变化时，所描述的各景点的＿＿＿＿＿也发生变化。

【设计意图】基于情境变式，进行深度探索，掌握建立平面直角坐标系的方法，理解平面直角坐标系在描述事物位置的作用，能描述变化后坐标的表达，归纳方法，形成能力。

（五）导航实践，解决问题

活动3：导航实践

想一想、辨一辨以下同学的分享：

张明说："牡丹园的坐标是（300，300）。"

李华说："牡丹园在中心广场东北方向约 420 m 处。"

（1）你知道张明同学是如何在景区示意图上建立坐标系的吗？

（2）你理解李华同学所说的"东北方向约 420 m 处"的含义吗？

（3）用他们的方法，你能描述公园内其他景点的位置吗？与同学们交流一下。

过程评价 1

评价指标	1. 能把握示意图中的方位及比例尺	2. 知道坐标的确立影响位置描述	3. 能建立坐标系描述各景点位置	4. 知道且可以用方位角描述位置
评价等级				

注：优秀 "A"，良好 "B"，合格 "C"，仍需努力 "D"。

【设计意图】根据学习地点及教学目标，运用支架式教学法，在教材活动情境的问题解决过程中，设置问题链学习支架，帮助学生在学习支架的帮助下，进行自主阅读、动手操作、独立思考、初步判断、同伴交流、合作完善、提炼思维等课堂互动环节，达成课程基本目标。设定过程评价 1，检验目标达成情况，形成显性评价数据，为调整下一环节的教学进程提供依据。

（六）导航成果，迁移应用

活动 4：导航成果

小明去某地考察环境污染问题，并且他事先知道下面的信息：化工厂在他现在所在地的北偏东 30 度的方向、距离此处 3 千米的地方；调味品厂在他现在所在地的北偏西 45 度的方向、距离此处 2.4 千米的地方；321 号水库在他现在所在地的南偏东 27 度的方向、距离此处 1.1 千米的地方。

请根据这些信息画出表示各处位置的一张简图。说一说小明在调味品厂的什么位置。

过程评价 2

评价指标	1. 能准确理解情境问题运用的知识链	2. 能建立坐标系描述各景点位置	3. 能正确、快速画出位置简图	4. 能熟练运用方位角描述位置
评价等级				

注：优秀 "A"，良好 "B"，合格 "C"，仍需努力 "D"。

【设计意图】 本单元教学的大概念是在具体问题情境中准确表示位置与线路，其单元知识链是"用坐标表示地理位置"的相关知识：坐标表示点、方位角、路线图。因此，落实课程活动的基本任务后，发展学生的专家思维、进行学习经验的迁移、解决新问题、推进深度学习是发展学生数学核心素养的必然之路。本环节设置相关问题情境族，开阔学生视野，提高学生信息获取、抽象思维、数学建模的能力，深刻理解本单元的大概念，从而实现问题解决能力的迁移与提升。设置过程评价2，从具体评价指标体现拓展迁移的效果，客观评价课堂成效。

（七）导航升级，反思内化

活动5：导航升级

1. 谈谈收获

导航的原理是什么？表达地点与线路图的方法有哪些？具体有哪些步骤？

2. 当堂检测

【必做】 张老师担任初一（2）班班主任，她决定利用假期家访，第一批选中8位同学，如果他们的住处在如图所示的直角坐标系中，$A(-1, -2)$，$B(0, 5)$，$C(-4, 3)$，$D(-2, 5)$，$E(-4, 0)$，$F(1, 5)$，$G(1, 0)$，$H(0, -1)$。请你在图中的直角坐标系中标出这些点，设张老师家在原点O，请你为张老师设计一条家访路线。

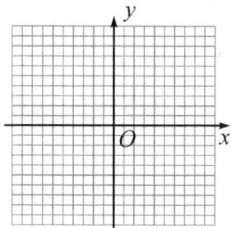

【选做】 在雷达探测区域，可以建立平面直角坐标系表示位置。在某次行动中，当两架飞机在$A(-1, 2)$与$B(3, 2)$位置时，可疑飞机在$(-1, -3)$位置，你能找到这个直角坐标系的横、纵坐标的位置吗？把它们表示出来并确定可疑飞机的位置，说说你的做法。

小组评价

评价指标	1. 及时总结归纳知识方法，做好笔记	2. 课堂上活动投入，学习质量高	3. 书写工整，格式规范	4. 积极合作、交流，解决问题
评价等级				

注：优秀"A"，良好"B"，合格"C"，仍需努力"D"。

【设计意图】 根据建构主义学习理论，设置收获体验和具体问题解决环节，实现：①大概念目标的理解，②活动体会，③具体知识的应用技能。运用螺旋上升教学法进行教学活动的设计，引导学生对学习阶段进行及时总结与反思，有效促进学生归纳整理，自主构建新的知识体系、新的活动经验、新的情感体会，从而客观进行自我理解与评价，为下阶段的学习与研究树立明确的目标。

三、教学案例分析

本课是实践课教学设计，忠于教材数学活动的教学任务，重视"数学活动"蕴含的内在价值和对学生的指引作用，对培养学生数学核心素养起着至关重要的作用。

本节的教学设计体现在教学新的单元时，不能将知识点分散单独来教学，而应该从整体上掌握，帮助学生从整体入手感知单元，让学生知道本单元学什么、自己将要经历什么、兴趣点和疑惑点在哪里，然后让其结合自身的探索和体验，在学习本课前形成自己个性化的学习目标，促进学生的求知欲望。这种"单元整体教学"和学生自学、分组教学相结合，在相应的学习支架辅助下，学生自主找出不懂的问题，然后在小组内提出并交流。交流阶段一般在自学基础上进行，交流内容一般为：学懂学会了什么，提出不懂的问题或值得讨论的内容。在这次过程中教师有的放矢地引导全班学生讨论以求得到解决，促进学生的全员参加。全班同学在发现问题和解决问题的过程中锻炼思维和口头表达能力，从而更好地调动学习积极性，提高学习效率。

第二章 "五步五环"教学，为成长而教

第一节 新课标是"五步五环"教学模式的切入点

义务教育阶段的数学课程是培养公民素质的基础课程，具有基础性、普及性和发展性。课程理念是数学课程设计的基本遵循，阐述了数学教育对于促进学生发展的基本价值追求，以及制定课程目标、设计课程内容、实施教学活动、探索评价方式等方面的基本思路。

一、课程理念的基本依据

（一）落实党的教育方针和立德树人根本任务

数学课程在目标确定、学习活动设计、质量评价等方面，要全面落实立德树人根本任务。立德树人是发展中国特色社会主义教育事业的核心所在，是培养德智体美劳全面发展的社会主义建设者和接班人的本质要求。课程是教育思想、教育目标和教育内容的主要载体，集中体现国家意志和社会主义核心价值观，是学校教育教学活动的基本依据，直接影响人才培养质量。新时期课程改革在立德树人工作中发挥着重要作用。德育为先、能力为重、全面发展是落实立德树人根本任务的具体体现。数学课程要将学生情感态度价值观的培养放在重要位置，帮助学生建立正确的学习观、发展观，体会数学学科的价值和文化，养成良好的学习习惯；培养学生适应未来发展需要的综合能力，促使学生形成终身发展所必需的核心素养。

（二）遵循义务教育课程方案的基本要求

《义务教育课程方案（2022年版）》确定了课程研制的基本原则和课程标准编制的基本要求。基本原则包括：坚持全面发展，育人为本；面向全体学

生，因材施教；聚焦核心素养，面向未来；加强课程综合，注重关联；变革育人方式，突出实践。选择学生需要的和能够理解掌握的内容，确定这些内容的难度，以恰当的方式组织和呈现这些内容，是研制课程标准应重点考虑的，也是制定课程标准的重要理念。研制数学课程标准要确定具有数学学科特征、适应学生终身发展需要的核心素养，准确描述这些核心素养的内涵特征，并将核心素养体现在课程目标、课程内容和实施要求之中。研制义务教育阶段新的数学课程标准，要借鉴以往对核心素养的认识和理解，凝练义务教育阶段数学课程要培养的学生核心素养。

课程标准编制的基本要求是：坚持正确的政治方向和价值导向，加强思想性。坚持素养导向，体现育人为本。注重学段衔接与科目分工，加强课程一体化设计。这些要求与课程研制的基本原则是一致的。研制数学课程标准要把这些要求具体落实在课程设计的各要素之中。

（三）体现数学学科的育人价值

数学课程作为义务教育阶段的核心课程，具有独特的育人价值。教育是为培养未来社会所需要的公民做准备的，而数学素养是未来公民必备的基本素养，学生核心素养的许多要素与数学相关。21 世纪以来，我国的基础教育课程改革将义务教育阶段的数学课程统一设置、统筹安排，旨在更好地发挥数学在育人方面的重要作用。数学课程的育人价值体现在培养学生理性思维等方面的特殊作用。数学具有抽象性、严谨性和广泛应用性等特点，学生通过数学学习，经历数学的抽象、推理和问题解决的过程，能理解和掌握数学知识和方法，提升综合素养。

（四）借鉴国内外数学教育改革的经验

数学作为人类认识世界的共同语言，历来受到世界各国的普遍重视。近年来，国际上对数学课程改革的研究有丰富的成果和成功的案例，这值得我们借鉴。美国、英国、澳大利亚、日本、欧盟、经济合作与发展组织（OECD）等国家和国际组织都从不同视角论证和阐述了数学课程与教学对人的发展的影响，不断改进数学课程教学和评价，等等。2009 年，上海地区的学生首次参加 PISA 测试，在数学、科学和阅读方面都处在领先位置，特别是数学测试成绩在国际上遥遥领先。我国学生在数学学习上取得的成就引起国际上的关注，一些国家和地区纷纷推介和学习上海数学教育改革的经验。上海数学教育改革的经验概括为三个方面，即连贯一致的改革思路、海派文化的数学课堂、强而有力的教研与教师队伍。

二、义务教育数学课程的价值追求

（一）落实立德树人根本任务，实现义务教育培养目标

以习近平新时代中国特色社会主义思想为指导，落实立德树人根本任务，是党和国家对教育提出的指导思想。作为义务教育阶段的核心课程，数学课程必须将立德树人根本任务具体落实在课程设计与实施的全过程。义务教育是面向全体学生的教育，我国已经实现了全面普及义务教育的目标，这意味着义务教育阶段的学生要"一个不能少"地接受包括数学学科在内的所有学科和活动的教育。实现"人人都能获得良好的数学教育，不同的人在数学上得到不同的发展"。数学课程落实立德树人根本任务和实现义务教育培养目标的要求，已经成为义务教育阶段数学教育改革的基本共识。

（二）凸显数学学科本质，实现义务教育培养目标

数学是研究数量关系和空间形式的科学，源于对现实世界数量和数量关系、图形和图形关系的抽象。以育人为目的的数学课程，要反映数学学科的本质特征，就要从千百年来人类积累的数学知识体系中，选择适合义务教育阶段学生学习、能够体现数学学科本质特征的内容。数学课程还应当反映数学学科发展前沿，虽然义务教育阶段的数学课程大部分以初等数学内容为主，但学生也需要了解数学发展的新理念与新方法，如大数据、人工智能等对数学带来的变化。数学课程要遵循数学学科的逻辑，将能够体现数学学科本质特征的内容形成核心内容的主线，同时以合理的方式呈现。

（三）体现核心素养统领促进学生终身发展

2022年版课程方案明确提出"聚焦核心素养，面向未来"的基本原则，课程设计要"依据学生终身发展和社会发展需要，明确育人主线，加强正确价值观引导，重视必备品格和关键能力培育"。体现核心素养统领成为本次课程标准修订的基本理念。实验稿课标和2011年版课标都提出了若干"核心词"，这可以看成是核心素养的雏形；2011年版课标进一步明确提出"四基""四能"；2022年版课标则凝练出"三会"来表达核心素养：会用数学的眼光观察现实世界，会用数学的思维思考现实世界，会用数学的语言表达现实世

界。"三会"表达的核心素养及其表现，是对《普通高中数学课程标准（2017年版2020年修订）》数学学科核心素养的继承和发展，而且也融入了2011年版课标中10个核心词的合理内核，进而将核心素养在小学数学、初中数学、高中数学的表现融会贯通，体现了基础教育阶段核心素养的一致性要求和阶段性特征。以核心素养为导向的数学课程将为学生的终身发展创造条件、奠定基础。

第二节　支架式教学是"五步五环"教学模式的立足点

一、支架式教学追溯历史

在过去的40年中，强调"刺激－反应"模式，并把学习看做是对外部刺激做出被动反应，即把学习者作为知识灌输对象的行为主义学习理论，已经让位给强调认知主体的内部心理过程，并把学习者看做是信息加工主体的认知学习理论。随着心理学家对人类学习过程认知规律研究的不断深入，近年来，认知学习理论的一个重要分支——建构主义学习理论在西方逐渐流行。近30年来，建构主义者在此基础上提出一些比较成熟的教学方法，其中就包括支架式教学。

支架式教学最初产生于探索父母如何帮助孩子表达自己的研究中，近年来，国内外许多学者都对支架式教学的实际运用效果进行了系统研究，并且结合具体的研究情境，进行了必要的补充和改进。虽然，到目前为止，研究者们对于什么是支架式教学还没有一个统一的界定，在具体表述上也不尽相同，但是，这些表述在某种程度上都体现了建构主义关于教与学的理念，特别是"教"的支持、引导、协助的作用。

卡茨登（Cazden，1979）曾明确指出，支架式教学具有广泛的适应性，当其作用于儿童的"最近发展区"内时，它能够用于许多日常班级教学活动，从而促进儿童"最近发展区"的发展。在支架式教学中，更有能力的他人为学习者的发展提供了支架和支持，支架促进了学习者在原有知识基础上内化新信息的能力。罗森塞恩和梅斯特（Rosenshine & Meister，1992）认为正是由于更有能力的他人为学习者提供了支架和支持，学习者才能（在更有能力的他人的支持下）完成他们无法独立完成的任务，从而跨越"最近发展区"，支架将儿童独立活动的水平与更有能力的他人的支持下活动的水平之间的差距联系起来。

研究表明支架式教学在促进儿童认知发展、提高儿童学习能力方面具有一定的作用，是帮助儿童掌握问题解决技能的重要的教学方法。

例如，罗伯茨和巴恩斯等（Roberts & Barnes，1992）研究发现，对四五岁的儿童在标准智力测验成绩上最好的干预，就是父母亲的"距离策略"以及支架的方法。儿童在与一个会小心运用支架、帮助他们解决问题的成人一起活动时，学得更多，其成绩要比他们与父母合作的成绩还高。戴茨和蒙特罗（Diaz & Montero，1994）的研究发现，支架行为能帮助儿童增加使用自言自语来发展自身的认知技巧。他们发现，如果儿童在支架之后自言自语，会比那些始终不开口的儿童有更多的机会在接下来的活动中成功。他们认为，这些儿童积极地通过自言自语，从大人身上将问题解决的知识和责任转换到自己身上。麦卡斯（McCarthy，1992）发现，学前儿童所使用的问题解决策略和自言自语的类型，跟先前母亲在支架阶段所强调的口语策略是非常相似的，而当这种口语策略是积极正向的时候，它必然会为儿童的学习提供一个好的模仿的榜样。

从研究结果来看，以上研究都表明支架式教学对于促进儿童的发展有着非常重要的作用。此外，有不少研究证明支架式教学是一种理想的、适宜于个性化教学的干预方式，能为儿童提供基于"最近发展区"的个别化的支持，能使教师适应儿童的个别化需求。

通过文献分析，虽然教师在运用支架时可以根据不同的教学情境灵活地运用多种多样的具体方法，但是，支架的实施必然基于"最近发展区"，其目的都是帮助儿童从一个能力水平向另一个更高的能力水平过渡，发展高级心理机能，使儿童成为独立、能动的学习者。支架的运用过程必然包括以下三个步骤：教师首先判断儿童当前的发展水平，然后给予支持、引导，最后还要逐渐撤回支架。由于学习者在学习方面自由性和程度日益增加，因此支架式教学越来越受到人们的关注。

二、"支架式教学"的界定

到目前为止，研究者们在支架式教学的性质判断上还有不同的观点。有的认为支架式教学是一种教学模式，有的认为支架式教学是一种教学思想，有的则认为支架式教学是一种教学策略。但现在绝大部分学者都将支架式教学看做重要的建构主义教学模式之一。

欧盟"远距离教育与训练项目"的有关文件对支架式教学作了如下定义：支架式教学（The Scaffolding Instruction）就是为学习者建构对知识的理解提供一种概念框架，这种概念框架是发展学习者对问题的进一步理解所需要的，为此，就需要事先把复杂的学习任务加以分解，以便于把学习者的理解引向深处。很显然，这种教学思想是来源于苏联著名心理学家维果茨基的"最近发展区"理论。布鲁纳和伍德（Bruner & Wood，1976）认为，支架式教学是一种幼儿或新手在更有能力的他人帮助下解决问题、完成任务或达到他们在没有支持的情况下不能达到的目标的过程。罗森赛恩等（Rosenshine et al.，1992）认为，支架式教学是教师或更有能力的同伴为帮助学习者解决独自不能解决的问题，即帮助学习者跨越当前水平和目标之间的距离而提供帮助、支持的过程。迪克森、查尔德和西蒙斯（Dickson，Chard & Simmons，1993）提出，支架式教学是系统有序的，包含了提示性的内容、材料、任务以及相应的教师为改善教学所提供支持的过程。斯南文（Slavin，1994）指出，支架式教学是教师引导教学的进行，使儿童掌握、建构和内化所学的知识技能，从而使他们进行更高水平的认识活动的过程。

支架式教学所隐含的意义就是指教师引导着教学的进行，使学习者掌握、建构和内化所学的知识技能，从而使他们进行更高水平的认知活动。简言之，是通过支架（教师的帮助）把管理学习的任务逐渐由教师转移给学习者自己，最后撤去支架。在实施支架式教学时，首先，由教师将学习者引入一定的"问题情境"，并提供可获得的工具。其次，由教师为学习者确立目标，用以引发情境的各种可能性，让学习者进行探索尝试。这种目标可能是开放的，但教师会对探索的方向有很大影响，他可以给以启发引导，可以做演示，可以提供问题解决的原型，也可以给学习者提供反馈，等等；但要逐渐增加学习者自己对问题探索的成分。最后，教师要逐步地让学习者自己去探索，由他们自己决定探索的方向和问题，选择自己的方法，这时不同的学习者可能会探索不同的问题。

支架式教学强调在教师指导情况下的发现，强调教师指导成分的逐渐减少，最终要使学习者达到独立发现的地位，将监控学习和探索的责任由以教师为主向以学习者为主转移。学习者是主动的，他要对自己的学习活动进行计划、监视、评价和调节，因此监控学习的责任不再完全由教师承担，学习者要对学习过程进行自我监控，但这需要经历由教师监控向学习者监控转化的过程。在学习过程中，指导者必须确保能为学习者提供足够的（但不过多的）

支持，并在减少指导者的指导和增加学习者的能力之间保持一种微妙的平衡。在支架式教学过程中，尽管刚开始教师掌握着较多控制权，但教学的最终目标是隐藏指导者的指导，使学习者能独立、自主地学习。支架式教学起到了一种临时性的、可调节支撑作用，能帮助学习者发展新技能。在这个过程中，指导者将对知识的表达和示范加以情境化，并针对学习者的情况加以指导，促进他们对知识的理解和思想的交流。

支架式教学强调教师指导下的探索，教师要通过做大量的示范与铺垫来为学习者搭建支架，通过支架的帮助把学习和探索的任务逐渐转移给学生，随着教师的淡出，学生能进行独立探索，最终完成预定的目标。支架式教学的整个过程就是师生共同合作解决同一问题的过程。教师根据学习的内容给学生提供必要的学习支架，通过支架的帮助，学生能够利用有关资源与工具积极主动地进行探索，最终达到教学目的。

综上所述，支架式教学可被界定为建构主义的一种教学模式；一种以学习者当前发展水平为基础的、系统有序的、可运用多种方法引导学习者主动建构知识技能并向更高发展水平迈进的教学模式；一种改变传统的教师主宰课堂的局面，从而构建教师和学生互动、共同参与课堂活动的教学模式。在教学过程中，教师通过一套特定的概念框架来帮助学生理解特定知识、建构知识意义的教学模式，借助该框架的支持与帮助，学生进行独立探索，最终能够完成任务或解决问题。当然，在这个教学模式的运用过程中，无论教师采取什么样的具体的支架方法，教师都要先判断学习者实际的发展水平，然后搭建支架来支持学习者不断建构，最后为了发展学习者主动建构的能力逐渐地撤回支架。

三、支架式教学的模式

支架式教学由五个基本环节组成：搭脚手架、创造情境、独立探索、协作学习、效果评价。

（一）搭脚手架

按"最近发展区"的要求，围绕当前学习主题为学生搭好脚手架是开展支架式教学的关键。脚手架搭得好，有利于增强学生学习的信心，促进学生"现有水平"向"潜在发展水平"转化。对于构建不同的新知识，我们所需搭建的脚手架往往各不相同。在搭建脚手架时，我们应注意它的一般性和特殊性。这里所说的一般性，是指在讲授知识时常用的、具有普遍意义的处理方式和方法；而所说的特殊性，则是指需要对新知识的形成进行分析，并从中找出对新知识具有特殊意义的方式和方法。

例：通过二次函数中的平行四边形存在性问题的探究、学习，获取解决这类问题的基本方法；经历解决二次函数中的平行四边形存在性问题的探索过程，培养理解能力、抽象能力，能正确认识问题的本质，提高知识迁移能力，积累解决问题的经验，感受数学知识对解决问题的价值。

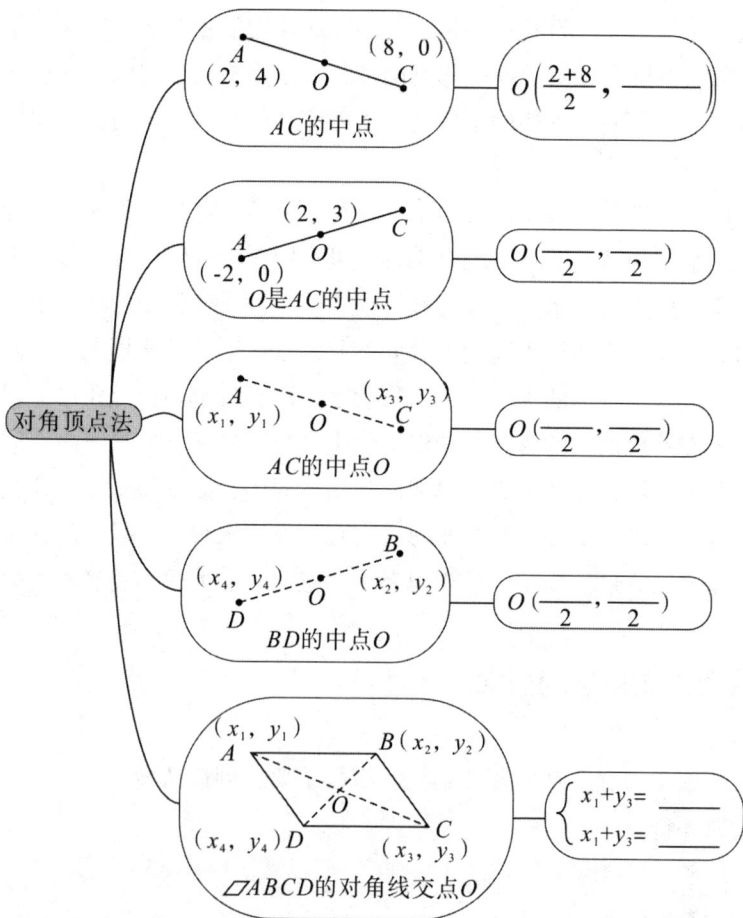

	求 D 点坐标
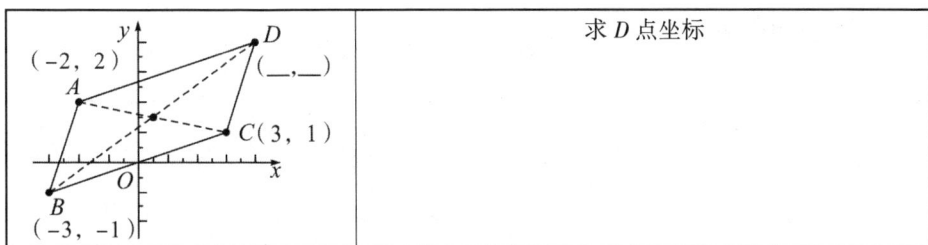	

解决本节课的难点需要用到对角顶点法，通过思维导图的方式，让学生经历这个方法的探索过程，从简单的线段中点求值逐步探索对角顶点法。

（二）创造情境

在教学过程中，脚手架搭成之后，即把静止的平面教案变成立体的课堂活动，需要把握好活动情境的创造。在教学实践中，我们应遵循针对性、趣味性、创造性的创设原则，设置悬念，构建迫切学习的活动情境；设计实验操作，构建手脑并用的活动情境；实例引发，构建学用结合的活动情境；运用构建多媒体的活动情境等方法，帮助学生沿概念框架不断延伸，不断地把学生的智力从一个水平提升到另一个新的、更高的水平，真正使教学走在发展的前面。这要求教师有较高的力量水平和实践经验，把要传授的知识进行加工处理，提出问题，以引起学生的思索和共鸣。

续上例。

例1. 以 $A(2, 4)$，$B(0, 0)$，$C(6, 0)$，$M(x, y)$ 为顶点的平行四边形，求 M 点坐标。分类思考：

（1）以 AB 为对角线。

画图	计算
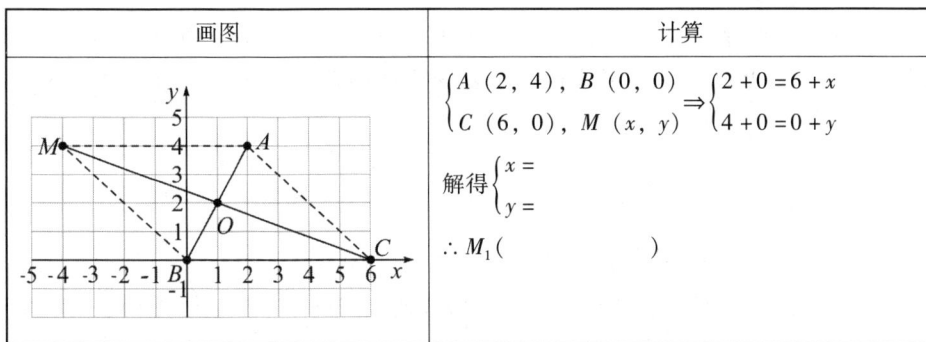	$\begin{cases} A(2, 4), B(0, 0) \\ C(6, 0), M(x, y) \end{cases} \Rightarrow \begin{cases} 2+0=6+x \\ 4+0=0+y \end{cases}$ 解得 $\begin{cases} x= \\ y= \end{cases}$ $\therefore M_1($ $)$

（2）以 AC 为对角线。

画图	计算
	$\begin{cases} A\ (2,\ 4),\ C\ (6,\ 0) \\ B\ (0,\ 0),\ M\ (x,\ y) \end{cases} \Rightarrow$ 解得 $\begin{cases} x = \\ y = \end{cases}$ $\therefore M_2 ($ 　　　　　 $)$

（3）以 AM 为对角线（即 BC 为对角线）。

画图	计算
	$\begin{cases} A\ (2,\ 4),\ M\ (x,\ y) \\ B\ (0,\ 0),\ C\ (6,\ 0) \end{cases} \Rightarrow$ 解得 $\begin{cases} x = \\ y = \end{cases}$ $\therefore M_3 ($ 　　　　　 $)$

综上所述，点 M 的坐标为 _____

方法归纳：（1）分类思考；（2）写出对角顶点；（3）列方程组；（4）综述。

通过较为简单的"三定一动"对学生进行解法的训练，通过数形结合验证几何方法和代数方法的正确性，培养学生的分类思想、理解能力、抽象能力、动手探究能力及归纳能力。

（三）独立探索

当进入所创设的问题情境之后，就让学生独立探索。在活动设计时，教师应充分估计到学生有可能遇到的障碍，做好适当的铺垫；探索开始时，先由教师启发引导，然后让学生分析；在探索过程中，教师应注意观察，倾听并收集有关信息，适时提示，给予适当的引导，帮助学生沿概念框架逐步攀升；对学生活动中表现出来的创造性要及时给予表扬和鼓励；当活动发展下去不再有进展时，教师应立即结束活动。独立探索告一段落时，教师要组织学生进行讨论。为了让每个学生参与到课堂教学中来，个体活动必须贯穿活动的始终，而通过小组活动和交流，能使尽可能多的学生暴露自己的思维过程，并在和他人思维的比较中得到补充和完善。通过教师的调控、点拨和全班学生的集思广益，学生对问题的解决达到更深层次的掌握和理解。在独立探索阶段，教师起初的引导、帮助可以多一些，之后便要逐渐减少，愈来愈多地放手让学生自己探索；最后要争取做到无需教师引导，学生自己能在概念框架中继续攀升。

续"（二）创造情境"中的例1。

例2. 已知抛物线 $y = -x^2 + x + 2$ 与 x 轴交于 A、B 两点，与 y 轴交于 C 点，M 是平面内一动点，若以 A、B、C、M 为顶点的四边形是平行四边形，请写出点 M 的坐标。

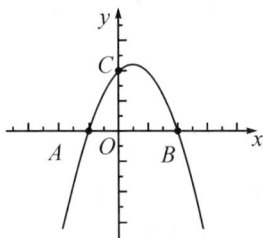

在例1的基础上做提升，撤销支架，完成整个解题过程，锻炼学生的学习能力和分类思考的能力。

（四）协作学习

独立探索结束时，教师组织小组协商、讨论。教师应事先明确一些小组合作的基本规则，比如小组内应该有一定的分工，每一个学生都要被指定担任一种特定的角色，如领导者、激励者、记录者、检查者等，而且应该轮流担任，实现小组角色的互换，增进学生与学生互动的有效性。讨论前，小组长要求其成员先独立思考，把想法写下来；再分别说出自己的想法，其他人倾听；然后进行讨论，形成集体的意见。在小组讨论的时候，教师应深入到小组当中，了解学生合作的效果、讨论的焦点、认知的进程等，从而灵活地调整下一个教学环节。教师在要求小组汇报时，也应将"哪个同学愿意来回答？"改为"哪个小组愿意来回答?"教师还可以尝试以一个小组的意见为靶子,让大家对他们的意见发表见解。在具有团体性质的争论中,学生更容易相互借鉴和学习;在思维的碰撞中,学生对问题的认识将会更加深刻。从而完成从具体到抽象、从模糊到准确、从单一到系统的思维训练。

续"(三)独立探索"中的例2。

例3. 已知二次函数 $y = x^2 - 2x - 3$ 的图象过点 A (3,0),与 y 轴交点为 C (0,-3),点 M 是二次函数图象上的动点。问在 x 轴上是否存在点 N,使得以 A、C、M、N 为顶点的四边形是平行四边形。若存在,求出所有满足条件的点 N 的坐标;若不存在,请说明理由。

逐步加深,增大难度,通过对中考题目的改编,引发学生的关注和兴奋,这个题目采用了"2 定点 2 动点"设计,能锻炼学生的分析和思考能力,通过小组合作探究解决实际问题。另外,计算量的增大,还考察了学生解一元二次方程的计算能力。本题属于无图题,是近年中考的难点,所以在学案上准备了微课的二维码,可以通过课后的翻转课堂,让学生在家再次学习,增强理解。

(五)效果评价

学生完成了认知阶段之后,就要对他们的学习效果进行评价。评价的方式包括:教师对学生的评价、学生的自我评价、学习小组对个人的评价。评价的内容包括:自主学习能力、在小组协作学习中所作出的贡献、对所学知识的意义建构情况。在实施过程中,学生的自我评价和学习小组对个人的评价可以通过填写设计好的评价表来完成。

续"(四)协作学习"中的例3。

1. 我的收获

本节课学习了二次函数与平行四边形存在性的问题,基本的解决方法是什么?有什么需要注意的?解题步骤是什么?

2. 课堂反馈

(1)抛物线 $y = -\frac{1}{4}x^2 + x$ 与 y 轴交于点 B (4,0),点 P 是抛物线上的动点,点 Q 在抛物线的对称轴上,若以 P、Q、B、O 为顶点的四边形是平行四边形,请写出 P 点坐标。

(2)抛物线 $y = \frac{1}{2}x^2 + x - 4$ 与 y 轴交于点 B (0,-4),点 P 是抛物线上

的动点，点 Q 是直线 $y = -x$ 上的动点，若以 P、Q、B、O 为顶点的四边形是平行四边形，请写出 Q 点坐标。

本节课通过归纳总结基本步骤，提炼、化归，数形结合等数学思想，将知识的思考探索过程还给学生。对知识的准确把握需要通过反复的练习，使学生全面理解二次函数中平行四边形的存在性问题解题方法，把辅助的脚手架去掉，看学生在单纯的题目里面，能否分析出同类问题，需要采用什么方法，锻炼学生的理论实际运用能力。

第三节　深度学习是 "五步五环" 教学模式的着力点

一、从浅层学习到深度学习

1976 年，美国学者马顿和萨尔约在《论学习的本质区别：结果和过程》一文中，首次明确提出 "表层学习" 和 "深层学习" 的概念，这是两种截然不同的学习策略。在阅读同样一篇陌生的文章时，表层学习（Surface Learning）是试图记住文章的事实表达并记忆。而深层学习（Deep Learning）是理解文章的中心思想和学术内涵，使已有的知识与特定教材的内容进行批判性互动，探寻知识的逻辑意义，使现有事实和所得出的结论建立联系。

浅层学习是指学习者的认知水平停留在浅表的层面，包括简单的提取、简单且机械的记忆。这种机械记忆在我们从小到大的训练当中有很多，最简单的是去背诵某类东西，比如诗歌、乘法口诀表。浅层学习是一种以完成外在任务、避免惩罚为取向的学习行为，以机械记忆和反复操练为主，缺少深度思维加工，因此学习成果多以复制为主，难以迁移和深化。浅层学习的学生完全按照教师的指令行事，将教师所讲的话都认认真真记录下来，即使教师讲错了，学生也不会质疑，如同一台不知疲倦的 "复印机"。但是，如果教师提出了比较有挑战的问题，学生就不太愿意去思考，而更多的是等待其他人或者教师给出现成的答案。在小学阶段，浅层学习的学生成绩一般是比较好的，也可能是教师眼中的学优生，但是，随着学年的不断提高，特别是到了八年级以后，这些学生就会开始出现学习困难和成绩下降的趋势，到了高中阶段，学习难度进一步提高，这些学生会表现出学习成绩 "断崖式下跌"，学习状态急转直下。

从教育目标的角度来说，1956 年本杰明·布鲁姆（Benjamin Bloom）将教学目标分为"知识、领会、应用、分析、综合、评价"六个层次，而他的学生洛·安德森（L. W. Anderson）对这六个层次进行了重新修订，将其归纳为"记忆、理解、应用、分析、评价、创造"。"记忆、理解、应用"被称为低层次目标，而"分析、评价、创造"（见图 2 - 1）被称为高层次目标，其中"创造"作为教育目标的最高层次，具有最高的动力价值，即以最高层次的"创造"作为教育目标取向，则其他五个层次的目标将会相应达成；但如果仅仅以"记忆、理解、应用"这些低层次的教育目标为导向，就无法自然达成高层次的教育目标。我们长期进行的以知识传递为取向的教育就是以"记忆、理解"为主要策略的方法，难以产生高品质的思维成果。

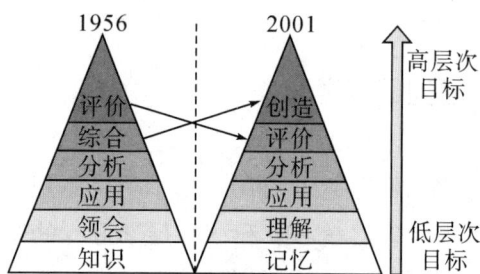

图 2 - 1   教学目标"六层次"

表 2 - 1   学习层次分析表

	浅层学习	深度学习
学习目标	仅留在记忆、理解的低级认知层次	进入了应用、分析、评价、创新的高级认知层次
学习动机	基本上是外部动机，是一种目标导向的学习，是低情感投入的被动学习	出于内部动机，是一种有积极学习心向的学习，是高情感投入的主动学习
学习方式	孤立地重复所学到的东西，利用死记硬背来学习，缺少反思，不使用元认知技能	将新知识与已有知识相关联，将概念与日常经验联系起来，重视反思和使用元认知技能
学习结果	指向低级认知技能水平与低阶思维，重视知识的积累，仅局限于认知层面的发展	指向高级认知技能水平与高阶思维，重视知识的重构与运用，产生知识迁移，能够解决生活中的复杂的真实问题，追求走向全人的发展

1976 年美国学者弗伦斯·马顿（Ference Marton）和罗杰·萨尔乔（Roger Saljo），基于学生阅读的实验，首次提出了"学习层次"的概念，他们发现浅层学习是处于较低的认知水平和思维层次，不易迁移；而深度学习则是处在认知的高级水平，涉及高阶思维，可以发生迁移。2012 年，威廉和弗洛拉·休利特基金会（The William and Flora Hewlett Foundation）把深度学习阐释为六种相互关联的核心竞争力，即掌握核心学业内容、批判性思维与问题解决、有效沟通、协作能力、学会学习、学术心志。美国教育研究会（America Institutes for Research）将其进一步细化为认知、人际、自我三大领域，从而形成了深度学习在领域维度与能力维度的兼容性框架。

深度学习是基于学习者自发的、自主性的内在学习动机，并依靠对问题本身探究的内在兴趣维持的一种长期的、全身心投入的持久学习力。首先，从动机情感上来说，深度学习是一种全身心投入、令人身心愉悦充实的学习状态，学习者常常是忘我的，不知疲倦的；其次，从认知的角度上看，深度学习是思维不断深化的过程，向高阶思维阶段（分析、评价、创造）发展，学习者能够不断自我反思与调节，因此，这样的学习最终是通往自发的创造；最后，从人际关系的角度来看，进入深度学习者对自己的学习充满信心，而且能够与他人有效沟通合作，共同克服困难，解决问题。

深度学习是"真"的教学，因为它把人类历史认识成果（人类已有经验）转化为学生主动的活动，转化为学生的"力量和发展能量"。作为培养人、促进人的发展的重要活动，教学主要通过化解人类历史认识与学生个体认识的差距，去帮助学生能够作为主体去学习、继承人类已有的社会实践（认识）成果，在知识、能力、思维方式、境界等各个方面达到人类已然达到的高度。因此，经由教学，外在于学生的人类实践（认识）成果能够转化成为学生个人内在的力量；人类认识世界、改造世界的方式能够转化成为学生认识世界、创造未来新世界的重要方式；蕴含于人类知识以及知识发现过程中的高级社会情感、态度、价值观能够潜移默化地转化为学生个人对待世界、看待人生的价值观。

二、落实核心素养的深度学习

近年来，"核心素养""深度学习"成了教育理论研究领域的热词。

为把党的十八大和十八届三中全会提出的关于立德树人的要求落到实处，

2014 年，教育部印发《关于全面深化课程改革落实立德树人根本任务的意见》，提出"教育部将组织研究提出各学段学生发展核心素养体系，明确学生应具备的适应终身发展和社会发展需要的必备品格和关键能力"，从中观层面深入回答了"立什么德、树什么人"的根本问题，引领课程改革和育人模式变革，并在课程标准中修订落实。中国学生发展核心素养以培养"全面发展的人"为核心，分为文化基础、自主发展、社会参与 3 个方面，综合表现为人文底蕴、科学精神、学会学习、健康生活、责任担当、实践创新 6 大要素，具体细化为国家认同等 18 个基本要点。各素养之间相互联系、互相补充、相互促进，在不同情境中整体发挥作用。学生发展核心素养是指学生应具备的、能够适应终身发展和社会发展需要的必备品格和关键能力，是关于学生知识、技能、情感、态度和价值观等多方面要求的综合表现，是每一个学生获得成功生活、适应个人终身发展和社会发展都需要的、不可或缺的共同素养，其发展是一个持续终生的过程。可教、可学、可评，核心素养导向的评价改革是关键。

深入知识内核，从表层知识到知识内核。从知识学习本身来看，深度学习一定是超越表层知识进而把握知识内核的学习。而在知识学习与素养生成的关系视域中，知识唯有经由个体的深度建构并达到意义的深刻领悟，才能真正内化和转化为个体"终身携带"的素养，即从表层知识到知识内核。实际上，无论是单个知识还是人类知识的总体，都是富有层次性的组织结构。基于此，狄尔泰把作为人类生命表达的知识体系分为"概念、判断、思想体系，关涉目的的行为和行为与精神性的关系三个层次"。回到实践中，深入知识内核的学习设计就是要引导学生学习超越事实层次和符合形式的表层知识，去把握知识的产生与来源、事物的本质与规律、学科的方法与思想、知识的关系与结构，以及知识的作用与价值。

深度学习的核心理念和价值追求，深度学习以核心素养为课程目标的新表述，也必然需要新的教学理念来实现以核心素养为目标的课程理念，立足于推动以学生学习为中心，以学生核心素养培育为目标的教学改革，着力研究解决当前我国在课堂存在的重点和难点问题，全面应对深化课程改革进程中的挑战，整体提高课堂教学的质量和水平。习近平总书记在党的十九大报告中指出：要全面贯彻党的教育方针，落实立德树人根本任务，发展素质教育，推进教育公平，培养德智体美全面发展的社会主义建设者和接班人。立德树人根本任务的提出，明确强调了教育的本质功能和真正价值，从国家层面更加深入系统地思考和回答了"面向未来教育要培养什么样的人"的问题。核心素养以"全面发展的人"为根本出发点和最终归宿，是新时期教育的育人目标。为实现这一目标，相应地，学习方式必须发生根本性的变革。深度学习教学改进项目的推进，恰逢其时。

深度学习以培养学生核心素养为根本追求。大量研究表明，在迅速变化的世界中取得职业和社会生活成功的关键，就是要拥有远大的志向和坚强的意志、批判性思考和问题解决能力、有效的沟通和协作能力以及学科思维、学习策略和积极的学习心向等，也就是所谓的核心素养。而这些素养的获得需要深度学习的支撑，因为素养是"个体在与各种真实情境持续的社会性互动中，不断解决问题和创生意义的过程中形成的"，深度学习正是这样的活动和过程。

教学论常识告诉我们：深度学习必定是超越知识世界通达现实世界的学习。在学习方式上，深度学习表现为进入现实世界并与现实世界展开互动。正是在与现实世界的互动中，知识的意义连同学生的核心素养得以同时生成。在学习效力上，深度学习表现为学生能够进入世界、参与世界和改造世界。"除了进入世界和改变世界，没有什么值得学习的东西是可以教的。"概言之，深度学习是通达现实世界的学习，其实质乃是在实践参与中学习，即从知识获得到实践参与。而在操作上，通达现实世界的学习就是要突破知识获得型的学习模式，代之以实践参与型的学习模式，甚至要动摇"先学后用""学以致用"的学习理念，确立"学用合一""用以致学"的学习理念。

初中数学深度学习的发生既有对学生数学学习过程的改变，也有对数学学习结果的改变。初中数学深度学习是指在教师引领下，学生围绕具有挑战性的数学学习主题全身心积极参与、体验成功、获得发展的有意义的数学学习过程。正如对初中数学深度学习含义描述的那样，初中数学深度学习关注学生理解、关联、迁移、应用、质疑等学习活动的过程性，从学习结果来看，强调学生能体会到知识的本质、内在的联系和在新情境中的应用，而不是对知识进行机械识记、反复练习、模式套用的学习过程和结果。初中数学深度学习从核心内容和知识团或知识链整体入手，才可能在整体看待核心内容背景下，将其承载的数学思想方法同学生应获得的关键能力和核心素养建立关联，也才能使学生通过数学学习实现核心素养的获得。

三、触及学生心灵的深度学习

苏联教育家苏霍姆林斯基曾经说过这样一段话："著名的德国数学家 F. 克莱因把中学生比作一门炮，十年中往里装知识，然后发射，发射后，炮膛里就空空荡荡，一无所有了。我观察被迫死记那种并不理解、不能在意识中引起鲜明概念、形象和联想的知识的孩子的脑力劳动，就想起了这愁人的戏言。用记忆代替思考，用背诵代替对象本质的清晰理解和观察——是一大陋习，能使孩子变得更迟钝，到头来，他会丧失学习的愿望。"苏霍姆林斯基的这番话，指出这样的教学有技术、有做法、有手段，却不能触及学生的心灵，不能使学生心动。没有用心，谈何主动？谈何深度教学？若教学不能打动人心，学生的思想、意识、情感就不能活跃，就不可能有作为主体的深度学习。

"动人心者，莫先乎情。情不深，则无以惊心动魄。"以情触教，将情感贯穿于教学的各个环节，以情激发学生的创造性、发散性思维，并以此去感染学生，拨动学生心弦，这对提高课堂教学质量是极其重要的因素。真教育是师生相互呼应的活动，唯有从教师内心出发，才能触及学生心灵深处。教师其身不凌驾于学生之上，而融于学生之中；其心不孤高自傲，而走进学生心灵之中与学生心心相通；其所施，不欲独霸课堂，而把学生推上主人的地位，犹如春雨般渗入学生心田，润物细无声，给人心旷神怡的感受。

古希腊哲学家柏拉图说："教育乃是人心灵的转向。我们的教育如果不能涉及人的心灵，那无论在技术上多么精湛，也不能称之为真正的教育。"在我们生命长河中，只有真正影响了我们生命存在、改变了我们生命的迹象那样的人、那样的教育事件，才能真正进入你的生命之中，对于你而言构成了真正灵魂的教育。这样的时刻，这样的教育，才能使教育超越了训练，达到灵魂教育的境界。知识技能在任何时候都能学到，但是有些东西是很难学到的。如果一个人在一生的教育情境中没有碰到过一个真正启迪他生命的好老师，那么他这一辈子就没有得到过真正的教育。当然他没有碰到过，也就不会知道有这样一个问题。我们的周围，许多人读了十几年书，可能很少甚至没有真正感受过心灵的启迪，受到过真正的教育。那些留在人表层的知识技能、浮华的东西实际上都将随着时间而流逝，只有那些深深地影响了你的生命、滋润了你的灵魂的内容对于你一生而言才构成真正的教育，只有那些片段、那些瞬间才真正影响你的生存状态、改变了你的生存状态，才真正让人刻骨铭心。所以，真正的教育应该触及人的灵魂，引起人灵魂深处的变革。

教学不仅仅是简单的"传道、授业、解惑"，而是一门复杂、高超、具有特殊性的艺术——培养人才的艺术，即"教学艺术"。以艺深雕，用工匠之心雕刻艺术之美，教学本身是一种艺术，艺术最本质的东西是以情动人，以打磨艺术品的心态上好每一节课，情绪饱满，讲到动情之处，甚至慷慨激昂，扣人心弦，撼人心灵，使学生产生强烈的情感共鸣，共同营造出渴望渴求知识，探索真理的热烈气氛，学生在获取学科知识的同时，也得到了人格和情感上的陶冶。

事实上，人的学习若不触及心灵，就会沦落为抽象个体的生理活动，至多只是心理活动，而不是一个活生生、有思想、有灵魂、具体的人的活动。有了心灵的伴随，感知觉以及其他客观的心理活动才成为"这个人"的心理活动，学习也才成为"这个学生"的学习，"这个学生"才真正作为主体主动、积极地展开学习活动。真正触动孩子的心灵、引发他们的学习，只有那些与孩子心灵相通的教师才有可能唤醒学生的心灵，引发学生用心学习。

在这样的意义上，可以说，深度学习的"深"，超越了生理学、心理学，而达至社会历史实践的深度，它触及学生的心灵深处，与人的理性、情感、价值观密切相连，它要培养的是社会历史进程当中的人。所以，深度学习，首先"深"在人的精神境界上，"深"在人的心灵里。深度学习还"深"在系统结构中，"深"在教学规律中。深度学习虽然表现为一个个的教学活动，但这些活动并不是孤立的、一个个的活动，而是存在于有结构的教学系统中的。深度学习不仅要"深"下去，还要"远"开来；不仅要实现当前的教学目标，让学生掌握知识、形成技能、发展能力，提升思想水平、精神境界，更要培养能够进入未来社会历史实践的主体。

触及心灵深处：从身体参与到身心俱在。如果说教育的真谛在于心灵的唤醒，那么，深度学习首先是触及心灵深处的学习。如果没有与心灵发生关联，学习便无所谓深度可言。而在知识学习与素养生成的关系视域中，知识连同知识的学习唯有进入学生的心灵并与心灵发生深层互动，才能向内积淀和汇聚成个体自身的内在修养，向外挥发出参与现实世界的综合力量。如苏联教育家阿莫纳什维利所言："儿童单靠动脑，只能理解和领会知识；如果加上动手，他就会明白知识的实际意义；如果再加上心灵的力量，那么认识的所有大门都将在他面前敞开，知识将成为他改造事物和进行创造的工具。"触及心灵深处的学习内蕴着深度学习设计的技术路线，即从身体参与到身心俱在，其关键则是创设高质量的问题情境去触发兴趣、激扬情感和迸发思维。

第四节 “五步五环”初中数学课堂教学模式

一、传统教学模式现状分析

近几年来，初中数学课堂教学已经发生了很多变化，经历知识的产生过程、注重学生的主体性发挥等理念在课堂上有所体现，但还是有部分数学课堂只关注知识的学习，且存在“碎”“散”“浅”的现象，不能深入知识的本质、体现知识的整体性和联系性。

数学教学中的“碎”体现为知识内容缺少整体性。学生在数学知识的学习过程中，如果对每一部分知识的学习缺少整体把握，直接进行具体内容的学习，或者没有在知识学习后有一个思想方法上的提升，那么学生的知识结构就容易成为碎片式的。

缺少对知识内容的整体把握的另一个表现就是“散”，这体现为知识间缺少联系性。数学教学中，一个个零散的概念和命题如果不建立联系，就像散落的珍珠，不能使学生产生对数学知识的整体认识。

数学教学中的“浅”体现为缺少对内容的深刻理解，简单的记忆和模仿性练习、解题会占据学生的大多数学习时间，学生对数学的学习往往就是对概念、定理的记忆和大量解题。

在现实教学中，教师出于担心学生不能很好地掌握知识的“好心”，常常设计了很多问题，但提出的都是一个个小问题，而不是先从大处着眼，让学生进行整体思考，然后逐步分解。在学习数学概念或命题时，概念或命题刚刚给出，教师就迫不及待地给出了“小试牛刀”“巩固练习”“试试谁做得快”等一个个小栏目，一道道体现概念或命题“理解”的小题目，使学生眼花缭乱，紧紧跟在教师后面，生怕落后半步。结果学生是迈着小碎步被教师牵着往前走，缺少整体的理解，当然也就影响了真正的理解、迁移与运用。

二、“五步五环”数学支架式教学的研究策略

1. 数学支架式教学的策略研究

（1）知识点的支架式教学策略。

数学是由一个个知识点串联起来的，每一个新知识点的出现，学生接受起

来都会存在困难，如何根据学生已有的知识水平和能力搭建有效的支架是关键。

（2）知识板块的支架式教学策略。

初中数学教材结构的逻辑性、系统性强，在教材知识的衔接上，前面所学知识往往是后面学习的基础，环环相扣，一个知识点螺旋式上升形成一个知识板块。这种知识板块的内容一般比较分散，如何实现跨章节的知识板块的支架式教学，最重要的就是紧抓住贯穿前后的这个知识点，在它的相应位置设置接口，同时在后续对应知识的学习中，要与前面的接口实行对接，前后呼应，螺旋式递增地形成一个知识板块。

（3）知识网络的支架式教学策略。

初中数学知识可以划分成一个个的板块，这些板块之间不是孤立的，它们互相关联，形成知识的网络。这种板块之间的知识交错出现，彼此关联，如何让它们形成一个知识网络，对学生的综合能力是很大的挑战。教材在对它的处理中，也充分地做好了连接与铺垫，使之彼此呼应，因此一个知识网络的支架式教学就是建立各个知识板块之间的双向连接。

2. 数学支架式教学的图式化研究

（1）图式支架的可视化研究。

提高初中数学的教学质量，把抽象的数学知识直观化、形象化，使学生快速地基于旧的图式构建自己的新图式始终是关键点。构建可视化学习环境，支架性地实现数学概念在学生大脑之间直观地"穿梭"，达成提高学生记忆力与理解力的客观效果，支架性地帮助学生理解数学概念是可选择的重要的策略性选项之一。

思维导图作为一种公认的图式学习支架，可以给学生提供一个可视化的环境，用节点代表概念、用连线表示概念间关系的图示法描述了数据与可洞察表达之间的一种映射。

（2）让动态问题静下去的图式支架设计。

存在性问题是指判断满足某种条件的事物是否存在的问题，在初中数学教学中，"存在性问题"正引起许多数学教师的关注，其独特的数学教育功能值得关注；从中考的视角看，这类问题主要体现在点的存在性问题上，并且常以动点问题为背景，知识覆盖面较广，综合性较强，题意构思非常精巧，解题方法灵活，对学生分析问题和解决问题的能力要求较高。

3. 数学支架式教学的情境化研究

情境教学能帮助学生利用日常认知情感唤醒生活中的已有经验，促进学生的联想与想象，能开发学生的潜在动机资源；能促进学生所学知识的有效迁移。

情境教学模式：创设情境→获得体验→引发思考（问题→分析→探究→应用）

情境支架的类型：实景支架、实例演示支架、动画式情境支架、游戏式情境支架、信息式情境支架。

4. 数学支架式教学的问题化研究

（1）设计问题支架形成有价值的好问题。

问题支架要在如何攻克数学学习难点的问题上入手，要通过有效的问题支架设计，引导学生"上架"，触动数学的高级思维。数学的问题支架内容设计要充分考虑数学的学科特点来进行：①利用数学题的趣味性、思辨性特点问题支架（由何）；②以探究形式展开支架设计（为何）；③利用逆反命题进行支架设计（若何），以缩短"最近发展区"与"未知区"之间的差距。

（2）问题串支架教学模式。

使用问题串进行教学实质上是引导学生带着问题或任务进行积极的自主学习，由表及里、由浅入深地自我建构知识的过程。问题串教学法就是围绕着探究目标，通过设置一系列有针对性的问题引导学生自主学习，教师在识别学生反应的基础上，采用有效指导，促进学生不断达成探究目标的一种有效方法。

5. 数学支架式教学的信息化研究

"互联网＋"教育的产生，丰富了学习支架，促进了信息技术与教学的深度融合，使一切教与学活动都围绕互联网进行，教师在互联网上教，学生在互联网上学，信息在互联网上流动，知识在互联网上成型，线下的教学活动成为线上教学活动的补充与拓展，有助于实现学生的全面发展和个性发展。

6. 数学支架式教学的单元教学设计的研究

支架式深度学习教学改进项目以单元教学主题设计为主要形式开展深度学习的理念，单元教学设计能体现整体性、层序性、生本性、创造性。将教学活动中的每一环节纳入整体单元教学规划来考虑，这种设计有助于优化学生的认知结构，使学生对知识的掌握更加系统化、深入化。循序渐进地引导学生体会数学内容本质，感悟数学思想方法，发展学生高阶思维的学习活动，从而实现深度学习。

（1）以学习数学课程中的核心内容为目标的单元学习主题。

（2）以体现数学核心知识之间联系，蕴含数学思想方法为目标的单元学习主题。

（3）以综合运用知识解决实践性、挑战性问题为目标的单元学习主题。

三、"五步五环" 教学的意义

"支架式教学"在促进学生认知发展、学习能力提高方面具有较大的作用，是帮助学生掌握问题解决技能的重要的教学方法。此外，有不少研究证明支架式教学是一种理想的、适宜于个性化教学的干预方式，能为学生提供基于"最近发展区"的个别化的支持，能使教师适应学生的个别化需求。支架的实施必然基于"最近发展区"，其目的都是帮助学生从一个能力水平向另一个更高的能力水平过渡，发展高级心理机能，使学生成为独立、能动的学习者。

初中数学深度学习是在教师引领下，学生围绕具有挑战性的数学学习主题全身心积极参与、体验成功、获得发展的有意义的数学学习过程。学生开展从具体到抽象、运算与推理、几何直观、数据分析和问题解决等为重点的思维活动，获得数学核心知识，把握数学的本质和思想方法，提高思维能力，发展数学学科核心素养，形成积极的情感、态度和正确的价值观，逐渐成为既具独立性、批判性、创造性，又有合作精神的学习者。

同时，贯彻落实中华人民共和国教育部制定《义务教育数学课程标准（2022年版）》，中共中央办公厅、国务院办公厅印发《关于进一步减轻义务教育阶段学生作业负担和校外培训负担的意见》，教育部办公厅发布《关于加强义务教育学校作业管理的通知》《关于加强义务教育学校考试管理的通知》等文件精神，进一步规范教育教学管理，全面提高教育教学质量，减轻中小学生过重课业负担，并且结合江门市蓬江区实际进行研究。因此，有必要开展支架式教学下促进初中数学课堂深度学习的实践研究，促进这一研究领域的发展。通过数学教育，培养学生"会用数学眼光观察世界，会用数学思维思考世界，会用数学语言表达世界"。在支架式教学下初中数学深度学习指向学生数学素养的提升，有助于数学教育对教师发展价值的实现。

作为一名初中数学教研员，引领全区的"教练员"，我深知：要想提高全区的教学质量，务必先提升教师队伍的业务素养。结合本区教学实际，"三线"联动，打造名师团队，联动省级课题组成员、片区教研组长、名师工作室成员，构建基于支架式教学"五步五环"初中数学课堂教学模式，打造"深究细研，思维灵动"的深度课堂，助力全区师生数学素养提升，提高数学教育对教师发展价值的实现。

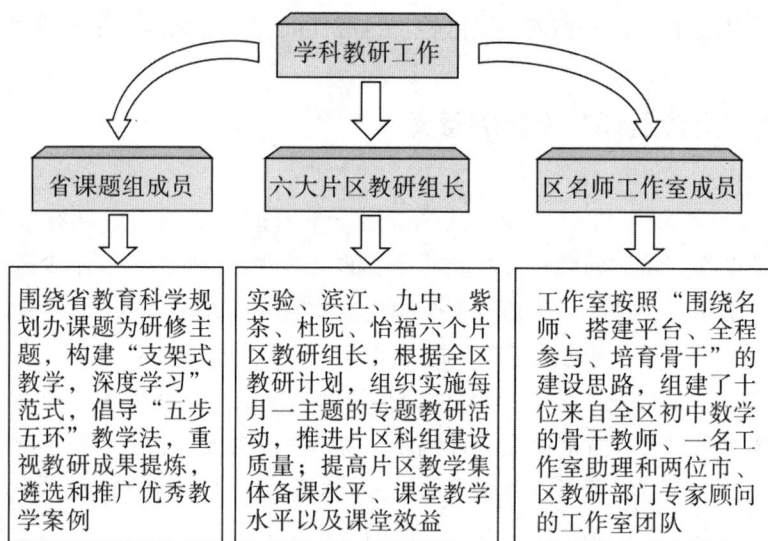

图2-2 江门市蓬江区教学学科教研工作分解图

四、"深究细研"构建支架式教学

深究细研：深入研究，仔细钻研，从严谨的科学态度，孜孜不倦地研究探索。采用支架式的课堂结构，以"五步五环"教学法为载体，立足于学生"最近发展区"，利用思维导图构建引领知识体系，通过搭建支架，从基础知识着手，带动学生回顾知识，夯实能力。借助展开支架，提炼解题的方法与技巧，由易到难进入学生视野。活用支架部分，基于课标要求和学情达成度，精心研判、规划、设计、反馈教学内容。最后撤销支架，让学生感悟数学思想，把书本知识纳入自己的认知系统中。

"深究细研"构建支架教学育人新模式，使数学走出常规，走进生活，走向应用，走大众数学之路，实现人人学有价值的数学的新路径。立足数学基础，更新教学观念，聚焦发展学生核心素养，研出精彩、研出创新、研出水平、研出新高度！利用数学解决实际问题，挖掘数学教材内容，深入、拓展探索。构建支架式教学新视角、新应用，成果丰厚，从生活到数学，从数学到生活，对课本知识进行拓展与延伸，弘扬传统文化研究社会热点，结合课堂，落实"双减"，丰富"双减"下的数学课堂形式。

"五步五环"课堂教学关系中最根本的教学关系是教与学的关系，依托支架式教学下初中数学深度学习课堂提出要把教师的"教"转变为学生的"学"。"教"只有真正转化为"学"，教学才算真的发生，"教"与"学"才会配合默契，教学过程只有始终处于一种动态的和谐共鸣状态，学生的创新精神、实践能力和自学能力才可能真正得到提升，学生的基本素质和个性品质才能得到全面、和谐、充分的发展。

一是变"要我学"为"我要学"，教师通过设置情境支架，激发学生探究新知识的好奇心，做到第一时间把学生吸引到课堂上来。

二是变"学会"为"会学"，并利用情境支架把学生的学习引入科学性的"轨道"，让学生在学习过程中掌握正确的学习方法。

三是变"听讲"为学伴引领下的"共学"与"助学"，学生在支架导学下独学之后，变"听讲"为学生之间的一种活动，通过学生小组讨论、合作探究、展示成果等形式解决问题。

四是变教师"讲课"为教师"助学"，学生在"共学"的小组合作学习，教师巡视其中，了解学生学习与讨论情况，教师针对关键、难点进行点拨。

五是变"苦学"为"乐学"，把学习活动变为展示及分享的过程，从关心"学得怎么样"到关心学生"学到了什么，修正了什么"。

"五步五环"教学法是支架式教学下初中数学深度学习的方法，能促进初中数学教师专业知识的发展、专业素养的提升。课题的实施需要教师个体的学科素养的提高，同时也更需要教师同伴间的讨论和切磋。这改变了以往教师单枪匹马备课的情形，成为校本教研、区域教研的主要内容，使得很多"教"与"学"的问题在讨论中变得越来越清晰，很多设计在碰撞中找到最佳的呈现方式。

五、"思维灵动" 达到深度学习效果

思维灵动：善于迅速地发现和解决问题的思维特征，不呆板，富于变化，表现在观念的流畅性、表达的流畅性和联想的流畅性等方面。通过教师提供学习支架或师生共同构建支架，以单元为主题递进地学习，以数学问题链为基本指向，以数学思想的基本线索，达到课堂深度学习效果。让学生在认识数学知识的同时形成科学数学观，改变学生对数学刻板、冰冷、枯燥等消极看法；理解数学，提高数学思维能力；让数学学习自然、顺利，提升学生学习兴趣，让学生感受趣味性、领悟数学的美、获得一种情感上的熏陶和共鸣。课堂设计灵活，思维方法变化灵活，使学生学习活跃、技能生成多、答题正确率提升，课堂容量大且成效快。

让思维作为数学课堂的主线，用灵动的教学语言、教学手段、教学方法构建课堂立体桥梁，点燃学生对数学学科的热爱，让学生逐步会用数学的眼光观

察现实世界，会用数学的思维思考现实世界，会用数学的语言表达现实世界。主要表现为：抽象能力、运算能力、几何直观、空间观念、推理能力、数据观念、模型观念、应用意识、创新意识九个方面素养的提升。"思维灵动"引导教师积极探索基于情境、问题导向、深度思维、高度参与的教学模式，推动教育教学改革，提高学生综合素质，促进学生全面健康成长。

结合"支架式教学、深度学习"两个关键词，课堂教学做到问题有价值、支架有梯度、目标有评价、思维有深度，教学过程中不满足于题目本身的解决，要开展对题目的改编整合延伸的变式教学，要深挖以题为载体的依次推进数学内容的反思建构、数学思维的探索表达、解题的认知模式。以支架式教学为框架层次递进，达成培养学生数学核心素养的目标，让"教—学—评一致性"过程性评价落实到位，结合科学评价落实学生深度学习。

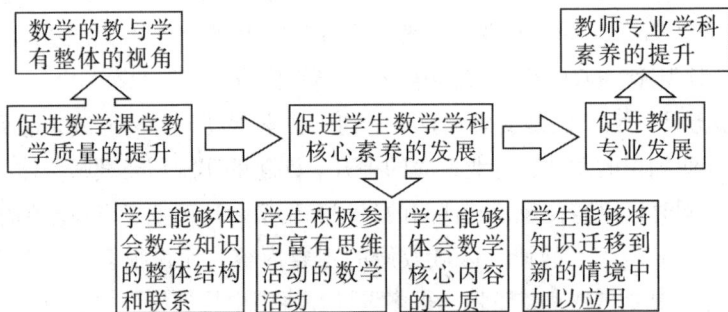

图 2-3　数学课堂教学的总体目标

六、"五步五环"教学范式与实践

"五步五环"教学法为学习提供牢靠结实的桥梁，立足于学生的最近发展区，站在学情视角，通过教师提供学习支架或师生共同构建支架，以任务驱动、搭建支架、展开支架、活用支架、撤销支架五个步骤，使课堂主体性逐渐从教师转移至学生的有序教学；从构建知识、夯实基础、合作探究、深度学习、反思内化五个环节，体现课堂"扶放有度"的教学模式，达到"深度学习"的效果，实现"教、学、评"的有机统一，凸显"五步五环"教学法优势。

"五步五环"教学体现学科育人功能与价值，为真实而教、为成长而教、为理解而教、为深度而教、为迁移而教。聚焦新课标提出的核心素养，强化学生的运算能力、推理能力、抽象能力、几何直观、空间观念、模型观念、数据观念、应用意识、创新意识。学习过程中既开出情感之花，也结出理性之果。

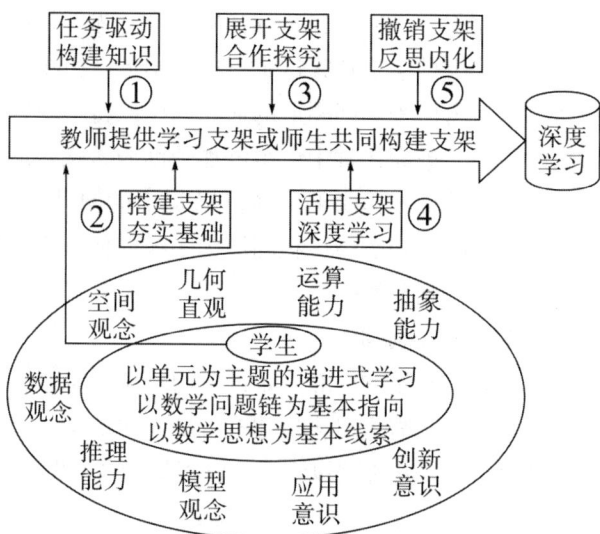

图2-4 "五步五环"教学结构

结合"五步五环"教学法，以"求阴影部分面积"教学为例，借助支架式教学框架层次递进，激活学生深层学习动机，引导学生深入探究、深度思考，走向深度学习。

环节一：任务驱动，构建知识

课堂立足于学生最近发展区，让其围绕真实"任务"进入学习情境，以任务为主线、教师为主导、学生为主体，引导学生主动构建探究、实践、思考、学习的知识体系。任务作为学习的中枢纽带与桥梁，内驱力推动学生自我提高与发展，把零散的、碎片化的知识系统化、结构化。

原题：如图1，正方形$ABCD$的边长为4，分别以C、D为圆心，以正方形的边长为半径画弧，相交于点P，那么图中阴影部分的面积为_____。

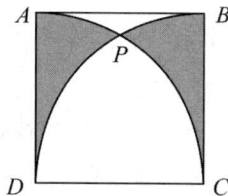

图1

分析：原题阴影部分的图形是一个不规则图形，题目设计巧妙且具有综合性，要想直接求出它的面积，学生普遍感到比较困难。为了帮助学生更好解决这种类型的题目，笔者先引导学生观察这个不规则图形，由于学生只学过求三角形、圆、平行四边形、扇形等规则图形的面积，所以将不规则图形转化为规则图形是解决问题的关键。进而让学生懂得添加辅助线转化图形，把问题转化成扇形与等边三角形有关的面积差关系。本环节提出的问题让学生产生困惑，制造认知冲突，激发学生的求知欲望。在问题为主线的任务驱动下，主动构建学生学习知识体系，让学习真实发生。

环节二：搭建支架，夯实基础

学生的学习并不是从零开始的，有一定的学习经验与基础，教师需要基于学情找到学生学习的生长点、需求点，搭建有效的学习支架，对知识点进行初步探究，夯实学生基础，筑牢发展根基，从教学路径的"发展点"来拓展学生学习"实效面"。

思考：（1）如图 1，在扇形 DCP 中，以 C 为圆心，DC 长为 r，$\angle PCD = n$，写出扇形 DCP 的面积_____。

（2）如图 2，在三角形 DCP 中，DC 长为 a，DC 边上的高为 h，写出三角形 PDC 的面积_____。

（3）如图 3，写出 $S_{弓形}$，$S_{扇形DCP}$，$S_{\triangle DCP}$ 之间的关系_____。

（4）如图 4，写出 $S_{弓形}$，$S_{扇形ADP}$，$S_{一个阴影}$ 之间的关系_____。

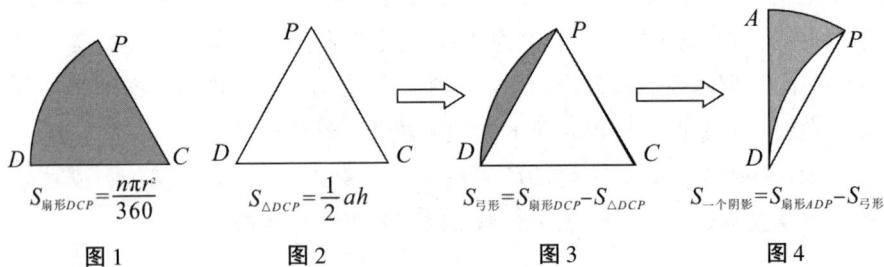

$$S_{扇形DCP}=\frac{n\pi r^2}{360}$$
图 1

$$S_{\triangle DCP}=\frac{1}{2}ah$$
图 2

$$S_{弓形}=S_{扇形DCP}-S_{\triangle DCP}$$
图 3

$$S_{一个阴影}=S_{扇形ADP}-S_{弓形}$$
图 4

分析： 为了帮助学生搭建支架，笔者通过层层递进进行设计，唤醒学生对原有知识的认知。先从最简单的规则图形入手，如图 1 的扇形、图 2 的三角形，直接运用"公式法"，让学生对基础图形面积求解。紧接着将图 1 和图 2 的图形进行复合，得到图 3，引导学生如何表示阴影部分弓形的面积，由于前面知识的构建，学生容易得出弓形的面积就是扇形与三角形的面积差。最后图 4 就是再将弓形与扇形的图形进行复合，回归到我们原题的阴影模型。这样就突破了解决问题的关键一步，将阴影部分不规则图形转化为 $S_{扇形ADP}-S_{弓形}$，而弓形的面积又可以转化为 $S_{扇形DCP} - S_{\triangle DCP}$。整个搭建支架过程以学生的思考回答为主体，将碎片化的知识构建起来，不断唤醒学生原有知识结构中相关的知识、经验及表象，促进学生运用相关知识与经验顺应新知及发展能力，从而达到夯实基础的效果，为接下来的展开支架做好铺垫。

环节三：展开支架，合作探究

支架式教学为学生建构知识提供帮助，把有一定深度的学习任务加以分解，便于把学生的理解引向深处，展开支架的学习方式，为学生独立自主学习起到潜移转化的作用。通过合作探究，让学生从被动、封闭、沉闷的课堂中解脱出来，会展示、会质疑、会评价、会讨论、会总结，运用集体智慧挖掘集体合作力量。

原题再呈现：如图1，正方形 $ABCD$ 的边长为4，分别以 C、D 为圆心，以正方形的边长为半径画弧，相交于点 P，那么图中阴影部分的面积为_____。

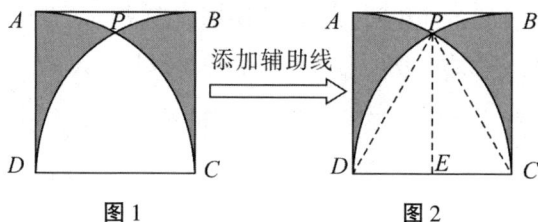

图1　　　　　图2

解：如图2，联结 PC、PD，作 $PE \perp CD$，垂足为 E

因为 $PC = PD = CD$

所以 $\triangle PCD$ 为等边三角形

所以 $\angle PCD = 60°$，$\angle PDA = 30°$

所以 $CE = \dfrac{1}{2}CD = 2$，$PE = \sqrt{PC^2 - CE^2} = 2\sqrt{3}$

$$S_{阴影} = 2 \times [S_{扇形ADP} - (S_{扇形DCP} - S_{\triangle DCP})]$$

$$= 2 \times \left[\frac{30 \cdot \pi \cdot 4^2}{360} - \left(\frac{60 \cdot \pi \cdot 4^2}{360} - \frac{1}{2} \times 4 \times 2\sqrt{3} \right) \right] = 8\sqrt{3} - \frac{8}{3}\pi$$

分析：当阴影部分是由几个基本图形重叠而得，常用的方法是"几个基本图形的面积之和 - 重叠图形的面积 = 组合图形的面积"，这也叫容斥原理。基于前面知识的构建，笔者把学生分成小组，以学生小组讨论的形式解决问题，重点关注学生自主探究的方法，并给予适当指导。学生通过观察阴影部分，发现阴影部分是分别由以正方形顶点 D、C 为圆心，以正方形边长为半径作出的两个四分之一圆重叠而成的。因此联结 PC、PD，阴影部分的面积就是 $S_{扇形ADP} - S_{弓形}$，而弓形的面积是 $S_{扇形DCP} - S_{\triangle DCP}$。所以只要求出 $\triangle DCP$ 的面积就能解决问题。作 $PE \perp CD$，垂足为 E，根据等边三角形的性质得 $\angle PCD = 60°$，解直角三角形求出 CE、PE，根据扇形面积公式、三角形面积公式计算，即可得到答案。紧接着小组成员合作整理解题过程，整理完成后小组代表展示汇报。展开支架这一环节以基本的数学问题切入构建教学新视角，通过生生之间的合作探究，在问题的不断推理演绎、深化变换中，形成问题网络及问题背后的知识网络和方法网络，优化学生的认知结构，发展数学学科核心素养。

环节四：活用支架，深度学习

充分发挥学生的学习潜能，超越最近发展区，跨越到更新、更高的认知水平。层级明晰，活用支架，提炼解题方法与技巧，由易到难直逼学生眼球，课堂自然生成，思维个性发展，助推课堂从浅层学习走向深度学习，打开视野的广度，积累知识的厚度，拓展思维的深度，提升创新的高度。

变式训练1：已知条件相同，但所求阴影面积不同，分别进行解题。

如图1、图2，正方形 $ABCD$ 的边长为4，分别以 C、D 为圆心，以正方形的边长为半径画弧，两弧相交于点 P，分别求图中阴影部分的面积为_____。

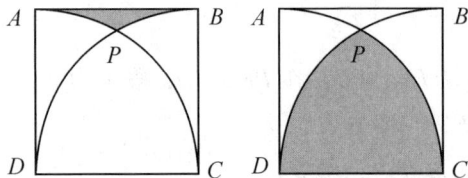

图1　　　　图2

变式训练2：如图3，在正方形 $ABCD$ 的边长为4，以 A 为圆心，3 为半径作圆弧，以 B 为圆心，4 为半径作圆弧。若图中阴影部分的面积分别为 S_1，S_2，则 $S_1 - S_2$ 的值为_____。

变式训练3：如图4，在 $\triangle ABC$ 中，$AB = AC = 4$，$\angle BAC = 120°$，以点 A 为圆心，1 为半径作圆弧，分别交 AB、AC 于点 D、E，以点 B 为圆心，4 为半径作圆弧，分别交 AB、BC 于点 A、F，若图中阴影部分的面积分别为 S_1、S_2，则 $S_1 - S_2$ 的值为_____。

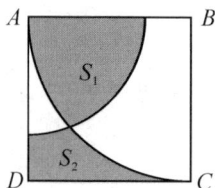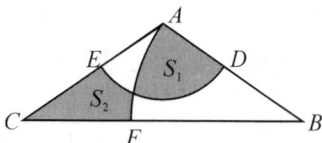

图3　　　　　　　图4

分析：首先，变式训练1中的条件与原题已知条件相同，改变了所求阴影部分的面积（如图1、图2），引发学生多角度思考问题，深化对原题的理解和强化对知识的印象；其次，变式训练2再将正方形的顶点、半径加以改变（如图3），进一步深化将不规则图形转化为规则图形的知识点，运用容斥原理解决问题；最后，为了让学生感受图形的多变性，将变式训练2的正方形转变为三角形，形成变式训练3，让学生感知到虽然图形不断改变，但是解题思路不变，由此培养学生融会贯通的能力。活用支架这一环节，通过一题多变，师生深入合作探究，引发深度思考，形成数学思维方式。让学生在经历知识产生的过程中，注重提炼方法与技巧，对数学知识本质产生思考，并将教材知识纳入个人认知体系中。学生深层学习动机得到激活，逐步理解问题变化的本质，使该问题得以转化、拓展，形成通性通法，并建立起问题之间的深层联系。

环节五：撤销支架，反思内化

学生在教师所建立的支架下，对知识有一定的体悟，理解更加全面，能力逐步提升。辅助支架要张弛有度，逐渐撤销，即教师要慢慢退出"扶"（引导）的角色，放手让学生自主攀爬。学生脱离支架的帮助后，独立探索，反思内化，从综合应用发展到知识迁移，从低阶思维迈向高阶思维。

迁移1：如图1，在 $\triangle ABC$ 中，$\angle ACB = 90°$，$AC = BC = 3$，以点 A 为圆心、AC 的长为半径作弧 CE 交 AB 于点 E，以点 B 为圆心、BC 的长为半径作弧 CD 交 AB 于点 D，则图中阴影部分的面积为 _____ 。

迁移2：如图2，在等腰直角三角形 ABC 中，$\angle ACB = 90°$，$AC = 4$，以 BC 边中点 D 为圆心、CD 的长为半径作弧交 AB 于点 E，以点 A 为圆心、AC 的长为半径作弧交 AB 于点 F，则图中阴影部分的面积为 _____ 。

迁移3：如图3，在矩形 $ABCD$ 中，$AB = 4$，$AD = 2\sqrt{3}$，以点 A 为圆心、AB 为半径画弧，交 CD 于点 E；再以点 D 为圆心、以 AD 为半径画弧交 CD 于点 F，交前弧于点 P。则图中两个阴影部分的面积之差的绝对值是 _____ 。

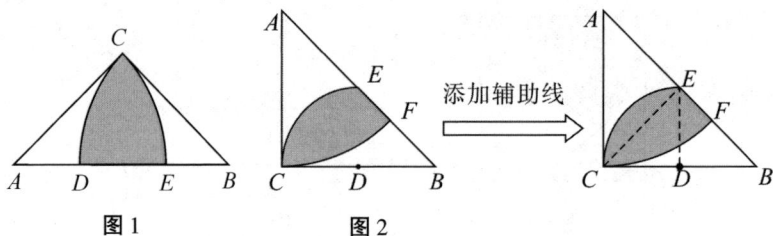

图1　　　　　图2

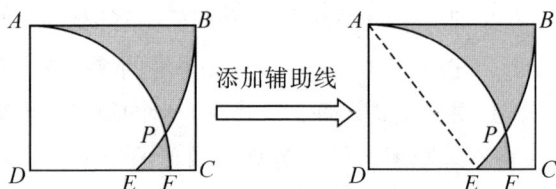

图3

分析：本环节属于撤销支架后的独立探索环节，当无法直接求面积时，需通过添加辅助线、创造条件来求解。题目虽然综合性强，但是立足于学生最近发展区，设计由简到难。图1设计具有对称性的阴影部分面积，学生通过思考添加辅助线，转化为规则图形的和差关系。图2将图1变形为不对称的阴影部分面积，此时学生发现若只添加一条辅助线还不能将其转化为规则图形，需要再次添加辅助线构造新图形。最后图3再次回归到求矩形中的阴影面积。不仅与原题首尾呼应，而且高度融合本节课所学知识，让学生落实知识的迁移。通过反思内化，促进知识点迁移到新的情境中，帮助学生更好地联系已有知识储备，使旧知识与新知识产生联系，提高知识迁移发生的能力。在学习经历的基础上，激活有效反思，让学生的思维由表层走向深层，迈向深度学习，实现知识迁移。

教学思考：

1. 支架式教学构建"五步五环"模式

教学采用支架式课堂结构，以"五步五环"教学法为载体，立足学生最近发展区，减少学习的坡度，帮助学生顺利跨越到更高的学习水平。通过任务驱动引领学生构建知识体系，为学生搭建合适的支架，引导他们思考，从基础知识着手，带动学生回顾知识，夯实基础。借助展开支架，提炼解题的方法与技巧，由易到难。活用支架部分基于课标要求和学情达成度，精心研判、规划、设计、反馈教学内容。最后撤销支架，让学生感悟数学思想，把教材知识纳入自己的认知系统，落实知识迁移能力。综合上述各项，使课堂教学做到问题有价值、支架有梯度、目标有评价、思维有深度；教学过程中教师不仅仅满足于题本身的解决，而且开展对题目改编整合延伸的变式教学，深挖以题目作为载体，培养学生对数学内容的反思建构、数学思维的探索表达、解题的认知模式。

2. 支架式教学体验"扶放有度"

改变传统教学中过分强调预设和控制的弊端，避免陷入思维定式，支架式教学框架将认知负荷从以教师为中心转移到师生共同承担，最后学生能够独立运用新知识进行实践。教师通过提出问题、给予适当的提示、提供合理的线索、辅导综合性的思考等途径，帮助学生掌握学习技能，实现教学从教师为主体到学生为主体的成功蜕变。教学应扶放有度，教师何时提供支架，给予学生更好的理解，做到学以致用；教师何时给予支持，让学生参与到认知与元认知的学习任务中，给予师生、生生更多的交流机会；教师何时及时退场撤销支架，了解学生的真实学习水平。教师在课堂中何时扶何时放、如何扶如何放是这一模式的关键。当学生在解题过程中碰到困难，无从下手或偏离了正轨，教师并不是简单地告知答案，而是通过慢镜头回放及时扶正，让他们回到正轨重新出发，从而使学生更深入学习、创造性思考，灵活地调度综合性问题，真正实现知识的内化。

3. 支架式教学指向"为深度而教"

深度学习是真实性的学习。教师要寻求有意义的学习，为深度而教，为素养而教，为理解而教，让学生为真实而学。支架式教学为其搭建了牢固的桥梁，由情境中问题驱动，让生生之间、师生之间、师生与教材之间发生对话，将"宽而浅"的学习转向"少而深"的学习，从教专家结论转向培养具有创新特征的专家思维，让学生能够在真实情境中创造性地解决问题，使所学知识从横向扩展转向纵深发展，充分汲取养分打好基础，从单线的层级结构转向灵活的网状结构，实现高通路、反思性、深思熟虑的迁移，形成具体与抽象、抽象与抽象交错的认知结构，顺畅解决现实问题。打造基于支架式教学下的初中数学深度课堂，数学的"眼光要有高度"，提出的问题要有价值，感悟数学的本质；数学的"思维要有深度"，确保知识结构的严谨性、延伸性、拓展性，以及知识的迁移能力，培养形象思维与逻辑思维；数学的"语言要有力度"，用简约精准的数学语言培养学生表达与交流的能力。

第三章 "五步五环"实践，为深度而教

第一节 "五步五环"导向问题驱动蕴含数学思想

当研究涉及初中生的心理、学习和认知特点时，以下是一些有关的、常见的特征：

一、支架下以单元教学为主题统领深度学习

1. 以核心内容为学习目标的单元学习主题

核心内容类——以数学课程中的核心内容为学习目标的单元学习主题，一般主要是基于教材的一个完整的自然章节或自然章节的一部分，也可以是跨教材章节的组合。这样的单元学习主题以数学核心内容为主要线索，相关内容根据其逻辑关系和本质联系加以组织整合，同时考虑学生学习的可接受性等因素，从而恰当地形成一个完整的学习单元。因此，围绕核心内容类单元学习主题，我们把七、八、九年级共六册书的数学课程教学内容分为八个核心内容进行研究，见表 3-1。

表 3-1 初中阶段数学课程内容分类

章名	节名	
第一章 数与式	1.1	实数
	1.2	整式与因式分解
	1.3	分式与二次根式
第二章 方程与不等式	2.1	一次方程（组）及应用
	2.2	分式方程
	2.3	一元二次方程及应用
	2.4	不等式与不等式组

（续上表）

章名	节名
第三章 函数	3.1 平面直角坐标系与函数
	3.2 一次函数
	3.3 反比例函数
	3.4 二次函数图象与性质
	3.5 二次函数实际应用
第四章 三角形	4.1 角、相交线与平行线
	4.2 三角形（等腰三角形、等边三角形、直角三角形）
	4.3 全等三角形
	4.4 相似三角形
	4.5 锐角三角函数与解直角三角形
第五章 四边形	5.1 平行四边形
	5.2 特殊的平行四边形（矩形、菱形、正方形）
第六章 圆	6.1 与圆有关的概念与性质
	6.2 与圆有关的位置关系
	6.3 与圆有关的计算
第七章 图形与变换	7.1 尺规作图、视图与投影
	7.2 图形的对称、平移与旋转
第八章 统计与概率	8.1 统计
	8.2 概率

例如：函数是初中数学的核心概念，学生通过对平面直角坐标系与函数、一次函数、反比例函数、二次函数图象与性质、二次函数实际应用的研究，不仅要掌握这些重要的初等函数的性质，更为重要的是要体会函数的概念以及研究函数的基本方法和策略，为今后研究函数提供可迁移的学科方法。因此。我们可以把"函数"作为一个单元学习主题。

2. 以问题解决能力为目标的单元学习主题

问题解决类——以综合运用知识解决实践性、挑战性问题进而发展问题解决能力为目标的单元学习主题。一般选择具有较强的实践性、综合性的现实问题和具有挑战性的数学问题，以问题类型为主题，综合运用知识解决问题，以提升问题解决能力、提高数学学科核心素养为目标（见表3－2）。

表3－2　初中数学中支架呈现与问题解决类型的对应关系

支架呈现方式	问题解决类型
选择题、填空题的压轴题	动点与函数图象题型
	求阴影部分面积题型
	几何综合类题型
	规律题
应用题	二元一次方程组与不等式相结合题型
	分式方程与不等式相结合题型
	最优方案题型
函数综合题	一次函数与反比例函数综合题型
	一次函数与二次例函数综合题型
几何综合题	圆与三角形综合题型
	圆与四边形综合题型
	图形变换探究题型
代数几何综合题型	二次函数与线段长度、图形面积、角相结合题型
	二次函数与特殊三角形、四边形存在性相结合题型
	二次函数与三角形全等、相似相结合题型
	动态几何题型

例如：以二次函数为背景的代数几何综合题，涉及面积的最值问题，特殊三角函数、特殊三角形、四边形的存在性问题，与相似、全等相结合的问题，此类题型难度大，考查学生的综合能力。动态几何题型研究在几何图形的运动中，图形位置、数量关系的"变"与"不变"性，就其运动对象而言，有点、线、面；就其运动形式而言，有平移、旋转、翻折等动态几何题型，常常集几何、代数知识于一体，数形结合，有较强的综合性，题目灵活多变，动中有静，动静结合，能够在运动变化中，考查学生的空间想象能力、综合分析能力。

二、支架教学下以数学问题链设计指向深度学习

问题链的设计需严密贴合数学深度学习各个环节的要求，在单元目标、学情等指导下，梳理知识脉络以确立教学联结点，针对具体课型和学习目标加以设计。在导入和深度加工阶段，问题链设计则要充分考虑学生的最近发展区，于细微处编排富有层次的问题链，为学生搭建合理的支架。

结合"双减政策"，教师在问题设计方面要注重基础知识、基本技能和教学目标达成情况，要提高自主设计问题能力，针对学生学习的个体差异情况，精准设计问题，根据实际学情精选问题内容，合理确定问题数量、难度。注重增加综合性、开放性、应用型、探究性，体现素质教育导向，合理设计问题结构，拓宽问题材料选择范围，丰富材料类型。

1. 问题链的设计需要搭建情境支架

问题既要基于并高于学生的现有基础，使学习变成可能，又要着眼于立德树人、核心素养发展的理想要求，使学习变得有意义。问题链的设计需要创设真实的问题情境支架以营造积极的数学文化，以此激发学生的学习动机和兴趣，将学生真正地引入有意义的数学学习活动中来。情境支架能帮助学生利用日常认知情感唤醒生活中的已有经验，促进学生的联想与想象，开发学生的潜在动机资源；能促进学生对所学知识的有效迁移。情境支架类型包括：实景支架、实例演示支架、动画式情境支架、游戏式情境支架、信息式情境支架。

2. 问题链设计为深入思考引导"上架"

问题链的设计以关联为基础，从知识、方法、视角等维度分析要学习的主题，实现数学知识、思想方法的联系，体现数学本质。此外，问题链设计还要立足学情，预判预设与生成，把握好梯度性原则。在单元学习主题中用全面的、联系的眼光处理数学知识，以单元核心知识群作为深度学习的切入点和载体，加深知识的广度、深度和关联度，并使之体现在问题链的设计中。想要让问题链设计支架形成有价值的好问题，就要在如何攻克数学学习难点的问题上入手，要通过有效的问题设计，引导学生"上架"，触动数学的高级思维。

3. 问题链设计激活深度学习多样性、开放性

基于数学内容类型的多样性以及教育目标的丰富性，适切于内容特征及目标特征的问题链也是多样化的，设计并非单一的、僵化的，表现出多样性与开放性。根据不同特点的教学内容，教师可灵活采用知识建构型问题链，来引导学生经历性质、定理的生成过程。

表 3 – 3　三类问题链的特点

问题链	特点
知识建构型问题链	知识建构型问题链为学生的新知识建构提供载体，即通过问题驱动学生思考，提炼所研究的数学对象的共同属性，进而形成概念，或利用系列问题的探索揭示变化中的不变性，突显数学对象的特征
知识网络型问题链	知识网络型问题链通过系列问题将问题背后的数学知识、方法等建立起网络结构，以优化学生的认知结构。这种问题链常用于单元复习课中，以一个基本的数学问题切入，通过问题的不断推演、变化形成问题网络及问题背后的知识网络和方法网络
专题探究式问题链	专题探究式问题链通过对一类问题的深入探究，掌握解决这类问题的一般方法，理解问题变化的空间。在形式上，往往从一个具体的数学问题切入，通过数学思维使该问题得以转化、拓展，进而形成对通性通法的探索，并建立起问题之间的深层联系

三、支架式教学下以数学思想的基本线索引领深度学习

　　数学思想方法反映了单元学习主题。思想方法类——以体现数学核心知识之间的联系、蕴含在核心内容中的数学思想方法为学习目标的单元学习主题。一般是在学生学习了一部分知识和内容后，以蕴含在其中的数学思想方法为主线，进行较为系统的梳理和反思，或者通过关注知识之间的联系，以知识为载体，以数学学科核心素养为主要出发点和落脚点，进行提升性的、综合性的单元主题设计。数学思想是对数学及其对象、数学概念和数学结构以及数学常用方法的本质认识，它蕴含在数学知识发生、发展和应用的过程中，是数学知识在更高层次上的抽象和概括。中学数学课程内容中比较常用的数学思想方法有：函数与方程、数形结合、分类与整合、特殊与一般、化归与转化等。

表 3 – 4　数学思想

思想	内容
函数与方程思想	抛开所研究对象的非数学特征，用联系和变化的观点得出数学对象，抽象其数学特征，建立各量之间固有的函数关系，通过函数形式，利用函数的有关性质，使问题得到解决。将所求的量设成未知数，用它表示问题中的其他各量，根据题中隐含的等量关系，列方程（组），通过解方程（组）进行研究，以求得问题的解，函数与方程在一定条件下可以相互转化

（续上表）

思想	内容
数形结合思想	根据数与形之间的对应关系，通过数与形的相互转化解决数学问题的思想，包含"以形助数"和"以数辅形"两个方面。其中"以形助数"借助形的生动性和直观性阐明数之间的联系，即以形作为手段，以数作为目的。"以数辅形"借助数的精确性和严密性阐明形的某些属性，即以数作为手段，以形作为目的
分类与整合思想	在解决某些数学问题且被研究的问题包含多种情况时，必须抓住主导问题发展方向的主要因素，在其变化范围内，根据问题的不同发展方向将其划分为若干部分分别研究。采用由大化小、由整体化为部分、由一般化为特殊的解决问题的方法，研究的基本方向要"分"，但分类解决问题之后，还必须把它们整合在一起，体现"合—分—合"的解决问题的思想
特殊与一般思想	对一类新事物的认识往往是通过对某些个体的认识与研究，逐渐积累对这类事物的了解，从而形成对这类事物总体的认识。这种认识事物的过程是由一般到特殊，到由特殊到一般，再由一般到特殊反复认识的过程，是认识世界的基本过程之一
化归与转化思想	在研究解决数学问题时，采用某种手段将问题通过变换使之转化，进而使问题得到解决的一种解题策略。数学题中的条件与条件、条件与结论之间存在着差异，差异即矛盾，解题过程就是有目的地不断转化矛盾，最终解决矛盾的过程

四、函数与方程思想下的动点与函数图象教学

【教学目标】

（1）通过实际问题探究，让学生掌握动点问题中两个变量之间的关系，利用函数解析式解决图象问题。

（2）通过实际问题探究，让学生经历数学建模的基本过程，体会数学建模。

（3）体会函数图象是一种最直观的重要数学模型，感受数学的运用价值，提高学生用数学的意识。

【教学重点、难点】

重点：根据实际问题找出两个变量之间的函数关系式。

难点：根据两个变量之间的函数关系式确定相应的函数图象。

【教学过程】

（一）思维导航，构建知识

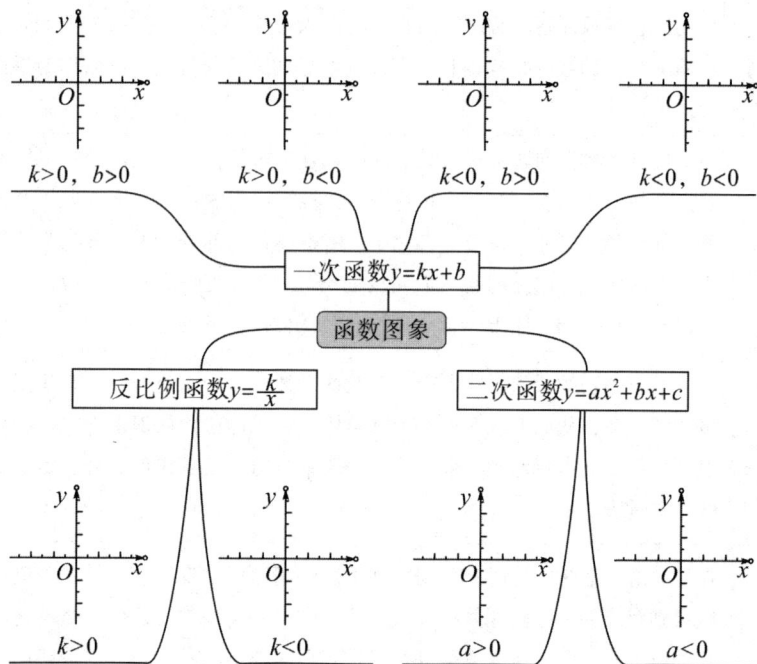

【设计意图】 为解决本节课的重难点，需要用到一次函数、二次函数、反比例函数的图象性质，通过思维导图的方式，让学生复习函数的图象性质并画出草图，为后面解决动点的问题提供技术支撑。

（二）搭建支架，夯实能力

1. 如图，点 P 是菱形 $ABCD$ 边上的一动点，它从点 A 出发沿 $A \to B \to C \to D$ 路径匀速运动到点 D，设 $\triangle PAD$ 的面积为 y，P 点的运动时间为 x，则 y 关于 x 的函数图象大致为（　　）

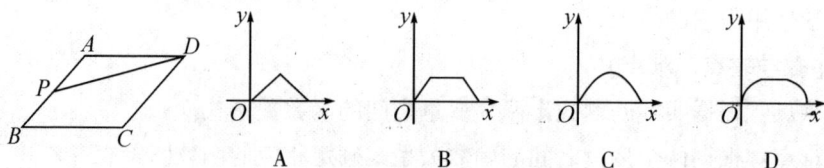

2. 如图，在正方形 $ABCD$ 中，点 P 从点 A 出发，沿着正方形的边绕顺时针方向运动一周，则 $\triangle APC$ 的面积 y 与点 P 运动的路程 x 之间形成的函数关系图象大致是(   )

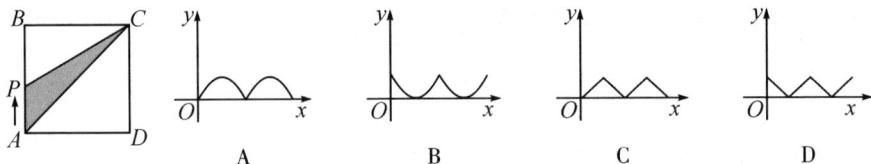

【设计意图】 通过较为简单的动点变化与三角形的面积计算，培养学生数形结合的思想、抽象想象能力及动手操作能力。并在题 1 的基础上做提升，让他们完成整个解题过程，锻炼他们的学习能力和分析能力。

（三）展开支架，合作探究

3. 如图，已知正三角形 ABC 的边长为 2，E、F、G 分别是 AB、BC、CA 上的点，且 $AE = BF = CG$，设 $\triangle EFG$ 的面积为 y，AE 的长为 x，则 y 关于 x 的函数图象大致是(   )

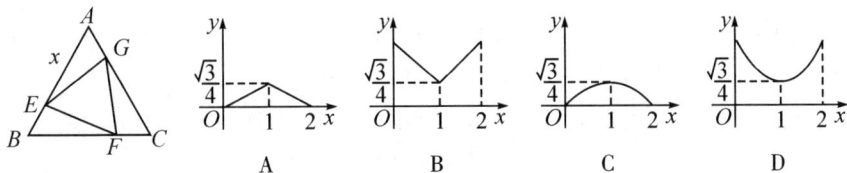

4. 如图（1），在 Rt$\triangle ABC$ 中，$\angle A = 90°$，点 P 从点 A 出发，沿三角形的边以 $1\,\mathrm{cm/s}$ 的速度逆时针运动一周，图（2）是点 P 运动时，线段 AP 的长度 $y\,(\mathrm{m})$ 随运动时间 $x\,(\mathrm{s})$ 变化的关系图象，则图（2）中 P 点的坐标是(   )

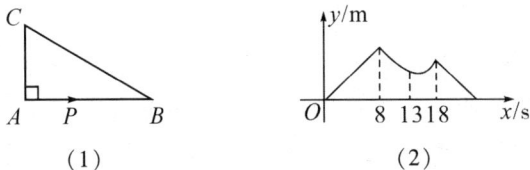

（1）   （2）

A. $(13,4.5)$ B. $(13,4.8)$ C. $(13,5)$ D. $(13,5.5)$

【设计意图】在题 2 的基础上做提升，展开支架，培养学生的学习能力、深度思维能力及归纳能力，通过小组合作完成解题过程，锻炼他们的学习能力和分类思考能力。逐步加深，增大难度，改变了考查类型，引发学生的关注和兴奋，这个题目依然是关于动点与函数图象，但是问的是图象中点的坐标，能锻炼学生对图象的阅读分析和思考能力，使其通过小组合作探究解决实际问题。另外，也考查了直角三角形的中线的知识。

（四）活用支架，深度学习

5. 如图，$\triangle ABC$ 和 $\triangle DEF$ 都是边长为 2 的等边三角形，它们的边 BC，EF 在同一条直线 l 上，点 C、E 重合。现将 $\triangle ABC$ 在直线上向右移动，直至点 B 与 F 重合时停止移动。在此过程中，设点 C 移动的距离为 x，两个三角形重叠部分的面积为 y，则 y 随 x 变化的函数图象大致为（ ）

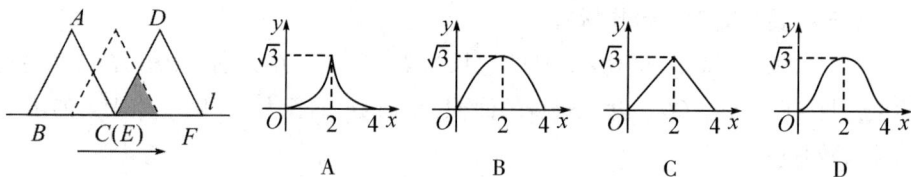

6. 如图，在矩形 $ABCD$ 中，$AB=4$，$BC=3$，动点 P、Q 同时从点 A 出发，点 P 沿 $A\rightarrow B\rightarrow C$ 的路径运动，点 Q 沿 $A\rightarrow D\rightarrow C$ 的路径运动，点 P、Q 的运动速度相同，当点 P 到达点 C 时，点 Q 也随之停止运动，连接 PQ，设点 P 的运动路程为 x，PQ 为 y，则 y 关于 x 的函数图象大致是（ ）

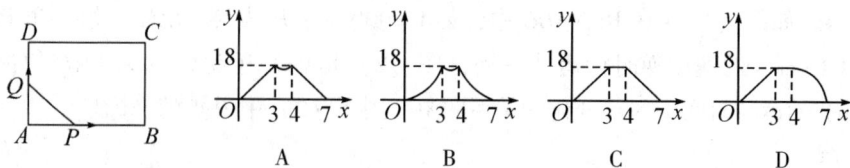

【设计意图】通过双动点与函数图象的结合，让学生进行深度学习。PQ 的平方还考察了学生对勾股定理的熟悉程度。通过这个题目的学习，还能让学生掌握二次函数图象开口的简单判定方法，因为此题难度比较大，这里还准备了微课视频，方便学生进行翻转课堂、课后学习和巩固，使学生养成自己提出问题自己解决的好习惯，将知识的思考探索过程还给学生。

（五）撤销支架，反思内化

1. 我的收获

（1）如何判定动点函数的图象：_____

（2）如何判定动点二次函数图象的开口方向：_____

2. 课堂反馈

（1）如图，边长分别为 1 和 2 的两个等边三角形，开始时它们在左边重合，大三角形固定不动，然后把小三角形自左向右平移直至移出大三角形外停止，设小三角形移动的距离为 x，两个三角形重叠面积为 y，则 y 关于 x 的函数图象是（　　）

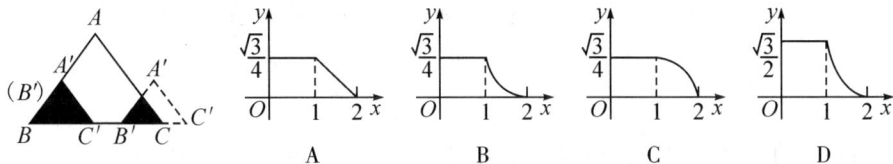

（2）如图，正方形 $ABCD$ 的边长为 2 cm，动点 P、Q 同时从点 A 出发，在正方形的边上，分别按 $A{\to}D{\to}C$、$A{\to}B{\to}C$ 的方向，都以 1 cm/s 的速度运动，到达点 C 运动终止，连接 PQ，设运动时间为 $x\text{ s}$，$\triangle APQ$ 的面积为 $y\text{ cm}^2$，则下列图象中能大致表示 y 与 x 的函数关系的是（　　）

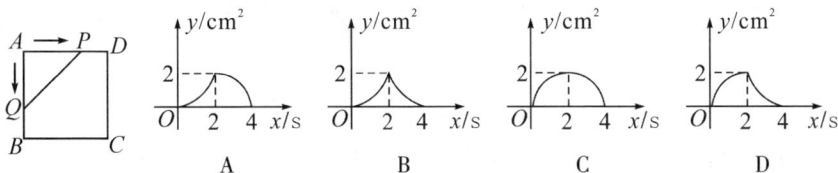

【设计意图】 对知识的准确把握需要通过反复的练习，使学生全面理解二次函数图象的开口判断方法。任务 6 是在前面学习的基础上加强，把辅助的脚手架去掉，看学生在动态图形的变化中，能否找准变量的变化情况，从而判定函数以及出开口的方向。任务 7 再次对题目进行了提升，训练学生的应变和计算能力。

（六）作业设计

（基础题）1. 如图，四边形中 $ABCD$，已知 $AB /\!/ CD$，AB 与 CD 之间的距离为 4，$AD = 5$，$CD = 3$，$\angle ABC = 45°$，点 P，Q 同时由 A 点出发，分别沿边 AB，折线 $ADCB$ 向终点 B 方向移动，在移动过程中始终保持 $PQ \perp AB$，已知点 P 的移动速度为每秒 1 个单位长度，设点 P 的移动时间为 x，$\triangle APQ$ 的面积为 y，则能反映 y 与 x 之间函数关系的图象是(   )

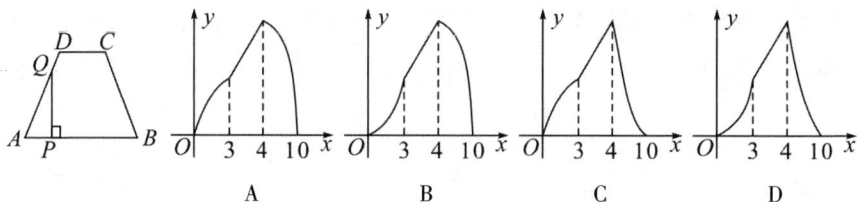

（提升题）2. 如图，在 $Rt\triangle ABC$ 中，$\angle ACB = 90°$，$AC = BC = 2\sqrt{2}$，$CD \perp AB$ 于点 D。点 P 从点 A 出发，沿 $A \to D \to C$ 的路径运动，运动到点 C 停止，过点 P 作 $PE \perp AC$ 于点 E，作 $PF \perp BC$ 于点 F。设点 P 运动的路程为 x，四边形 $CEPF$ 的面积为 y，则能反映 y 与 x 之间函数关系的图象是(   )

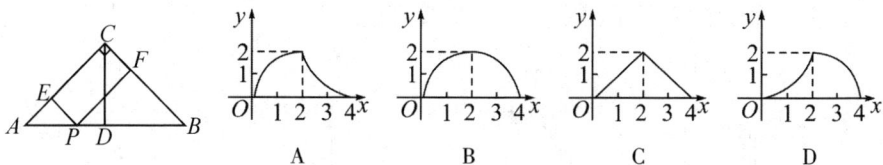

【设计意图】 作业设计突出本节课知识点，通过设置分层作业，让不同层次的学生都能得到发展。基础题让基础不太好的学生找到自信，体验学习数学的乐趣，增强数学学习的动力和信心。是在本节课的难点中提升，使大多数的学生能够在课后巩固本节课的内容，并且有兴趣参与探究，有一定的发展和收获，有自己思考的空间，让学生整理归纳发展思维。

（七）教学设计特色

本节课的主要内容是通过实际问题的探究，让学生掌握动点问题中两个变量之间的关系，利用函数解析式解决图象问题。为了解决本节课的重难点，采用了支架式教学模式，通过问题串的形式，尝试让学生进行深度学习。首先通过思维导图的形式，引导学生思考，回顾所学知识。循序渐进，设计了有一个动点的一次函数内容，学生都能轻松解决，这样可以增强学生学习的信心，消除恐惧感，也可以让学生体会到学习的快乐。展开支架，通过讲解一道题目展现不同思维方式，从图形的角度引导学生要关注动态过程中的静态图形，从而降低题目难度，突出重点，突破难点，让学生进一步理解数形结合的含义，以及通过探究过程体会分类讨论的数学思想，通过微课讲解让学生体会建模的数学思想。

五、数形结合思想下的二次函数与三角形综合教学

【教学目标】

（1）构建二次函数与三角形综合问题的知识体系。

（2）复习二次函数和三角形相似的思路与方法，构建解题模型解决此类问题。

【教学重点、难点】

重点：构建二次函数与三角形综合问题的知识体系。

难点：复习二次函数和三角形相似的思路与方法，构建解题模型解决此类问题。

【教学过程】

（一）思维导航，构建知识

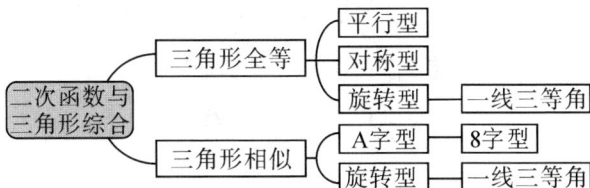

【设计意图】 构建二次函数与三角形综合问题的知识体系，熟悉知识架构。

（二）搭建支架，夯实能力

1. 【典例呈现】（2022·广东）如图，抛物线 $y = x^2 + bx + c$（b、c 是常数）的顶点为 C，与轴交于 A、B 两点，A（1，0），$AB = 4$，点 P 为线段 AB 上的动点，过 P 作 $PQ \parallel BC$ 交 AC 于点 Q。

（1）求该抛物线的解析式；

（2）求△CPQ 面积的最大值，并求此时 P 点坐标。

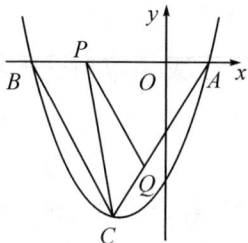

2. 【基础支架】

（1）如图 1，在△ABC 中，$DE \parallel AB$，且 $\dfrac{CD}{BD} = \dfrac{3}{2}$，则 $\dfrac{CE}{CA}$ 的值为（   ）

A. $\dfrac{3}{5}$ B. $\dfrac{2}{3}$ C. $\dfrac{3}{2}$ D. 2

（2）如图 2，已知△ADE 和△ABC 的相似比是 1：2，且△ADE 的面积是 1，则四边形 $DBCE$ 的面积是_____。

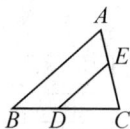 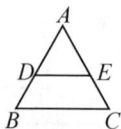

图 1   图 2

【设计意图】构建二次函数与三角形综合问题的知识体系，使学生熟悉知识架构。展示中考真题，使学生感受中考思想，确定课程目标，初步体验中考。核心基本知识与解决问题能力的训练可以为综合练习做铺垫。

（三）展开支架，合作探究

【典例探究】（2022·广东）如图，抛物线 $y = x^2 + bx + c$（b、c 是常数）的顶点为 C，与 x 轴交于 A、B 两点，A（1，0），$AB = 4$，点 P 为线段 AB 上的动点，过 P 作 $PQ /\!/ BC$ 交 AC 于点 Q。

（1）求该抛物线的解析式；

（2）求 $\triangle CPQ$ 面积的最大值，并求此时 P 点坐标。

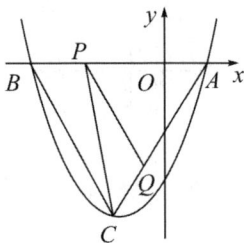

【思路支架】

1. 第（1）题求解析式，用_____方法，当前已有的条件_____，还缺条件_____，可由_____得出点 B 的坐标。

2. 归纳：本题属于_____问题，方法：_____。

3. 第（2）题先设 P（_____，0），再想到 $\triangle CPQ$ 面积的表示方法_____，找准相关点的坐标_____，把坐标转化为图形的相关线段长度，即有_____，其中"点 P 为线段上的动点，过 P 作 $PQ /\!/ BC$ 交 AC 于 Q 点"的条件，可以转化为_____知识的考查，从而得到线段_____的表示，代入 $\triangle CPQ$ 面积的表示方法_____，整理成二次函数顶点式_____。

4. 归纳：本题属于_____问题，方法：_____。

【设计意图】 设置问题串支架，帮助学生自主解读题目信息，感受二次函数与几何结合综合问题的一般思路：设动点坐标，用字母表示相关线段长度，根据几何图形的研究对象（面积、周长、角的关系、边的关系等）列等式，并转化为二次函数最值问题。感受在解决用字母表示相关线段长度的问题时，出现平行条件的情况，要多考虑利用三角形相似模型。

(四) 活用支架，深度学习

1. **【深度变式1】** 如图，已知抛物线 $y = ax^2 - 2ax + 3$ 与 y 轴的交点为 C，抛物线的对称轴交 x 轴于 F，点 D 在抛物线上，且 $CD \parallel x$ 轴，点 P 在 y 轴上，若 $PD \perp PF$，$PD = PF$，求点 P 的坐标。

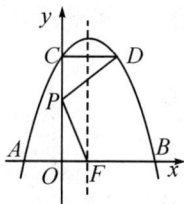

归纳：本题属于＿＿＿＿问题，方法：＿＿＿＿。

【设计意图】 通过深度变式，在典例的基础上增设"一线三等角"证全等模型。

2. **【深度变式2】** 如图，抛物线 $y = mx^2 - 2mx + 3m$ （$m > 0$）与 x 轴交于 A、B 两点，与 y 轴交于 C 点，点 M 为抛物线的顶点。

（1）求 A、B 两点的坐标；

（2）若 $\angle BCM = 90°$，求 M 的值。

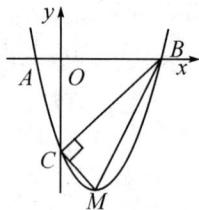

归纳：本题属于＿＿＿＿问题，方法：＿＿＿＿。

【设计意图】 通过进一步深度变式，在变式1的基础上增设自主发现"一线三等角"证相似模型，作辅助线建立模型解决二次函数与三角形综合问题。

（五）撤销支架，反思内化

1. 我的收获

（1）二次函数与三角形综合多考查＿＿＿＿知识点。

（2）证明三角形相似的方法模型有＿＿＿＿。

（3）二次函数背景下解决几何问题的一般思路：把＿＿＿＿转化成线段长，再用线段长表示图形的要素，如面积、周长、线段长度、角度等。

2. 当堂检测

【教材改编】如图，AD、BC、CD分别与$\odot O$相切于A、B、E三点，AB是$\odot O$的直径。

（1）连接OC、OD，若$OC=4$，$OD=3$，求CD的长；

（2）若$AD=x$，$BC=y$，$AB=4$，请画出y关于x的函数图象。

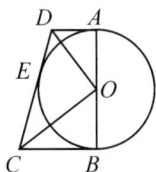

【设计意图】撤销支架，主要是通过小结回顾课程内容，帮助学生进一步优化知识结构与认知体系，达到融会贯通的状态，再设置教材改编练习，检验本课程学习的效果，促进学生运用所学的知识与方法进行逆向思维迁移，巩固二次函数与三角形综合问题的解决能力。

（六）作业设计

如图，抛物线$y=ax^2+2x+c$经过点A（0，3）、B（-1，0）。

（1）求抛物线的解析式；

（2）抛物线的顶点为D，与x轴的另一交点为C，对称轴交x轴于点E，连接BD，求$\cos\angle DBE$；

（3）在直线BD上是否存在点F，使由B、C、F三点构成的三角形与$\triangle BDE$相似？若存在，求出点F的坐标；若不存在，请说明理由。

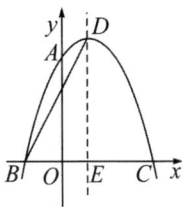

（七）教学设计特色

本课程设计是中考专题复习之二次函数与三角形全等、相似的综合，主要是在熟练三角形全等、相似的相关模型基础上，借助二次函数点转化为线段、线段转化成图形相关要素的思路进行综合考查。本课程设计在了解学生已经掌握三角形相关证明及二次函数最值性质的基础上，重点突破信息解读，设参数表示相关量与作辅助线两大难点，有效促进学生自主构建模型，提升解决实际问题的能力，深化学生数形结合的数学思维，发展学生用数学的语言表达现实世界的核心素养。

六、分类与整合思想下的动态几何问题教学

【教学目标】

（1）研究以几何动态为背景，通过求三角形（或四边形）面积的最值问题引出二次函数。

（2）通过求二次最值解决问题，熟练运用分类讨论思想。

【教学重点、难点】

重点：将动态几何问题通过分类转化为静态问题。

难点：正确进行分类讨论。

【教学过程】

（一）思维导航，构建知识

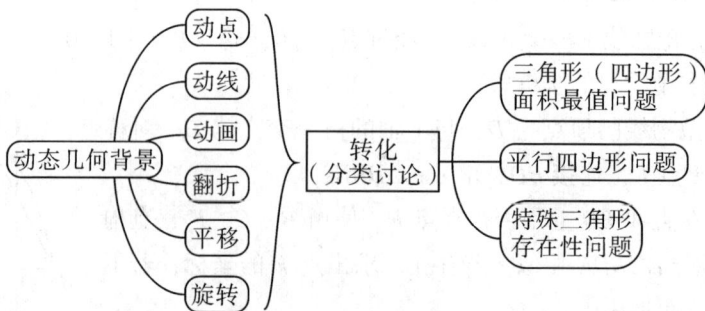

【设计意图】 构建思维导图展示动态几何背景的具体类型，全面把握处理

动态几何问题的基本思路方法的关键是转化,再针对转化后的具体问题找到对应的方法。通过思维导图的构建,把动态几何问题具体化,学生的思维方向更加明确。

(二)搭建支架,夯实能力

1. 如图,已知点 A(-2,0),点 P 是直线 $y=\dfrac{3}{4}x$ 上的一个动点,当以 A、O、P 为顶点的三角形面积是 3 时,点 P 的坐标为_____。

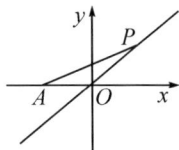

2. 如图,坐标平面内点 A(2,-1),O 为原点,P 是 x 轴上的一个动点,如果以点 P、O、A 为顶点的三角形是等腰三角形,那么符合条件的动点 P 的个数为_____。

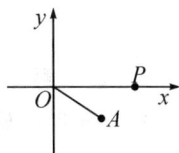

【设计意图】通过展示两道较为简单的动点问题,学生可以感知动点问题的处理方法,体会分类讨论的重要性。

(三)展开支架,合作探究

3. 如图,△ ABC 为等腰直角三角形,∠ $ACB=90°$,$AC=BC=2$,正方形 $DEFG$ 边长也为 2,且 AC 与 DE 在同一直线上,△ ABC 从 C 点与 D 点重合开始,沿直线 DE 向右平移,直到点 A 与点 E 重合为止,设 CD 的长为 x,△ ABC 与正方形 $DEFG$ 重合部分(图中阴影部分)的面积为 y,则 y 与 x 之间的函数关系的图象大致是(   )。

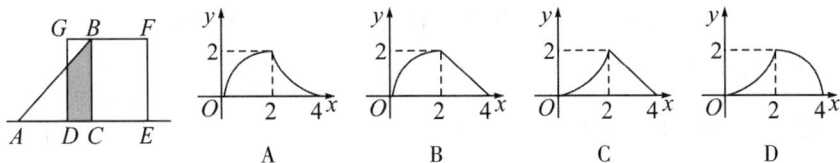

4. 已知 Rt△ OAB,∠ $OAB=90°$,∠ $ABO=30°$,斜边 $OB=4$,将 Rt△ OAB 绕点 O 顺时针旋转 60°,如图,连接 BC。①填空:∠ $OBC=$_____;②如图,连接 AC,作 $OP⊥AC$,垂足为 P,求 OP 的长度;③如图,点 M、N 同时从点 O 出发,在△ OCB 边上运动,点 M 沿 $O→C→B$ 路径匀速运动,点 N 沿 $O→$

$B \rightarrow C$ 路径匀速运动，当两点相遇时运动停止，已知点 M 的运动速度为 1.5 单位/秒，点 N 的运动速度为 1 单位/秒，设运动时间为 x，$\triangle OMN$ 的面积为 y，求当 x 为何值时 y 取得最大值？最大值为多少？

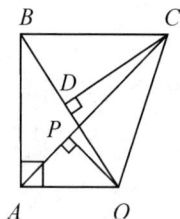

【设计意图】由动点过渡到动面，学生可以体会动面问题的解决方法，丰富动点问题的处理经验。通过展示解决中考压轴真题，学生体验动点问题在中考中的应用，明确动点问题的处理方法：分类（段）讨论，逐一解决。本题是双动点问题，通过两个点的位置情况来判断三角形的底和高，再表达出面积，最后根据二次函数求最值问题的方法求出最值。在动点的运动过程中，学生的思维要跟着动起来，解决问题的方法也要跟着活起来，所以在整个解决问题的过程中，学生的思维都会活起来，这样的动点问题能真正体现学生的思维能力，同时还要培养学生的计算能力，在整个解决问题的过程中，方法不断变化，计算量也很大。这样的压轴题就具有区分度的。

（四）活用支架，深度学习

5. 如图，$OABC$ 是一个放在平面直角坐标系中的矩形，O 为原点，点 A 在 x 轴的正半轴上，点 C 在 y 轴的正半轴上，$OA = 3$，$OC = 4$，平行于对角线 AC 的直线 m 从原点 O 出发，沿 x 轴正方向以每秒 1 个单位的速度运动，设直线 m 与矩形 $OABC$ 的两边分别交于点 M、N，直线运动的时间为 t（s）。

（1）写出点 B 的坐标；

（2）t 为何值时，$MN = \dfrac{1}{2} AC$；

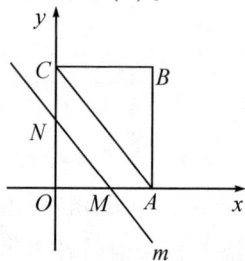

（3）设 $\triangle OMN$ 的面积为 S，求 S 与 t 的函数关系式，并写出 t 的取值范围；当 t 为何值时，S 为最大值？并求 S 的最大值。

【设计意图】本题是动线问题，是前面问题的补充，可以丰富学生动态问题的体验。先让学生小组合作解决，讨论存在的情况，并选代表进行总结发言，培养学生的自信心。不太理解的学生可以对照教师录制的微课视频再次进行学习。

（五）撤销支架，反思内化

1. 我的收获

（1）动态几何背景问题主要类型有：_____。

（2）动态几何背景问题主要采用的数学方法是：_____。

2. 课堂反馈

如图，在正方形 $ABCD$ 和 $\triangle EFG$ 中，$AB = EF = EG = 5$ cm，$FG = 8$ cm，点 B、C、F、G 在同一直线 l 上。当点 C、F 重合时，$\triangle EFG$ 以 1 cm/s 的速度沿直线 l 向左开始运动，t 秒后正方形 $ABCD$ 与 $\triangle EFG$ 重合部分的面积为 S cm^2。请解答下列问题：

（1）当 $t = 3$ s 时，求 S 的值；

（2）当 $t = 5$ s 时，求 S 的值；

（3）当 5 秒 $< t \leq 8$ 秒时，求 S 与 t 的函数关系式，并求出 S 的最大值。

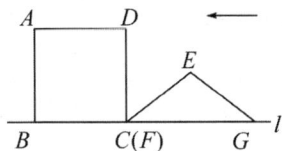

【设计意图】 通过小结，回顾本节课所学，再一次巩固动态几何背景下的问题如何解决，明晰思路，找准方法，合理分类，准确解答出来。虽撤销支架，但是通过反思内化，学生的数学思维得到升华，解题能力得到提升。

（六）作业设计

（必做题）1. 如图，在平面直角坐标系 xOy 中，直线 $y = mx + 1$ 与双曲线 $y = \dfrac{k}{x}$（$k > 0$）相交于点 A、B，点 C 在 x 轴正半轴上，点 D（1，-2），连结 OA、OD、DC、AC，四边形 $AODC$ 为菱形。

（1）求 k 和 m 的值；

（2）根据图象写出反比例函数的值小于 2 时 x 的取值范围；

（3）设点 P 是 y 轴上一动点，且 $S_{\triangle OAP} = S_{菱形OACD}$，求点 P 的坐标。

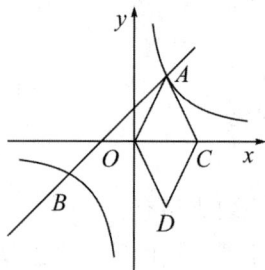

（选做题）2. 如图，四边形 $ABCD$ 为矩形，$AB = 4$，$AD = 3$，动点 M、N 分别从 D、B 同时出发，以 1 个单位/秒的速度运动，点 M 沿 DA 向终点 A 运动，点 N 沿 BC 向终点 C 运动。过点 N 作 $NP \perp BC$，交 AC 于点 P，连接 MP，已知动点运动了 x 秒。

（1）请直接写出 PN 的长（用含 x 的代数式表示）；

（2）若 0 秒 $\leqslant x \leqslant 1$ 秒，试求 $\triangle MPA$ 的面积 S 与时间 x 秒的函数关系式，利用函数图象，求 S 的最大值；

（3）若 0 秒 $\leqslant x \leqslant 3$ 秒，$\triangle MPA$ 能否为一个等腰三角形？若能，试求出所有 x 的对应值；若不能，试说明理由。

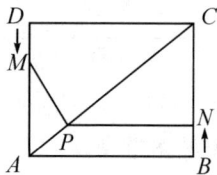

（七）教学设计特色

本课题是中考复习中最难的部分，题目基本都是选择题或者填空题或者解答中的压轴题，主要是动点、动线、动面、翻折、旋转和平移等动态背景下的几何或者几何与代数的综合问题。通过体验各种动态背景下的问题的解决形成对应的解题方法与技巧，提升学生解决压轴题的能力，锻炼思维能力。在解决动态背景问题的过程中，学生的思维必须动起来，数学模型的思想也必须建立起来，计算能力因此得到提高，学生的数学核心素养也同样得到提升。

七、特殊与一般思想下的图形规律探究教学

【教学目标】

（1）熟悉用代数式表示数量的方法。

（2）探究研究图形规律问题的思维方法，并运用相关知识解决问题。

【教学重点、难点】

重点：探究研究图形规律问题的思维方法。

难点：运用图形规律问题的研究方法解决综合型规律问题。

【教学过程】

（一）思维导航，构建知识

图形规律：按照一定的顺序给出一系列图形

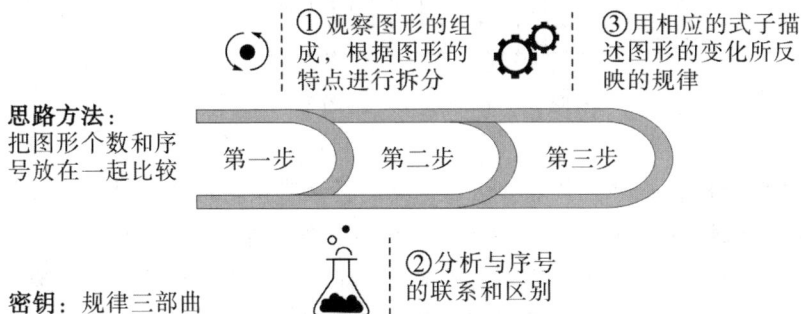

① 观察图形的组成，根据图形的特点进行拆分

③ 用相应的式子描述图形的变化所反映的规律

思路方法：
把图形个数和序号放在一起比较

第一步　第二步　第三步

密钥：规律三部曲

② 分析与序号的联系和区别

【设计意图】 以思维导图的形式将探索图形规律的思路方法串联起来，提高学生对解题思路的理解，激发学生探索的兴趣。

（二）搭建支架，夯实能力

1. 如图，用火柴棍拼成一排由三角形组成的图形。

（1）如果图形中含有 1 个三角形，需要_____根火柴棍；

（2）如果图形中含有 2 个三角形，需要_____根火柴棍；

（3）如果图形中含有 3 个三角形，需要_____根火柴棍；

（4）如果图形中含有 4 个三角形，需要_____根火柴棍；

（5）如果图形中含有 n 个三角形，需要多少根火柴棍？

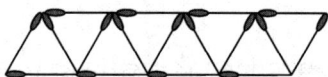

2. 用火柴棍按如图所示的方式摆大小不同的"E"，以此规律，摆出第 n 个"E"需要火柴棍的根数是_____。

第1个 第2个 第3个

3. 用火柴棍按如图所示方式搭图形，按照这种方式搭下去，搭第 9 个图形需火柴棍的根数是(   )。

A. 48   B. 50   C. 52   D. 60

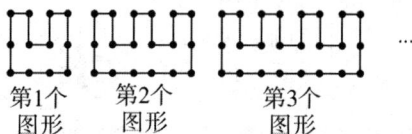

第1个   第2个   第3个
图形   图形   图形

【设计意图】以学生熟悉的生活经验"拼火柴"为问题情境，设置学习探究活动。通过建构问题串，引导学生从拼接 1 个三角形，到连续拼接 2 个三角形、3 个三角形……如此由简单到复杂层层递进，帮助学生理解用火柴棍拼接三角形的规律，体会由特殊到一般的数学研究思想。探究归纳结论后，设置相关拼火柴问题，辅助学生巩固活动经验，提高知识应用能力。

(三) 展开支架，合作探究

4. 如图，将一些形状相同的小五角星按图中规律放置，据此规律，第 9 个图形中五角星的个数为(   )。

A. 120   B. 121   C. 99   D. 100

第一个图形   第二个图形   第三个图形   第四个图形

5. 如图,用大小相等的小正方形拼大正方形,拼第①个需要 4 个小正方形;拼第②个需要 9 个小正方形;按这样的规律下去,则拼第 n 个需要_____个小正方形;第 n 个正方形比第 $(n-1)$ 个正方形多_____个小正方形。

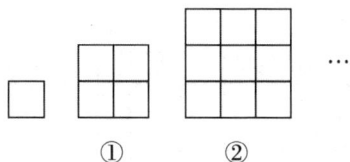

①   ②

6. 如图,每一图中有若干个大小不同的菱形,第 1 幅图中有 1 个菱形,第 2 幅图中有 3 个菱形,第 3 幅图中有 5 个菱形,如果第 n 幅图中有 2021 个菱形,则 $n = $_____。

第1幅 第2幅   第3幅   第n幅

7. 在科幻电影《银河护卫队》中,星球之间的穿梭往往靠宇宙飞船沿固定路径"空间跳跃"完成。如图所示:两个星球之间的路径只有 1 条,三个星球之间的路径有 3 条,四个星球之间的路径有 6 条,按此规律,n 个星球之间"空间跳跃"的路径有 45 条,则 $n = $_____。

【设计意图】基于"拼火柴"活动的基本思路,迁移到图形规律问题的探究中,推动学生体会特殊与一般的研究思想。以"拼火柴"活动直观观察,学生掌握发现变化的一般规律的方法,再把这种能力迁移到图形规律问题,帮助学生从一般的变化规律中,发现其中蕴含的函数关系,列出方程解决问题。

(四)活用支架,深度学习

8. 利用如图 1 的二维码可以进行身份识别。某校建立了一个身份识别系统,图 2 是某个学生的识别图案,黑色小正方形表示 1,白色小正方形表示 0,

将第一行数字从左到右一次记为 a，b，c，d，那么可以转换为该生所在班级序号，其序号为 $a \times 2^4 + b \times 2^3 + c \times 2^2 + d \times 2^1$，如图2第一行数字从左到右依次为 0，1，0，1，序号为 $0 \times 2^4 + 1 \times 2^3 + 0 \times 2^2 + 1 \times 2^1$，表示该生为10班的学生，表示20班的学生的识别图案是（　　）。

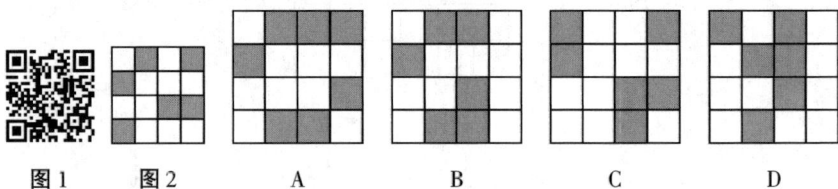

图1　　图2　　　　A　　　　　B　　　　　C　　　　　D

9. 在平面直角坐标系中，抛物线 $y = x^2$ 的图象如图所示。已知 A 点坐标为（1，1），过点 A 作 $AA_1 \parallel x$ 轴交抛物线于点 A_1，过点 A_1 作 $A_1A_2 \parallel OA$ 交抛物线于点 A_2，过点 A_2 作 $A_2A_3 \parallel x$ 轴交抛物线于点 A_3，过点 A_3 作 $A_3A_4 \parallel OA$ 交抛物线于点 A_4，依次进行下去，则点 A_{2021} 坐标为_____。

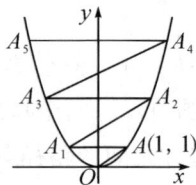

【设计意图】以生活应用为背景或中考综合应用为背景，探究图形规律的综合问题，使学生能从千变万化的生活应用或综合问题中，提炼数学问题，运用特殊与一般的数学研究思想，把握变化的规律，从而建立模型解决问题，提升数学核心素养。

（五）撤销支架，反思内化

10. 观察如图所示的图形，回答下列问题：图中的点被线段隔开分成四层，第一层有1个点，第二层有3个点，第三层有5个点。

（1）第四层有_____个点。

（2）如果要你继续画下去，那么第五层有多少个点？第 n 层呢？

（3）某一层上有77个点，你知道这是第几层吗？

（4）第一层与第二层的和是多少？前三层的和是多少？前四层呢？把你发

现的规律用含 n 的代数式表示。

（5）根据你的推测，前十二层的和是多少?

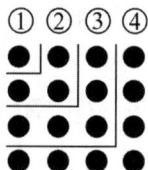

①②③④

【设计意图】 以基本的问题情境，设置逐步深化的问题串，变空泛的要点概括为具体问题的解决过程，帮助学生回顾本课的知识要点与方法技巧，深化特殊与一般的数学研究思想。

（六）作业布置

11. 将一列有理数 $-1, 2, -3, 4, -5, 6, \cdots$ 有序排列，如图所示。根据图中的排列规律可知，有理数 -5 在"峰1"中 D 的位置。则有理数 -999 在"峰____"中 A, B, C, D, E 中_____的位置。

峰1   峰2   峰n

12. 如图，在第 1 个 $\triangle A_1 BC$ 中，$\angle B = 30°$，$A_1 B = CB$；在边 $A_1 B$ 上任取一点 D，延长 CA_1 到 A_2，使 $A_1 A_2 = A_1 D$，得到第 2 个 $\triangle A_1 A_2 D$；在边 $A_2 D$ 上任取一点 E，延长 $A_1 A_2$ 到 A_3，使 $A_2 A_3 = A_2 E$，得到第 3 个 $\triangle A_2 A_3 E$，按此做法继续下去，则第 n 个三角形中以 A_n 为顶点的内角度数是_____。

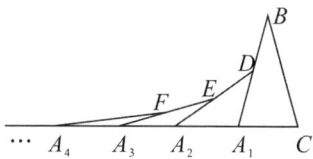

（七）教学设计特色

立足学生源认知，落实目标发展能力。本节课从学生熟悉的"拼火柴"活动出发，引导学生从简单的、特殊的情况切入图形规律的探究，把握图形拼接过程中的定量与变化规律的关系，体会特殊与一般的数学研究思想，发展学生分析问题、解决问题的能力。注重问题情境化，提升数学核心素养。教学设计把数学问题置于具体的问题情境中，激发学生的好奇心，促进学生主动参与学习活动，提升学生发现问题、提出问题的能力，促进学生在问题研究过程中感受数学智慧，增强自信，提升数学核心素养。

八、化归与转化思想下的圆与三角形综合题教学

【教学目标】

（1）掌握圆有关的基础知识的运用，如弧、弦、圆心角、圆周角之间的关系转化。

（2）能熟练运用垂径定理、圆周角定理、切线长定理，综合运用三角形全等、勾股定理的性质。

（3）通过合作培养学生的语言表达和归纳总结能力，以及合作共赢的价值观；通过支架的搭建，培养学生化难为易解决问题的能力。

【教学重点、难点】

重点：能熟练运用垂径定理、圆周角定理、切线长定理，综合运用三角形全等、勾股定理的性质。

难点：利用圆、三角形的性质找到求线段相等、线段长度，以及证切线的方法。

【教学过程】

（一）思维导航，构建知识

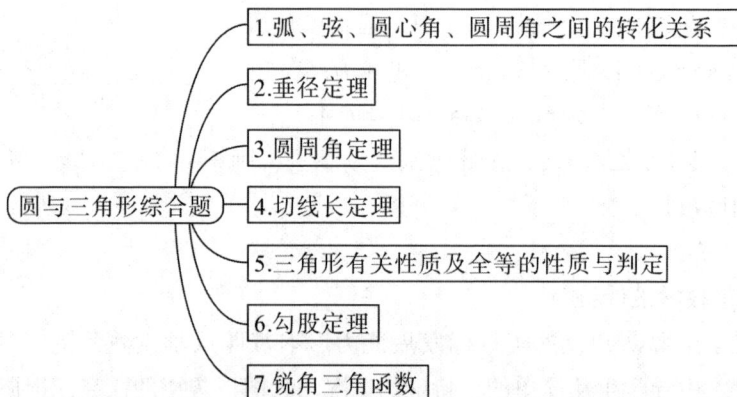

```
                      ┌─ 1.弧、弦、圆心角、圆周角之间的转化关系
                      ├─ 2.垂径定理
                      ├─ 3.圆周角定理
  圆与三角形综合题 ─┼─ 4.切线长定理
                      ├─ 5.三角形有关性质及全等的性质与判定
                      ├─ 6.勾股定理
                      └─ 7.锐角三角函数
```

【设计意图】在学生已有的知识基础上梳理归纳，同时让学生体会知识点之间的整体性，形成基本知识框架。

（二）搭建支架，夯实能力

1. 如图1，已知 CD 是 $\odot O$ 的直径，过点 D 的弦 DE 平行于半径 OA，若 $\angle D$ 的度数是50°，则 $\angle C$ 的度数是(　　)。

A. 25°　　　　B. 30°　　　　C. 40°　　　　D. 50°

2. 如图2，A、B、C 是 $\odot O$ 上的三个点，若 $\angle ABC = 25°$，则 $\angle AOC$ 的度数为_____。

3. 如图3，在 $\odot O$ 中，已知半径为5，弦 AB 的长为8，那么圆心 O 到 AB 的距离为_____。

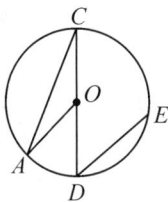 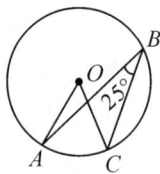 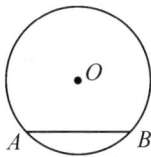

图1　　　　　　　图2　　　　　　　图3

【设计意图】根据广东中考的高频考点，设计了常见题型。夯实了圆的基本性质、三角形的基本性质、垂径定理及其推论、圆周角定理及其推论、勾股定理等，夯实了圆与三角形的基础运用。

（三）展开支架，合作探究

【类型一】切点确定，连半径，证垂直。

1. 如图，在△ABC中，$AB = AC$。以 AB 为直径作 $\odot O$ 交 BC 于点 D，过点 D 作 $DE \perp AC$ 于点 E。求证：DE 是 $\odot O$ 的切线。（学习小组展示方法技巧）

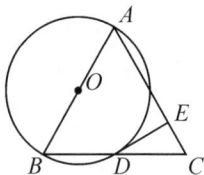

【类型二】 切点不确定，作垂直，证半径。

2. 如图，在△ABC 中，∠C = 90°，以 AC 边上的 O 点为圆心，OC 长为半径作圆，交 AC 于点 D，AE⊥BO 交 BO 的延长线于点 E，且∠AOE = ∠BAE。求证：AB 是⊙O 的切线。（学习小组展方法技巧）

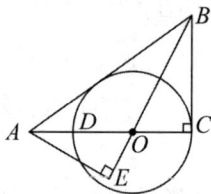

3. 如图，AB 是⊙O 的直径，弦 AC 与 BD 交于点 E，且 AC = BD，连接 AD，BC。

（1）求证：AD = BC；

（2）连接 OD，若 OD⊥AC，AB = 4，求弦 AC 的长；

（3）在（2）的条件下，延长 AB 至点 P，使 BP = 2，连接 PC。求证：PC 是⊙O 的切线；

（4）若 $\cos\angle ABC = \dfrac{1}{2}$，求∠BCP 的度数。

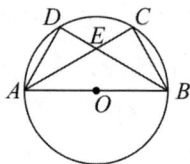

【设计意图】 从常考的证明切线的两种常见题型展开支架进行学习，再从平时常见的证线段相等入手，考察圆的有关性质，有利于为下面将圆与三角形结合奠定基础。在原模型的基础上添加条件，层层递进，考察利用圆和三角形的有关性质去解决有关线段长度的方法，以及利用圆和三角形的有关性质去解决证切线的方法，目的是让学生能够快速从繁杂的信息中提取解决问题的关键词，找到核心方法。第四问继续添加条件，目的是利用圆和三角形的有关性质求与角度有关的问题，推进思维的发展，小步子，快反馈，让学生感受到点滴的进步，成功的喜悦，达到深度学习的目的。

（四）活用支架，深度学习

如图，在△ABC 中，AB = AC，⊙O 是△ABC 的外接圆，过点 C 作∠BCD = ∠ACB，交⊙O 于点 D，连接 AD 交 BC 于点 E，延长 DC 至点 F，使 CF = AC，连接 AF。（1）求证：ED = EC；（2）求证：AF 是⊙O 的切线。

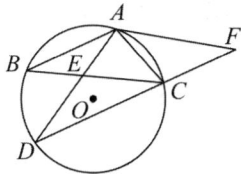

【设计意图】 本题是圆的综合问题，解题的关键是掌握圆心角定理、切线的判定与性质等知识点。一题多解的学习探究方式深化了本节课的学习深度，为下节课的专题学习圆与相似三角形的深度融合，打下基础。

（五）撤销支架，反思内化

（1）我的收获。

（2）课堂反馈。

①如图，点 A、B、C 在⊙O 上，∠A = 36°，∠C = 28°，则∠B = ＿＿＿。

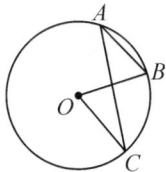

②如图，AB 为⊙O 的直径，F 为弦 AC 的中点，连接 OF 并延长交弧 AC 于点 D，过点 D 作⊙O 的切线，交 BA 的延长线于点 E，连接 CD。

（1）求证：AC // DE；

（2）若 OA = AE，求证：△AFO ≌ △CFD；

（3）若 OA = AE = 2，求四边形 ACDE 的面积。

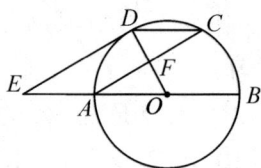

【设计意图】 通过上面的例题讲解，学生已经知道题目的主要问法和它的解题方法。通过这道题，可以检验学生掌握的程度，同时增加学生解题的信心。

(六) 作业设计

(必做题) 1. 如图，CD 是 $\odot O$ 的直径，已知 $\angle 1 = 30°$，则 $\angle 2 =$ _____。

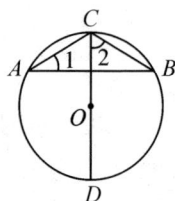

2. 如图，四边形 $ABCD$ 内接于 $\odot O$，AC 为 $\odot O$ 的直径，$\angle ADB = \angle CDB$。

(1) 试判断 $\triangle ABC$ 的形状，并给出证明；

(2) 若 $AB = \sqrt{2}$，$AD = 1$，求 CD 的长度。

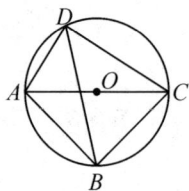

(选做题) 3. 如图，在四边形 $ABCD$ 中，$AB \parallel CD$，$AB \neq CD$，$\angle ABC = 90°$，点 E，F 分别在线段 BC，AD 上，且 $EF \parallel CD$，$AB = AF$，$CD = DF$。

(1) 求证：$CF \perp FB$；

(2) 求证：以 AD 为直径的圆与 BC 相切。

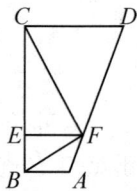

【设计意图】 设计分层作业，必做题在于巩固和和掌握本节课的知识，切合实际；选做题具有延展性，能激发部分学生的学习兴趣。作业的呈现为后续继续开展教学活动提供了有效信息。

（七）教学设计特色

本节课设计的圆和三角形的结合都是初中常考的考点，以圆和三角形为背景的几何综合题是几何综合题常规题型，也是中考的热点题型。本节课主要是把圆和三角形结合进行讲解，依托学生的最近发展区设计选择题，填空题、再到利用圆和三角形的有关性质去解决证切线的问题，以与角度有关的问题，层层推进学生思维的发展，小步子，快反馈，让学生感受到点滴的进步，成功的喜悦，培养学生的观察、分析能力，从而激发学生解题思想，促进学生全面地掌握圆与三角形相结合问题的思想方法，并且灵活利用不同的方法去处理复杂的数学问题，最终达到深度学习的目的。

第二节　支架式深度学习构建"五步五环"五种课型

以广东省教育科学规划领导小组中小学教师教育科研能力提升计划项目"支架式教学下促进初中数学课堂深度学习的实践研究"和广东省教育研究院课题"基于支架式教学下初中数学课堂教学的实践研究"为研究契机，深入探索"情意数学"的操作范式，倡导"五步五环"教学法基本教学环节，构建概念课、定理课、实践课、复习课和讲评课五种课型。

1. 概念课

概念课是以概念、定义为主的课，通常是新授课。数学概念教学是在教师指导下，调动学生认知结构中的已有感性经验和知识，去感知理解材料，借助各种数学形式、手段，对研究对象的本质属性进行揭示和概括，经过思维加工产生认识飞跃（包括概念转变），引导学生理解研究对象的共同属性，进一步认识和理解概念的内涵与外延，最后组织成完整的概念图式的过程。为了使学生掌握概念、发展认识能力，必须扎扎实实地处理好每一个环节。

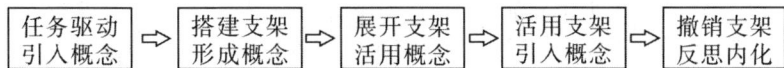

任务驱动引入概念 ⇒ 搭建支架形成概念 ⇒ 展开支架活用概念 ⇒ 活用支架引入概念 ⇒ 撤销支架反思内化

2. 定理课

定理课是以定理、公式、法则为主的课，旨在让学生理解公式、定理的形成过程，揭示数学思想、思维方法及其应用。学生通过观察、猜想、实验、计算、推理、验证等方式发现定理和认识定理，经历独立思考、动手操作、自主探索、合作交流等过程。

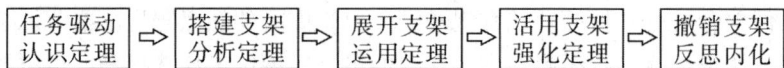

| 任务驱动
认识定理 | → | 搭建支架
分析定理 | → | 展开支架
运用定理 | → | 活用支架
强化定理 | → | 撤销支架
反思内化 |

3. 实践课

实践课是国家规定的一门有计划、有组织地面向全体学生，以综合实践学习、贴近学生现实生活、注重综合运用所学知识及信息技术为主要内容的课程类型，主要以学生探究为主，小组合作协作共同完成，可以培养学生的创新精神与实践能力。以学生自主选择的、探究和直接体验整个过程为主要习得方式，以促进学生情感、行为、认知的统一协调发展为主要目标，以过程为主、终端结果为辅为评价方式的课程。通过实践帮助学生了解更多知识，切身感受知识的力量和可用性，从实践中学习并提高。

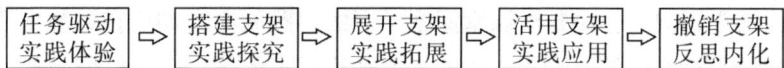

| 任务驱动
实践体验 | → | 搭建支架
实践探究 | → | 展开支架
实践拓展 | → | 活用支架
实践应用 | → | 撤销支架
反思内化 |

4. 复习课

复习课是以学生进行"内化学习"为主的课，学生复习的过程就是对已学知识进行整理、巩固、提高的过程，激活学生的思维。复习课主要包括两方面：一是知识的归纳整理，要将所学的有关知识进行归纳、整理，进行纵、横向的归类，进而作知识的系统的整体综合，形成结构化的知识；二是知识的迁移训练，复习不是简单的重复，它的最终目的在于培养和提高学生运用知识、解决问题的能力。在复习过程中，要加强知识的迁移训练，培养学生举一反三、触类旁通、运用所学知识解决问题的能力。

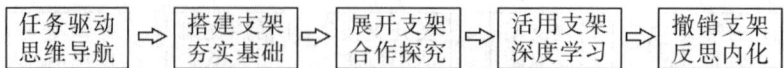

| 任务驱动
思维导航 | → | 搭建支架
夯实基础 | → | 展开支架
合作探究 | → | 活用支架
深度学习 | → | 撤销支架
反思内化 |

5. 讲评课

讲评课是学生继续学习过程中的一个必不可少的环节，讲评课的教学特点和目的是及时矫正错漏，增强学生学习自信心。讲评课是在练习或考查之后，教师对题目进行讲析和评价的一种课型，是一种具有特殊性的复习课，对学生已经学过的知识起到矫正、巩固、充实、完善和深化的作用。这种课型是知识的再整理、再综合、再运用的过程，是师生双方共同探讨解题方法、分析解题思路、提高解题能力的有效途径。

任务驱动 总体评价 ⇒ 搭建支架 分析错因 ⇒ 展开支架 讲评研讨 ⇒ 活用支架 深化理解 ⇒ 撤销支架 反思内化

一、概念课——以二元一次方程组为例

（一）教学内容及分析

本节内容选自人教版《数学（七年级下册)》第 8 章第一课时，是一节数学概念课。二元一次方程组是初中数学的重点内容之一，是一元一次方程知识的延续和提高，是一次函数的基础。方程是有实际意义的重要模型，在现实世界具有广泛的应用，在义务教育阶段的数学课程中占有重要地位。本节是在学生对一元一次方程有一定认识的基础上展开二元一次方程组教学，这为后续学习三元一次方程组奠定了基础。这节课的内容具有承上启下的作用。

（二）教学目标

（1）让学生理解并掌握二元一次方程与二元一次方程组的概念，能正确地找出二元一次方程组的解。

（2）通过类比学习、自主探究、合作交流的过程，提升类比学习能力，树立探究意识。

（3）通过对二元一次方程（组）的学习，使学生感受到数学与生活的联系，并培养学生的数学应用意识。

重点：掌握二元一次方程（组）及其解的概念。

难点：理解二元一次方程组的解的含义。

（三）教学思路

数学思维相对于其他思维，其精度更高、信度更强、效度更可靠，原因就在于数学思维是客观现实的反应。思维本是抽象的东西，如果凭借数学模型，以数据和生活情境作为载体进行量化分析，可大大加强其直观性。所以本节课的开始以一个篮球联赛的情境引入，让学生体会实际问题中常会遇到有多个未知量互相依赖互相影响的现象，二元一次方程组就是反映现实世界中的两个未知量之间的关系的一种有效模型，培养学生的建模意识。同时渗透着类比的数学思想，类比一元一次方程的概念理解二元一次方程组。通过数据分析、观察等方法，让学生理解二元一次方程的解以及二元一次方程组的解，在研究性学习的过程中体会数学思维方式方法的多样性以及数学运算的简洁变通性。教学中，采取以问题为任务驱动方式，促使学生独立思考，不断把"思"引入深处，深入理解二元一次方程组的概念。授课时，学生回顾前期动态知识，不断分析课上题目及变式，逐步形成动态分析的思维特征，提高问题解决的能力，提升数学核心素养。

（四）教学过程
任务驱动，引入概念

【知识点 1　二元一次方程组的概念】

情境引入：篮球联赛中，每场比赛都要分出胜负，每队胜一场得 2 分，负一场得 1 分，某队在 10 场比赛中得到 16 分，那么这个队胜负场数分别是多少？

问题 1：如何列一元一次方程？

问题 2：能不能根据题意直接设两个未知数，使列方程变得容易呢？

自学评价

评价指标	1. 能找出题目中的两个等量关系	2. 能设出未知数	3. 能列出一元一次方程	4. 能解出方程的解	得分
获得水平					

注：优秀"A"，良好"B"，合格"C"，还差一点"D"，还需努力"E"。

【设计意图】充分利用教材中的情境，学生通过已有知识（一元一次方程）解决实际问题，教师引导思考是否能用两个未知数解决此实际问题，自然引入二元一次方程组，让学生在学习发展区通过自主努力探索情境，体会实际问题中常会遇到有多个未知量互相依赖互相影响的现象，让学生认识到二元一次方程组就是反映现实世界中的两个未知量之间的关系的有效模型，培养学生建模意识。本环节通过学生自评，教师能有效掌握学情，确定教学起点。

搭建支架，形成概念

思考1：上述方程有什么共同特点？

思考2：它与你学过的一元一次方程比较有什么区别？

思考3：你能给它起个名字吗？

【设计意图】教师通过三个思考问题引导学生探究所列出的方程，引导学生通过类比的方法总结出新的方程特点，教师自然引出本节课所学的二元一次方程的概念。该情境问题起到承上启下的作用，可以由此题唤醒学生对一元一次方程的回忆，并在一元一次方程的基础上进一步理解二元一次方程组；同时培养了学生的逻辑思维能力和语言表达能力。社会的发展推动着数学的进步，而数学的发展主要体现为数学工具的进步。就方程而言，就是由一元到多元、一次到高次的推广。

【归纳总结】

（1）概念：含有＿＿＿未知数，并且含有＿＿＿＿＿＿都是1的方程叫做二元一次方程。

三个条件：①含有＿＿＿＿未知数；②含未知数的项的次数是＿＿＿＿；③左右两边都必须是＿＿＿＿。

（2）与一元一次方程的区别与联系：两者的未知项的最高次都是＿＿＿＿次，是＿＿＿＿方程；不同是＿＿＿＿的个数不同。

【设计意图】教师给出概念，让学生深度剖析概念，通过讨论找出二元一次方程的三个关键条件，并让小组代表上台汇报展示，这样既能让学生更好理解概念，又能培养学生自主学习和合作学习的能力，让学生由被动学习变为主动学习，由知识的接受者变为知识的探究者和发现者，成为学习的主人。

希沃游戏：判断给出的方程是否为二元一次方程（1~4小组为A组，5~8小组为B组，A、B两大组派一名代表上台进行PK，台下的同学一起做）。

过程评价1

评价指标	1. 知道方程的左右两边都是整式	2. 知道二元是指两个未知数	3. 知道一次是指未知数的项的次数是1	4. 能判别方程是否是二元一次方程	得分
获得水平					

注：优秀"A"，良好"B"，合格"C"，还差一点"D"，还需努力"E"。

【设计意图】通过一款游戏再次激发学生的学习热情，充分体现寓教于乐的教学理念。同时，检查了学生对概念的理解情况，可以在后面的教学中及时查漏补缺。设定过程评价1，检验目标达成情况，形成显性评价数据，为调整下一环节的教学进程提供依据。

展开支架，活用概念

例1：已知$|m-1|x^{|m|}+y^{2n-1}=3$是二元一次方程，则$m+n=$_____。

变式训练：若$x^{2m-1}+5y^{3n-2m}=7$是二元一次方程，则$m=$_____，

$n=$_____。

【设计意图】通过例1加深学生对二元一次方程一般形式的理解，变式训练巩固学生对概念的理解，经过概念剖析、例题、练习等形式，让学生彻底掌握二元一次方程的概念，为接下来学习方程组奠基。

【知识点2　二元一次方程组的概念】

探究1：问题引入中的两个方程$\begin{cases} x+y=10 \\ 2x+y=16 \end{cases}$，组成一个方程组。

教师：这个方程组有几个未知数？未知数的项的次数是几？

学生：这个方程组有两个未知数，并且未知数的项的次数是1。

【归纳总结】

二元一次方程组的概念：两者的未知项的最高次都是_____次，是_____方程；但_____的个数不同。

【针对训练】以下哪些是二元一次方程组？为什么？

（1）$\begin{cases} 3x - 2y = 9 \\ y + 5x = 0 \end{cases}$　（2）$\begin{cases} x - 3y + 9 = 8 \\ y + 3z = 5 \end{cases}$　（3）$\begin{cases} x = 2 \\ y = 1 \end{cases}$　（4）$\begin{cases} x = 1 \\ x + y = 5 \end{cases}$

【知识点3　二元一次方程（组）的解】

探究2：满足课堂开始篮球联赛问题中的方程 $x + y = 10$①，且符合问题的实际意义的值有哪些？把它们填入表中。其中哪个解还同时满足方程 $2x + y = 16$②?

x							
y							

【归纳总结】一般地，使二元一次方程两边_____的_____的值，叫做二元一次方程的解。二元一次方程组的两个方程的_____，叫做二元一次方程组的解。

【设计意图】类比一元一次方程解的概念，揭示二元一次方程解的概念。通过填表并观察表中的两个二元一次方程的解，发现同时满足两个方程的未知数的值，揭示并理解方程组解的概念。学生直观感知，仔细观察，通过数据进行分析，逐步培养数据分析能力。教师通过归纳总结让学生深化对方程的解的理解。

活用支架，引入概念

例2：下列哪组数是方程 $2a = 3b + 20$ 的解（　　）

A. $\begin{cases} a = 4 \\ b = 3 \end{cases}$　　B. $\begin{cases} a = 100 \\ b = 10 \end{cases}$

例3：二元一次方程组 $\begin{cases} x + 2y = 10 \\ y = 2x \end{cases}$ 的解是（　　）

A. $\begin{cases} x = 4 \\ y = 3 \end{cases}$　　B. $\begin{cases} x = 3 \\ y = 6 \end{cases}$　　C. $\begin{cases} x = 2 \\ y = 4 \end{cases}$　　D. $\begin{cases} x = 4 \\ y = 2 \end{cases}$

【针对训练】

1. 二元一次方程组 $\begin{cases} 2x + y = 5 \\ 3x - 2y = 4 \end{cases}$ 的解是（　　）

A. $\begin{cases} x = 1 \\ y = 3 \end{cases}$　　B. $\begin{cases} x = 1 \\ y = 2 \end{cases}$　　C. $\begin{cases} x = 2 \\ y = 1 \end{cases}$　　D. $\begin{cases} x = 2 \\ y = -1 \end{cases}$

2. 已知 $\begin{cases} x = 3 \\ y = 1 \end{cases}$ 是方程 $2x + 4y + 2a = 3$ 的一组解，则 $a =$ _____。

3. 写出方程 $x + 2y = 5$ 在自然数范围内的所有解。

过程评价2

评价指标	1. 能掌握二元一次方程（组）的概念	2. 能理解二元一次方程组的解	3. 会检验一对数值是不是某个二元一次方程组的解	4. 能用二元一次方程组解决简单的实际问题	得分
获得水平					

注：优秀"A"，良好"B"，合格"C"，还差一点"D"，还需努力"E"。

【设计意图】 通过例2判断一组数据否是方程的解，让学生感受二元一次方程的解是使方程两边相等的两个未知数的值，巩固对概念的理解。通过例3让学生体会方程组的解是同时满足两个方程的，只有一组解。针对训练的题目设置梯度，在巩固所学知识的同时让学生学会利用方程的解，如求代数式的值和解决实际问题等。本环节学习二元一次方程（组）的解后，在已有的学习经验上进行迁移，解决问题，推进深度学习，实现问题解决能力的迁移与提升。评价过程2的设置，从具体评价指标体现拓展迁移的效果，客观评价课堂成效。

撤销支架，反思内化

（1）谈谈本节课你的收获。

（2）当堂检测。

（必做题）1. 下列方程组为二元一次方程组的是(   )。

A. $\begin{cases} x + 3y = 4 \\ 2x + 5y = 7 \end{cases}$ B. $\begin{cases} xy = 2 \\ x + y = 3 \end{cases}$ C. $\begin{cases} x + y = 5 \\ y = 7 + z \end{cases}$ D. $\begin{cases} \dfrac{5}{y} = 15 \\ 3x + 2y = 8 \end{cases}$

2. 二元一次方程组 $\begin{cases} x + y = 5 \\ 2x - y = 4 \end{cases}$ 的解是_____。

3. 已知 $\begin{cases} x=3 \\ y=-1 \end{cases}$ 是方程组 $\begin{cases} 3x+ny=0 \\ mx+y=8 \end{cases}$ 的解，则 $m+n=$ _____。

4. 已知二元一次方程 $x+3y=14$，请写出该方程的一组整数解 _____。

5. 若关于 x 的二元一次方程 $kx+3y=5$ 有一组解是 $x=2$，$y=1$，则 k 的值是 _____。

（选做题）6. 我国古代数学家著作《孙子算经》中有"鸡兔同笼"问题："今有鸡兔同笼，上有三十五头，下有九十四足。问鸡兔各几何。"你能用二元一次方程组表示题中的数量关系吗？试找出问题的解。

阶段评价：

小组评价

评价指标	1. 及时总结归纳知识方法，做好笔记	2. 堂上活动投入，学习质量高	3. 书写工整，格式规范	4. 积极合作、交流，解决问题	得分
获得水平					

注：正副组长互评，组长为组员评价。优秀"A"，良好"B"，合格"C"，还差一点"D"，还需努力"E"。

教师评价

评价指标	1. 课堂练习订正批改情况	2. 积极举手，回答表达清楚	3. 解决问题的策略、方法	4. 课后作业完成情况	得分
获得水平					

注：优秀"A"，良好"B"，合格"C"，还差一点"D"，还需努力"E"。

课堂评价总结

优势	待改进	下阶段目标

【设计意图】根据建构主义学习理论，设置归纳总结和具体问题解决环

节，实现：①概念目标的理解；②总结体会；③具体知识的应用技能。运用启发式教学法、讨论法、类比法进行教学活动的设计，引导学生对学习阶段进行及时总结与反思，有效促进学生归纳整理，自主构建新的知识体系、新的活动经验、新的情感体会，从而客观进行自我理解与评价，为下阶段的学习与研究树立明确的目标。

（五）教学反思

本课是概念课，忠于教材数学概念的教学任务，重视"概念"蕴含的内在价值和对学生的指引作用，对培养学生数学核心素养起着至关重要的作用。本节教学设计在"大单元"的教学理念下，用实际问题导入课题，体现数学来源生活并服务于生活的理念，抓住新知识与原有知识的冲突，在新知识与原有知识的连接处导入课程，让学生体会到数学知识之间的联系和区别，激发学生探究学习的欲望。

本节课是在学生学习了一元一次方程的基础上，通过设置篮球球联赛的实际问题，教师设置疑问，即如何设两个未知数去解决问题，让学生将实际问题抽象成数学模型，从而确立方程，让学生体会数学建模思想，进一步让学生经历体会从实际问题中抽象出数学问题的过程，通过类比"发现"有关新概念，使学生逐步完善方程的知识体系。本节课提出二元一次方程组和二元一次方程组的解的概念，并利用列表求简单二元一次方程组的解，为接下去学习二元一次方程组的解法奠定基础，由于学生已基本掌握一元一次方程，为学习二元一次方程搭好了阶梯，因此本课教学中要抓好两者之间的联系和区别。首先教师通过复习一元一次方程及其解等知识，创设情境，导入课题，并引入二元一次方程和二元一次方程组的概念，然后学生通过练习学会正确判断二元一次方程及二元一次方程组，达成二元一次方程组的解的概念的教学。

二、定理课——以正方形的判定及综合为例

（一）教学内容及分析

本节内容选自人教版《数学（八年级下册)》，是一节关于正方形判定方法的总结与应用的定理课。本课时学生在已学习的平行四边形、矩形、菱形的性质和判定的基础上，进一步学习对特殊平行四边形—正方形判定的探究和证明，本节课知识既是前面所学知识的延续和拓展，也是为今后学习其他平面图

形作必要的知识储备。本单元任务侧重于培养学生发现问题、理解问题、分析问题、解决问题等应用能力，发展学生数学核心素养。基于单元整体教学的视角，本课让学生体会从矩形得到的正方形或从菱形得到正方形的不同方法，发展学生的合情推理意识，逐步掌握说理的基本方法。

（二）教学目标

（1）掌握正方形的判定方法。

（2）会运用平行四边形、矩形、菱形、正方形的判定条件，进行有关的论证和计算。

（3）理解特殊的平行四边形之间的内在联系。

重点：

（1）掌握正方形的判定方法并运用判定条件进行有关的论证和计算。

（2）理解特殊的平行四边形之间的内在联系，学会辩证看问题的观点。

难点：利用类比思想得出正方形判定方法，提高和发展学生的综合推理能力。

（三）教学思路

本课时教学将基于单元整体教学思想指引，创设问题情境引入，激发学生的求知欲，引导学生从不同角度探究正方形的判定方法。再展开支架，促进学生合作交流，从合作交流中构建知识体系，总结判定方法。在问题解决过程中，促进学生深度学习，掌握正方形判定方法的相关知识点，培养学生的问题解决能力，提升数学核心素养。

（四）教学过程

【课前学习活动】

任务驱动，认识定理

1. 正方形的＿＿＿＿＿＿都相等，四个角都是＿＿＿＿。

正方形既是＿＿＿＿，又是＿＿＿＿。

2. 直接判定：四条边相等，四个角也相等的四边形是正方形。

符号语言：$\because AB$ ＿＿ BC ＿＿ CD ＿＿ AD，

$\qquad \angle ABC = \angle BCD = \angle CDA = \angle DAB = $ ＿＿＿＿。

$\qquad \therefore$ 四边形 $ABCD$ 是正方形。

3．间接判定：

如图，在矩形 $ABCD$ 中，点 E，F 分别在边 AB，BC 上，$AF \perp DE$，且 $AF = DE$，AF 与 DE 相交于点 G。求证：矩形 $ABCD$ 为正方形。

解析：根据等角的余角相等可得 $\angle ADE = \angle BAF$，再利用 AAS 证得 $\triangle ABF \cong \triangle DAE$，由全等三角形的性质得 $AD = AB$，即可得矩形 $ABCD$ 也是菱形，从而得证。

证明：$\because$ 四边形 $ABCD$ 是矩形，

$\therefore \angle DAB = \angle B = $ _____，

$\because DE \perp AF$，

$\therefore \angle DAB = \angle AGD = 90°$，

$\therefore \angle DAB = $ _____ $+ \angle DAF = 90°$，

$\angle AGD = $ _____ $+ \angle DAF = 90°$，即 $\angle ADE = \angle BAF$，

$\because AF = $ _____，

$\therefore \triangle ABF \cong \triangle DAE$（AAS），

$\therefore AD = AB$，

$\therefore$ 矩形 $ABCD$ 是正方形。

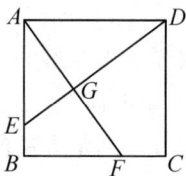

自学评价

评价指标	1．细读课本并用横线画出概念	2．自学过程对学习目标的掌握情况	3．能自主完成自学检测练习	4．自学后是否存在疑惑？
评价等级				

注：优秀"A"，良好"B"，合格"C"，还需努力"D"。

【**设计意图**】设计不同的问题，引导学生明确新知识的重点，并且梳理学习思路，从而提高学生的自学能力，并通过自学检测结果和自学评价，让学生总结自身仍对知识存在的理解问题，从而提高课堂听课效率。

【课中学习活动】

搭建支架，分析定理

神奇"魔术"：一个十字形两剪刀秒变正方形框，你们相信吗?

小组讨论：如何检验剪出来的是正方形框?

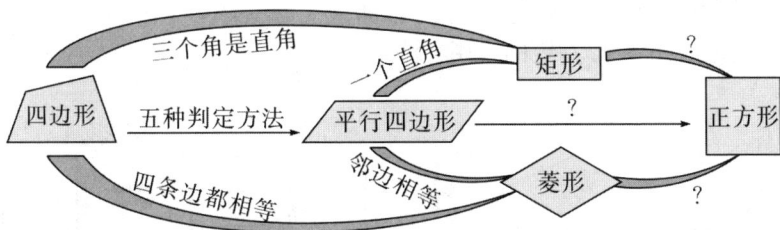

类比矩形和菱形的定义：

正方形定义：有_____并且_____的平行四边形是

正方形。

【设计意图】 通过神奇的"魔术"激发学生探究正方形判定方法的兴趣，引导学生通过折纸过程验证四边形是正方形，从而引导学生使用类比思想，推导出正方形的其他判定定理。

判定定理1：有_____的菱形是正方形。

判定定理2：有_____的矩形是正方形。

小组讨论：正方形还有什么判定方法?

展开支架，运用定理

例1：如图，在 $\triangle ABC$ 中，$\angle ACB = 90°$，CD 平分 $\angle ACB$，$DE \perp BC$，$DF \perp AC$，垂足分别为 E、F。求证：四边形 $CFDE$ 是正方形。

【方法1】 思路：先证_____，再证_____。

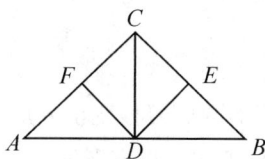

【方法2】思路：先证_____，再证_____。

归纳总结：正方形判定的常用方法：

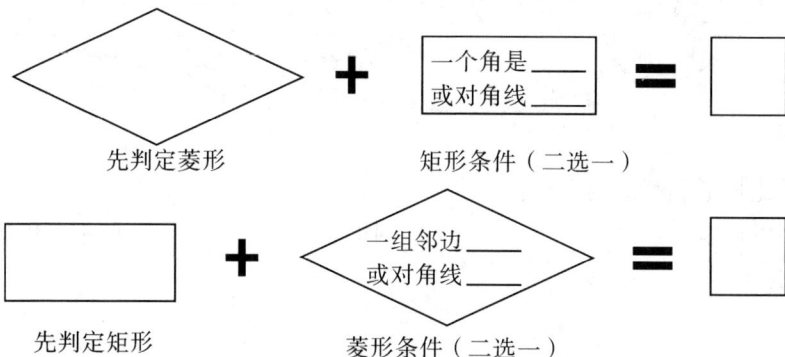

先判定菱形   矩形条件（二选一）

先判定矩形   菱形条件（二选一）

【设计意图】通过探究正方形的判定方法，引导学生得到结论：既是矩形又是菱形的四边形就是正方形。结合例题的分析，学生经历观察、分析、推理的过程，利用两种证明思路解题，加深对正方形判定方法的理解与运用。

活用支架，强化定理

1. 判断对错：

（1）如果一个菱形的两条对角线相等，那么它一定是正方形。（   ）

（2）如果一个矩形的两条对角线互相垂直，那么它一定是正方形。（   ）

（3）两条对角线互相垂直平分且相等的四边形，一定是正方形。（   ）

（4）四条边相等，且有一个角是直角的四边形是正方形。（   ）

2. 如图，在四边形 $ABCD$ 中，$AB = BC$，对角线 BD 平分 $\angle ABC$，P 是 BD 上一点，过点 P 作 $PM \perp AD$，$PN \perp CD$，垂足分别为 M、N。

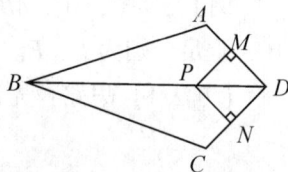

（1）求证：$\angle ADB = \angle CDB$。

（2）若 $\angle ADC = 90°$，求证：四边形 $MPND$ 是正方形。

3. 在正方形 $ABCD$ 中，点 E、F、G、H 分别为各边的中点。求证：四边形 $EFGH$ 是正方形。

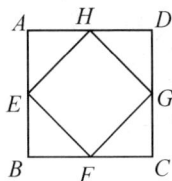

自我评价

评价指标	1. 能熟记正方形的六种判定方法	2. 能根据题意选取正确的正方形判定方法解题	3. 能准确书写解题过程	4. 能积极举手回答问题
评价等级				

注：优秀"A"，良好"B"，合格"C"，还需努力"D"。

【设计意图】通过该练习的讲解分析，引出重点四边形的概念，并提出课后思考问题：四边形、平行四边形、矩形和菱形的重点四边形分别是什么图形？引导学生思考，并通过课中自我评价掌握自身学习存在的不足，及时反思和总结。

撤销支架，反思内化

1. 如图所示，是我国古代著名的"赵爽弦图"的示意图，此图是由四个全等的直角三角形拼接而成，其中 $AE = 5$，$BE = 13$，则 EF^2 的值是(   )。

    A. 128　　　　B. 64　　　　C. 32　　　　D. 144

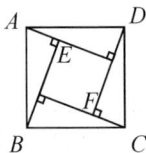

2. 如图所示，一张矩形纸片，要折叠出一个最大的正方形，小明把矩形

上的一个角沿折痕 *AE* 翻折上去，使 *AB* 与 *AD* 边上的 *AF* 重合，则四边形 *ABEF* 就是一个大的正方形，它判定的方法是_____。

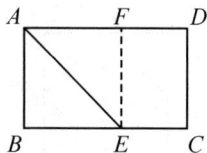

3. 将 n 个边长都为 1 cm 的正方形按图 1 中的方法摆放，点 A_1，A_2，$\cdots$，A_n 分别是正方形对角线的交点，则 n 个正方形重叠形成的重叠部分的面积和为_____。

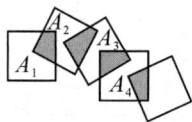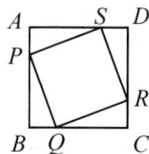

    图1   图2

4. 如图 2，P、Q、R、S 四个小球分别从正方形的四个顶点 A、B、C、D 出发，以同样的速度分别沿 AB、BC、CD、DA 的方向滚动，其终点分别是 B、C、D、A。

（1）不管滚动时间多长，求证：连接四个小球所得到的四边形 *PQRS* 总是正方形。

（2）这个四边形在什么时候面积最大？

小组评价

评价指标	1. 能在规定时间内完成当堂检测	2. 能灵活运用正方形判定方法解题	3. 小测完成质量情况	4. 能积极举手回答问题
评价等级				

注：正副组长互评，组长为组员评价。优秀"A"，良好"B"，合格"C"，还需努力"D"。

【设计意图】 让学生及时准确掌握自身的学习效果，确保当堂知识当堂过关,通过小组互批互帮,帮助学生理解并掌握知识,从而提高课堂效率。小组评价结果能更客观地反馈出本节课教与学的效果。

课堂小结,思辨收获

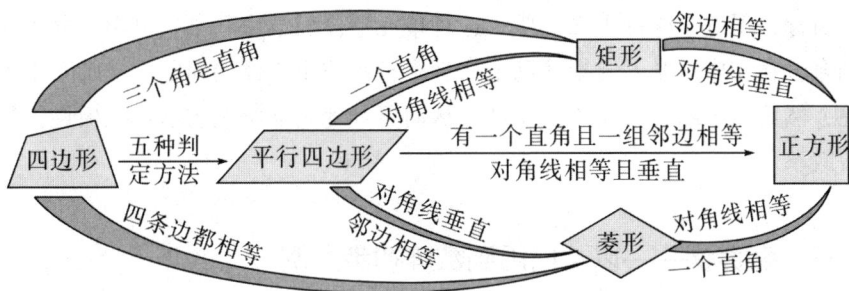

【课后学习活动】

本节知识错题整理:错题、错因分析。

教师评价

评价指标	1. 课堂练习订正批改情况	2. 错题整理情况	3. 能否确定解决问题的最优策略、方法	4. 课后作业完成情况
评价等级				

注:优秀"A",良好"B",合格"C",还需努力"D"。

【设计意图】巩固新知,并总结与分析错题的错因与正确做法,从而避免重复犯错,加深对知识的理解和记忆。通过课后教师评价,教师可以准确地掌握学生的学习效果从而及时有效地调整教学方法。

(五)教学反思

本课是定理课教学设计,注重挖掘教材中培养创新意识的素材,利用魔术展开这节课,激发学生的学习兴趣。在探索正方形判定方法的过程中,充分发挥学生主体性,让学生经历自主"做数学"的过程——动手折纸、剪纸等活动,成功地帮助学生对正方形形成直观认识,进而探索出正方形的判定方法,为学生营造一种创新的学习氛围,把学生引入探索问题之路,对培养学生数学核心素养起着至关重要的作用。

本节教学设计，体现在教学新内容时，不能将知识点分散开单独来教学，而应该从整体上掌握，利用思维导图帮助学生对所学知识的联系进行整合与数理，从整体入手感知单元，让学生知道本单元学什么，自己将要经历什么，兴趣点和疑惑点在哪里，结合自身的探索和体验，在学习本课前有自己个性化的学习目标，促进学生的求知欲望。这种单元整体教学应和学生自学、分组教学相结合，在相应的学习支架辅助下，学生自主找出不懂的问题，鼓励学生大胆猜想，然后在小组内交流验证总结，从而更好地调动学生的学习积极性，提高学习效率。

三、实践课——以从月历到数阵初步为例

（一）教学内容及分析

本节内容选自人教版《数学（七年级上册）》第2章"整式的加减"的数学活动3，是针对七年级学生设计的一次数学综合与实践活动，通过前一阶段的学习，学生已经具备了初步的数学符号表达能力，本节特意为学生提供一个创新思维空间，让学生经历"探索规律"的活动过程。通过对生活中月历的观察与分析，从不同角度进行思考，用学过的字母表示数、整式的加减等去探索月历中数与数之间的变化规律；再用去括号、合并同类项等知识去验证规律，最后用一元一次方程来解决问题。但是，本节课不只是探究月历中的数学问题，我们还将从月历探索中总结的经验运用到简单的数阵中，解决更深层次的问题。这个过程，就是经历创新思维的过程，也是体会字母表示数的意义及获得初步数学建模思想的过程。

（二）教学目标

（1）经历探究月历和数阵中的数学规律的过程，巩固用字母表示数、用代数式表示规律。

（2）积累综合运用数学知识、技能和方法解决简单问题的经验。

重点：探索月历和数阵问题中蕴含的关系与规律。

难点：通过"观察—猜想—验证—运用"的探究过程，积累综合运用数学知识、技能和方法解决简单问题的经验。

（三）教学思路分析

设计这节综合与实践课是为了让学生体会数学探究的活动过程，在合作交流中体会数学的综合应用。对七年级的学生来说这种活动可能刚刚开始，所以可能存在许多问题，所以教师要做好以下几个方面：①积极引导学生参与发现规律，让学生自己通过观察、思考、猜想、验证等过程，完全参与教学过程，体会数学学习的乐趣。②重视知识之间的联系，学生已经学会了用字母表示数，通过这节课体会从简单到复杂、从具体到抽象、从特殊到一般的逻辑思维过程，体会建立模型来解决问题的数学思想。充分让学生从数学的角度发现和提出问题，并综合运用所学的知识和已有的知识经验，去解决新的数学问题。③数学综合与实践课在平时较少开展，学生对自己在这种活动中应该做到哪些方面可能还不太清楚，所以在教学中教师要首先让学生明确自己具体的任务，知道自己该做什么，在课堂中如何与小组成员交流、思考，然后递进至一些升华或带有一般性的问题如何体现自己在活动中的价值，这首先需要教师组织好，然后加以引导，做好一个活动的组织者、参与者和引导者。

（四）教学过程设计

任务驱动，实践体验

【活动1　月历规律体验】

请你用"十"字框在某年10月的月历表中框出5个数，然后告诉老师这5个数的和，让老师猜猜你框出的是哪5个数。

【设计意图】通过游戏激发学生的学习兴趣，感受月历中的奇妙规律。

搭建支架，实践探究

【活动2　月历规律探究】

1. 图1是某年10月的月历。

（1）请你在该月历中用 1×3（行×列）的方框框出三个数，这三个数有什么规律？它们的和与中间这个数有什么关系？移动方框再试一试。

（2）再用 3×1（行×列）的方框框出三个数，你能得出什么结论？

（3）对于（1）中框出的三个数，如果用字母 a 表示其中一个数，你能用含 a 的式子表示另外两个数吗？你能证明（1）中的结论吗？

（4）你能证明（2）中的结论吗？

日	一	二	三	四	五	六
				1	2	3
4	5	6	7	8	9	10
11	12	13	14	15	16	17
18	19	20	21	22	23	24
25	26	27	28	29	30	31

图 1

2. 如图2，在某年9月的月历中用3×3的方框框出9个数，请思考下列问题：

（1）方框中这9个数的和与方框正中心的数有什么关系？

（2）移动方框，（1）中的结论还成立吗？你能证明这个结论吗？

（3）这个结论对任何一个月的月历都成立吗？

日	一	二	三	四	五	六
		1	2	3	4	5
6	7	8	9	10	11	12
13	14	15	16	17	18	19
20	21	22	23	24	25	26
27	28	29	30	31		

图 2

3. 在如图2所示的月历中，你能运用你得到的结论解决下列问题吗？

用3×3的方框：

（1）若框出的9个数的和为126，请你求出这9个数。

（2）若框出的9个数中，四个角上数字之和为88，则这9个数的最中间的数是多少？

（3）能框出和为85的9个数吗？和为207呢？

【设计意图】通过小组讨论，学生发现三个数的和是中间这个数的3倍。

然后引出用字母表示数，同时体会不同的设未知数的方法，并比较方法的优劣，让学生体会观察、猜想、验证、运用等过程，同时体会如何将实际问题转化成数学问题。引导学生体会式子比数字更具有一般性的事实，增强学生的符号意识，体会从特殊到一般，从具体到抽象的过程。

展开支架，实践拓展

【活动3 月历规律拓展】

如图的 10×5（行×列）的数阵，是由一些连续奇数组成的。

$$
\begin{array}{ccccc}
1 & 3 & 5 & 7 & 9 \\
11 & 13 & 15 & 17 & 19 \\
21 & 23 & 25 & 27 & 29 \\
31 & 33 & 35 & 37 & 39 \\
\cdots & \cdots & \cdots & \cdots & \cdots \\
91 & 93 & 95 & 97 & 99
\end{array}
$$

请你选择手中的一个方框框出几个数，有类似月历中你发现的规律吗？

若用如图所示的平行四边形框出四个数：

（1）若设框中的第一行第一个数为 x，用含 x 的代数式表示另外三个数。

（2）若这样框出的四个数的和是 200，求出这四个数。

（3）能否框出这样的四个数，它们的和为 256，为什么？

【设计意图】 教师引导学生发现这个数阵的排列规律，然后学生通过小组讨论和分工合作一起解决问题。将数与数之间的规律扩大到更大的范围，通过不同形式的数阵来让学生发现规律，并能应用这些规律来解决问题。

活用支架，实践应用

【活动4 月历规律应用】

学校为了庆祝国庆，准备用一些盆花摆成如图所示的三角形花阵（图中的数表示花盆的编号），我们可以把这个花阵看作一个三角形数阵，请观察后解决以下问题：

（1）写出第6行所有的花盆编号。

（2）第10行有多少盆花？第 n 行呢？（用含 n 的式子表示）

（3）第 10 行的最后一盆花和第一盆花的编号分别是多少？第 n 行呢？

（4）编号为 60 的盆花在第几行的第几个位置上？

```
              1
           2  3  4
        5  6  7  8  9
     10 11 12 13 14 15 16
  17 18 19 20 21 22 23 24 25
…  …  …  …  …  …  …  …  …  …
```

【设计意图】学生先阅读问题，然后小组讨论探索三角形数阵的排列规律，教师要引导学生发现，并适时参与到小组活动中。学生通过探究得出每行的花盆数与行数的关系，发现每行的最后一个数恰好是行数的平方，从而解决问题。通过改变数阵的形状，摆脱了框数的模式，让学生发现规律，更加深刻地体会用字母表示数的方法。

撤销支架，反思内化

1. 本节课我们学到的知识：

掌握的方法：_____。

解决的问题：_____。

应用的方面：_____。

【设计意图】教师引导学生整理本节课运用到的数学知识和方法。学生回忆、交流。教师和学生一起补充完善，让学生更加明晰所学的知识。通过小结回顾，提升学生对本节课的整体反馈，让学生学会总结与反思，提高归纳知识的能力。

2. 当堂检测：

（1）有一组数：1，2，5，10，17，26，…，请观察这组数的构成规律，用你发现的规律确定第 8 个数为_____，第 n 个数为_____。

（2）观察图 1，寻找规律。图 2 是从图 1 中截取的一部分，其中的值分别为_____。

1	2	3	4	···
2	4	6	8	···
3	6	9	12	···
4	8	12	16	···
···	···	···	···	···

16	a
20	b
c	30

图1　　　　图2

（3）有趣的幻方（选做题）：

幻方是一种将数字安排在正方形格子中，使每行、每列和对角线上的数字和都相等的方法。

A. 请你将 1，2，3，4，5，6，7，8，9 这九个数填入 3×3 的方框，使得每行、每列以及每条对角线上三个数的和相等。

B. 请你将 −4，−3，−2，−1，0，1，2，3，4 这九个数填入 3×3 的方框，使得每行、每列以及每条对角线上三个数的和相等。

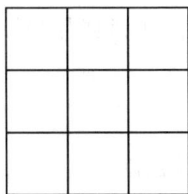

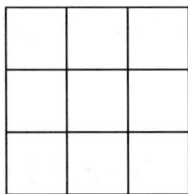

【设计意图】设计有针对性的练习，检测学生能否通过观察发现一定的规律，然后应用所掌握的知识解决问题。

过程评价

评价指标	1. 能准确理解月历中的规律	2. 能应用月历中的规律	3. 能迁移到普通的数阵	4. 熟练运用规律解决实际问题	得分
获得水平					

注：优秀"A"，良好"B"，合格"C"，还差一点"D"，还需努力"E"。

教师评价

评价指标	1. 积极举手，回答表达清楚	2. 小组合作讨论积极、有效	3. 解决问题的策略、方法	4. 课堂检测完成情况	得分
获得水平					

注：优秀"A"，良好"B"，合格"C"，还差一点"D"，还需努力"E"。

（五）教学反思

本节课通过合作小组学习、数学实践交流活动，在观察月历和简单的数阵中，发现与猜想一些数字之间的关系与规律，学生通过"观察—猜想—验证—运用"的过程，在具体的情境中从数学的角度发现和提出问题，增强创新意识，综合应用所学过的知识和方法解决简单的实际问题，增强应用意识，提高实践能力。学生经历从不同角度发现问题、提出问题的过程，以及寻求针对性的分析问题和解决问题的方法的过程，体验解决问题方法的多样性，掌握分析问题和解决问题的一些基本方法；在与他人合作交流的过程中，能较好地理解他人的思考方法和结论；能针对他人所提的问题进行反思，初步形成评价与反思的意识。

四、复习课——以平面直角坐标系为例

（一）教学内容及分析

本节内容选自人教版《数学（七年级下册）》第7章"平面直角坐标系"中的相关概念与性质。本节课是在学生学习了平面直角坐标系的基本概念和平面直角坐标系实际应用的前提下展开的，可以进一步发展学生利用平面直角坐标系这一工具解决问题的能力，同时平面直角坐标系的学习更是学习函数的重要基础。

（二）学习目标

（1）熟练掌握平面直角坐标系中点的坐标特点。

（2）通过对问题的分析解决，体会平面直角坐标系在解决问题中的作用，培养学生的"几何直观"意识。

（3）提高学生的归纳总结能力、合作意识、交流能力，感受数学的趣味性。

重点：点的坐标到 x 轴和 y 轴距离的关系；与坐标轴平行的直线上点的特征。

难点：能运用点的坐标特征解决实际问题。

（三）教学思路

本节课在学生已有的知识经验基础之上，创设情境，设置一些点的坐标，让学生通过在坐标系内作出点，总结出变化规律。学生通过动手画图到寻找规律，由易到难，从而对这一知识点有较深的印象。接着出示例题，让学生学会分析问题，解决问题，通过数形结合和分类讨论的方法解答例题，从而突破学习的难点。

（四）教学过程

任务驱动，思维导航

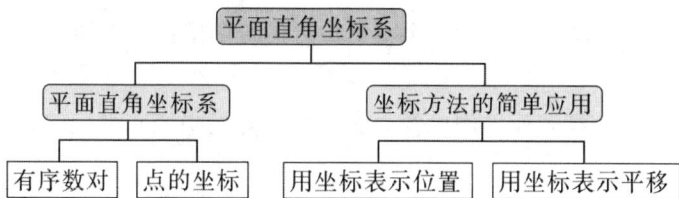

送餐机器人工作前需要构建地图模型，接着在地图上标定餐桌的点位，完成操作后，机器人接到配送指令便开始送餐工作。

下面请根据机器人所处的位置，完成下列各题：

（1）写出送餐机器人所在位置的坐标：_____。

（2）送餐机器人到 x 轴的距离为：_____；到 y 轴的距离为：_____。

（3）送餐机器人通过什么平移活动可以回到坐标原点？

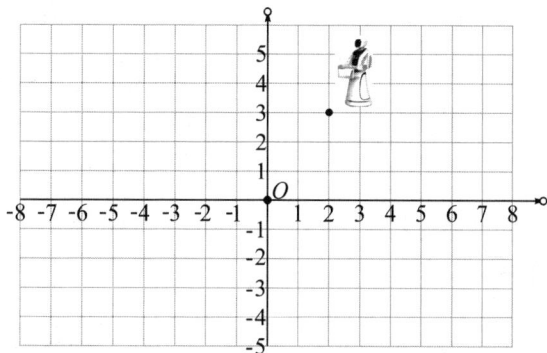

自学评价

评价指标	1. 掌握点的坐标到 x 轴和 y 轴距离的关系	2. 掌握平行于 x 轴的直线上点的坐标特征	3. 掌握平行于 y 轴的直线上点的坐标特征	4. 能运用点的坐标特征解决问题	得分
获得水平					

注：优秀"A"，良好"B"，合格"C"，还差一点"D"，还需努力"E"。

【设计意图】根据创设情境，复习单元知识点，了解学生掌握基础，让学生在学习已有发展区通过自主努力探索情境，并进行自评，掌握学情，确定教学起点。

搭建支架，夯实基础

【活动 1　点的坐标与点到 x 轴、y 轴距离的关系】

送餐机器人在模拟餐厅的四个餐桌位置进行测试，已知餐桌的坐标如下：

A（5，3），B（-4，-3），C（-4，2），D（4，1）。

请你动手在模拟餐厅里作出餐桌的位置（点的坐标）并回答以下问题：

回答：

　　A 到 x 轴的距离为：＿＿＿＿＿。

　　B 到 x 轴的距离为：＿＿＿＿＿。

　　C 到 y 轴的距离为：＿＿＿＿＿。

　　D 到 y 轴的距离为：＿＿＿＿＿。

方法总结：P（x，y）到 x 轴的距离为：＿＿＿＿＿；P（x，y）到 y 轴的距离为：＿＿＿＿＿。

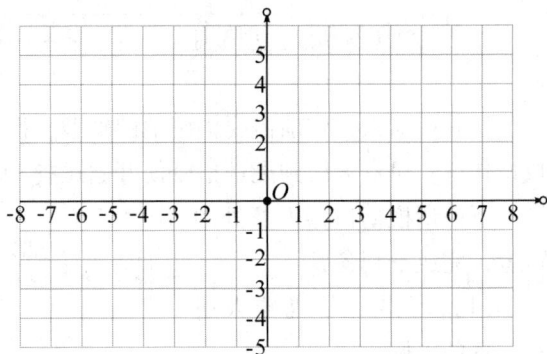

【设计意图】设置了一些点的坐标，让学生通过在坐标系内作出点，总结出变化规律。学生通过动手画图到寻找规律，由易到难，从而对这一知识点有较深的印象，同时活跃课堂气氛，调动学生学习兴趣。让学生自主总结，引出知识。

跟踪练习1： 送餐机器人所在位置 P（-5，1）到 x 轴的距离为_____，到 y 轴的距离为_____。

跟踪练习2： 若送餐机器人在模拟餐厅的第二象限，它到 x 轴的距离是2，到 y 轴的距离是_____；那么送餐机器人的坐标为（ ）。

A.（-2，3） B.（-3，-2） C.（-3，2） D.（3，-2）

跟踪练习3： 在模拟餐厅中，送餐机器人的坐标为（$x-4$，$2x+3$），它到 y 轴的距离是1，则 $x=$ _____。

展开支架，合作探究

【活动2 平行于坐标轴的直线上点的坐标的特征】

在午餐时间，送餐机器人执行了由 $A \to B \to C \to D \to E \to F$ 点的送餐任务，请在平面直角坐标系中描出下列各点，看看这些点在什么位置上，由此你有什么发现？

A（4，2） B（4，-2） C（4，0）

D（0，2） E（-4，2） F（1，2）

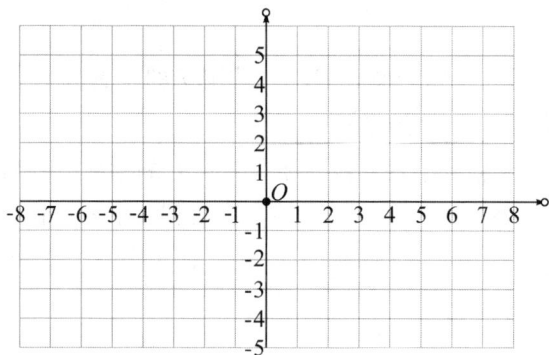

方法总结：

平行于 x 轴的直线上点的____坐标_____。

平行于 y 轴的直线上点的____坐标_____。

跟踪练习4： 在模拟餐厅中，有送餐机器人 A（m，-2）与送餐机器人 B（3，$m-1$），若两机器人的位置所在的直线与 x 轴平行，则 m 的值是_____。

跟踪练习5： 在模拟餐厅的地图中（平面直角坐标系），送餐机器人 A 的坐标为（-1，-2），若 $AB // x$ 轴，且线段 $AB=5$，求送餐机器人 B 的坐标为_____。

设计意图：学生自己动手操作总结规律解决问题，利用多种感官参与探究知识的过程，教师给学生创设充分表现自己的空间，引导学生去探索、发现、理解知识。

活用支架，深度学习

【活动3　实战演练】

例1：已知机器人的坐标为 P（$3a-5$，$a+1$），请分别根据下列条件求出机器人所在点 P 的坐标：

（1）点 P 在 x 轴上；

（2）点 P 在过点 A（1，-2）且与 x 轴平行的直线上。

设计意图：根据教学目标和教学内容，运用支架式教学法，在教材活动情境的问题解决过程中，设置问题链学习支架，使学生在学习支架的帮助下，进行自主阅读、动手操作、独立思考、初步判断、同伴交流、合作完善、提炼思维等课堂互动环节，达成课程基本目标。

例2：送餐机器人来到新概念餐厅，若厨房的位置为 P（$3a+8$，$1-a$），分别根据下列条件求出点 P 的坐标。

（1）若点 P 到 x 轴和 y 轴的距离相等，求 P 的坐标，并写下解答过程；

（2）已知 G 点坐标为（-3，6），并且直线 $PG /\!/ x$ 轴，求点 P 的坐标，并写下解答过程。

撤销支架，反思内化

请学生谈谈收获。

核心素养提升：几何直观，数学建模。

当堂检测与课后提升：

1. 在平面直角坐标系中点（1，$\sqrt{7}$）到 y 轴的距离为（　　）

A. 1　　　　B. -1　　　　C. $\sqrt{7}$　　　　D. $-\sqrt{7}$

2. 已知点 A（-3，$2m-4$）在 x 轴上，点 B（$n+5$，4）在 y 轴上，则点 C（n，m）位于（　　）。

A. 第一象限　　B. 第二象限　　C. 第三象限　　D. 第四象限

3. 已知点 P 坐标为（$1-a$，$2a+4$），且点 P 到两坐标轴的距离相等，则点 P 的坐标是_____。

4. 已知点 A $(m, -2)$、点 B $(3, m-1)$，且直线 $AB /\!/ y$ 轴，则 m 的值为_____。

5. （链接中考）已知点 P $(2m-1, m+2)$，试分别根据下列条件，求出点 P 的坐标。

（1）点 P 的纵坐标比横坐标大 5。

（2）点 P 到 y 轴的距离为 3，且在第二象限。

总结评价

评价指标	1. 能准确理解情境问题运用的知识链	2. 能应用坐标点的特征来解决问题	3. 堂上活动投入，学习质量高	4. 积极合作、交流，解决问题	得分
获得水平					

注：优秀 "A"，良好 "B"，合格 "C"，还差一点 "D"，还需努力 "D"。

【设计意图】根据建构主义学习理论，设置收获体验和具体问题解决环节，实现：①大概念目标的理解；②活动体会；③具体知识的应用技能。运用螺旋上升教学法进行教学活动的设计，能引导学生对学习阶段进行及时总结与反思，有效促进学生归纳整理，自主构建新的知识体系、新的活动经验、新的情感体会，从而客观进行自我理解与评价，为下阶段的学习与研究树立明确的目标。

（五）教学反思

本节课在学生已有的知识经验基础之上，创设情境，让学生通过在直角坐标系下探索坐标的规律，亲身经历了知识的形成过程，在教学活动中培养了学生自主探究、合作交流等良好的学习习惯。在两个活动中设置了一些点的坐标，让学生通过在坐标系内作出点，总结出变化规律。通过学生动手画图到寻找规律，由易到难，让学生自己动手体验，从而对这一知识点有较深的印象，同时活跃课堂气氛，调动学生学习兴趣，为学生学习例题提供必要的前提。接着出示例题，学生自己动手体验，学会分析问题，解决问题，通过数形结合和分类讨论的方法解答例题，从而突破学习的难点。

同时，采用学生自己动手操作总结规律解决问题，让学生利用多种感官参与探究知识的过程，给学生创设充分表现自己的空间，引导学生去探索、发现、理解知识。体现了学生是数学学习的主人，教师是数学学习的组织者、引导者与合作者的新理念。各小组能针对活动给出的问题，积极开展讨论；各小组能大胆展示本组的学习内容；学生在观察、探究的基础上归纳出在平面直角坐标中点的坐标特征，既给学生提供了一个充分参与数学活动的机会，又体现了学生是数学学习的主人的理念。

五、讲评课——以一次函数为例

（一）教学内容及分析

本节内容是一次函数练习题的评讲，考察的知识点包括一次函数与代数式的关系、一次函数与二元一次方程组的关系、待定系数法求解析式、已知面积求在坐标轴的动点坐标、求平行坐标轴的两点间距离、利用勾股定理直接求两点间距离、两定点与一个动点形成等腰三角形和直角三角形等，试题同时考察了学生的数形结合思想、函数与方程思想、分类讨论思想以及由一般到特殊的思想。从核心素养看，试题涉及了数学建模、数学运算、逻辑推理的核心素养，既考查学生对一次函数基础知识的掌握情况，也考查学生的综合素质。

（二）教学目标

（1）通过习题分析，学生能了解到自己知识上的缺漏，及时查漏补缺。通过共性的典型问题，和学生共同分析导致错误的根本原因，探讨解决问题的方法。

（2）通过对试题进行分析，提高学生的思维能力，发现解题方法，拓宽解题思路。通过对同类型问题的变式训练，形成解答一类数学问题的经验。

（3）培养学生认真审题、思考严谨的学习习惯和精益求精、追求细节的科学态度。加深学生对数形结合、分类讨论等数学思想的认识。

重点：待定系数法求解析式、两点间距离公式等知识点的落实，以及数形结合、分类讨论等数学思想的渗透。

难点：提高分析综合知识的能力，反思提炼，形成解答一类数学问题的一般方法。

（三）教学思路

（1）自主思考：让学生从错题入手，引发学生回忆解题时的解法，从而激发学生发现问题，查漏补缺，进行自我反思和归纳，最终形成自己的解题方法。

（2）合作讨论：针对一类问题进行自我分析和小组讨论，充分发挥学生群体磨合的智慧，拓展学生的思维空间，让学生寻找解决问题的方法，体会到合作学习的乐趣。

（3）探求归纳：结合错题错因的归类与相应的变式训练，让学生在观察、探究、思考中进一步明确、优化一次函数问题的解决方法，掌握其重点和难点。

（四）教学过程

任务驱动，总体评价

给学生发放习题，完成后教师进行批改，然后在课前发给学生，学生认真分析习题，自查自纠，分析每道题的出错原因，把做错的题进行错因归类，初步订正错题。教师对本次做题的情况进行总体评价。

搭建支架，分析错因

本道习题中，正确率较高的是第一问和第二问，错误率较高的是第三问和第四问，题目中涉及的是求平行坐标轴的两点间距离的方法，以及在一次函数中对动点问题如何进行分析与分类讨论，学生出现了一些思维障碍和计算障碍，出现了以下错误引起失分现象：①未看清楚题目要求，少求点 A 的坐标和直线解析式，以及未看清楚动点所在的位置等；②计算错误，在求三角形面积和点坐标时，解方程等计算过程出现错误；③表达不够规范，未说明清楚就直接用勾股定理列方程，缺少必要的条件说明；④分类讨论时不够全面，讨论一个动点两个定点会形成等腰三角形的问题时，应该有三种情况，且当 $OA = OF$ 时，还有两个结果，所以造成大部分学生在这里失分比较多。

自学评价

评价指标	1. 第一小问答题情况	2. 第二小问答题情况	3. 第三小问答题情况	4. 第四小问答题情况	得分
获得水平					

注：优秀"A"，良好"B"，合格"C"，还差一点"D"，还需努力"E"。

展开支架，讲评研讨

例题：如图所示，直线 l_1：$y = kx + b$ 与 x 轴交于 A 点，与 y 轴交于 B（0，$\frac{5}{2}$），与直线 l_2：$y = mx$ 的图象相交于点 M（1，2）。

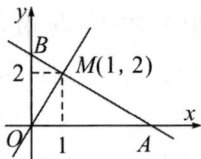

（1）求点 A 的坐标和直线 l_1 的解析式。

师：这道题大体情况比较良好，大多数的同学在以下几个方面过错（教师展示 PPT）。现在请一个同学分享一下这道题解题时的具体方法是什么。

生1：用待定系数法求出解析式，得出解析式后再求得点 A 的坐标。

（2）在 y 轴上是否存在点 C 满足 $S_{\triangle AOC} = S_{\triangle AOM}$，若存在，求点 C 的坐标，若不存在，请说明理由。

师：这道题是已知三角形的面积求动点坐标，这道题的错误也比较少，错误的原因大部分为计算错误，再请另一位同学来说一说做题思路。

生2：这道题可以先求得 $\triangle AOC$ 的面积，再根据点 C 在 y 轴上，可以设点 C 的坐标为（0，y），根据面积公式可以求出 y 值。

（3）在 x 轴上存在点 E（a，0），过 E 作 x 轴的垂线与直线 l_1、l_2 分别交于点 P、N，若线段 $PN = 5$，请求出点 E 的坐标。

师：这道题错误率比较高，我们一起来分析一下这道题如何去思考。首先已知 E（a，0），过 E 点作 x 轴的垂线，那么在这条直线上的点的坐标有什么特点？

生：这条直线的所有横坐标都会等于 a。

师：没错，那是不是也包括和 l_1、l_2 相交的点 P，点 N，那么能不能设出坐标？

生：对，可以根据这个设点 P，点 N 的坐标分别为（a，$-\frac{1}{2}a + \frac{5}{2}$），（$a$，$2a$）。

师：非常好，有了坐标，以及知道 $PN = 5$，我们可以怎么列式？

生3：P、N 两点间的距离可以用两个点的纵坐标的差的绝对值来表示。

列式：$|PN|=|-\dfrac{1}{2}a+\dfrac{5}{2}-2a|=5$，解得 $a=-1$ 或 3，$\therefore E$（-1，0）或（3，0）。

师：我们再回顾一下第 2 问和第 3 问，都存在一个未知的点，这对我们来说是很抽象的，所以在解题过程中，我们都把点的坐标设出来了，这样能够化抽象为具体，由一个抽象的点变成一个有形的点，然后再利用数形结合帮助我们构造方程，所以我们在遇到在坐标系或者直线上的未知点时，注意先把点的坐标设出来。

（4）在直线 l_2 上是否存在点 F，使得 $\triangle AOF$ 是等腰三角形？若存在，请求出所有符合条件的点 F 的坐标，若不存在，请说明理由。若 A（x_1，y_1），B（x_2，y_2）则 $|AB|=\sqrt{(x_1-x_2)^2+(y_1-y_2)^2}$。

师：这道题的未知点在直线 l_2，那现在我们可以先做什么？

生：设点 F 的坐标为（a，$2a$）。

师：然后已知 $\triangle AOF$ 是等腰三角形的话，有哪些不同的情况？

生：有三种情况。①$OA=OF$；②$OA=AF$；③$OF=AF$。

师：现在已知 A（5，0），F（a，$2a$），那我们是不是可以用两点间距离公式来列方程，从而得到点 F 的坐标？

（学生和教师一起分析列式过程，教师板书。）

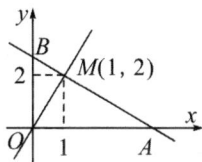

解：$\because$ 点 F 在 l_2 上，设 F（a，$2a$），$\triangle AOF$ 为等腰三角形。

①当 $OA=OF=5$ 时：

$\because OF^2=a^2+4a^2=5a^2$，$OA^2=25$，

$\therefore 5a^2=25$，

$\therefore a=\pm\sqrt{5}$，

$\therefore F$（$\sqrt{5}$，$2\sqrt{5}$）或（$-\sqrt{5}$，$-2\sqrt{5}$）

②当 $OA=AF=5$ 时：

$\because AF^2=(a-5)^2+4a^2$

$\therefore (a-5)^2+4a^2=25$，

解得 $a=0$（舍去）或 $a=2$，$\therefore F$（2，4）

③当 $OF = AF$ 时：

则 $5a^2 = (a-5)^2 + 4a^2$，

解得 $a = \dfrac{5}{2}$，$\therefore F\left(\dfrac{5}{2}, 5\right)$

综上所述：点 F 的坐标为 $(\sqrt{5}, 2\sqrt{5})$ 或 $(-\sqrt{5}, -2\sqrt{5})$ 或 $(2, 4)$ 或 $\left(\dfrac{5}{2}, 5\right)$。

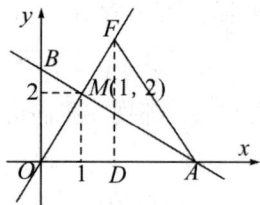

生：除了用两点间距离公式，我还利用了等腰三角形的性质求点的坐标。

师：请展示你的过程。

③当 $OF = AF$ 时：

过点 F 作 $FD \perp x$ 轴，

$\because A(5, 0)$，

$\therefore D(2.5, 0)$，

$\therefore a = 2.5$，

$\therefore F(2.5, 5)$。

师：在前面用的是解这类题的一般方法，对于所有的情况都可以使用，对于刚刚使用的等腰三角形三线合一的性质，对于个别的讨论有更快的解题过程，只要同学们认真思考，灵活运用，可以有各种不同的解题方法。

过程评价

评价指标	1. 是否掌握待定系数法求解析式	2. 能否利用三角形面积求动点坐标	3. 是否掌握两点距离的计算方法	4. 是否掌握等腰三角形性质	得分
获得水平					

注：优秀 "A"，良好 "B"，合格 "C"，还差一点 "D"，还需努力 "E"。

点拨提高，深化理解，优化思维

【思考】如果将△AOF是等腰三角形改为△AOF是直角三角形，请问如何求点F的坐标？请小组合作讨论。

【设计意图】将等腰三角形改成直角三角形，让学生再次根据三角形的特点进行分类讨论，同时，学生也要利用直角三角形的性质和勾股定理与两点间距离公式列方程求解，联系以前的知识，同时也巩固今天的知识。

活用支架，深化理解

课堂检测：如图，在平面直角坐标系中，直线 $l_1: y = -\dfrac{1}{2}x + 2$ 经过点 A (4，0)，与直线 $l_2: y = \dfrac{1}{2}x$ 相交于点 M。

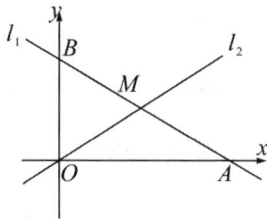

（1）已知直线 $x = a$ 与直线 l_1、l_2 分别交于点 E、F，若线段 $EF = 4$，求 a 的值；

（2）在直线上是否存在点 C，使得△AOC是等腰三角形？若存在，请求出所有符合条件的点 C 的坐标，若不存在，请说明理由；

（3）在直线上是否存在点 D，使得△AOD是直角三角形？若存在，请求出 D 点的坐标，若不存在，请说明理由。

【设计意图】这道题主要针对本节课内容进行有针对性的训练，对错误率较高的两问，当堂练习思考题，学生即学即用，而且层次较弱的学生能跟上上课的节奏，学会使用最基本的方法解决问题，体会成功的喜悦，并逐步提高学习的兴趣。

阶段评价

评价指标	1. 是否掌握待定系数法求解析式	2. 能否利用三角形面积求动点坐标	3. 是否掌握两点距离的计算方法	4. 是否掌握等腰三角形、直角三角形的性质	得分
获得水平					

注：优秀"A"，良好"B"，合格"C"，还差一点填"D"，还需努力"E"。

撤销支架，反思内化

师生共同回忆本节课的教学内容，学生根据自己的练习情况归纳自结。

（1）谈谈你对这节课的收获。

（2）你能领悟到这节课的数学思想吗？

（3）在平面直角坐标系中，直线 l_1：$y = -\dfrac{1}{2}x + 2$ 经过点 A（4，0），与直线 l_2：$y = \dfrac{1}{2}x$ 相交于 M，是否存在一点 C，使得 O，A，C，M 为顶点的四边形是平行四边形？如果存在，请直接写出符合条件的点 C 的坐标，如果不存在，请说明理由。

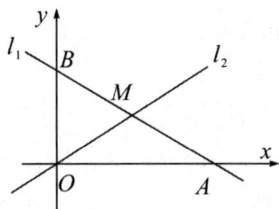

【设计意图】这节课的内容包括用待定系数法求解析式；遇到未知点的问题，先根据题意设出点的坐标；学会使用两点间距离公式等。这节课涉及了数形结合思想、方程思想、分类讨论思想等，学生通过自己内化总结，形成解决这类数学问题的能力。最后一道拓展提升题是在课堂练习题的基础上，让学生思考一次函数中平行四边形存在的问题，让学生在本节课的基础上再次深化思维，兼顾多层次学生的学习需要。

（五）教学反思

本节讲评课，在课前做了充足的课前准备，让学生完成精选题目，在讲评前对学生做题过程进行认真分析，找出带有共性的问题，挖掘学生出现这类问题背后的知识点欠缺，在讲评中发挥学生的主体作用，让学生在讲评中提高认知，受到激励。在讲评后，布置与讲评内容相关的作业，让学生练习，提高学生对讲评内容的认知水平。

整堂课的思路非常清晰，每一小问都有知识点总结、方法总结以及错题分析，并且课堂上会适当地激励学生自己解决问题，比如让学生自己总结错误原因，分享解题思路以及展示解题过程。这个过程以学生为主体，教师适当进行补充与总结，整一节课学生的积极性都很高，同时，教师还会在课前整理各种典型错误，并且在课堂上进行展示，让学生更加清楚思路与解题过程的重要性。

第三节 "五步五环"教学的价值追求

一、创新与应用价值

"五步五环"课堂教学基于学科课程标准的要求，在支架式教学法统领下，精心建构"五环五步五推进"数学课堂；追求理解为先、以始为终、逆向设计教学理念，打造自由舒展的数学课堂；努力实现"教、学、评"的有机统一，打造深度学习数学课堂。"五步五环"教学理念以新课程标准为切入点，支架式教学理论为立足点，以初中数学深度学习为着力点，三者之间有机融合。在教师引领下，学生围绕具有挑战性的数学学习主题，全身心积极参与，体验成功，获得发展。学生开展以从具体到抽象、运算与推理、几何直观、数据分析和问题解决等为重点的思维活动，获得数学核心知识，把握数学的本质和思想方法，提高思维能力，发展数学学科核心素养，形成积极的情感、态度和正确的价值观，逐渐成为既具独立性、批判性、创造性又具合作精神的学习者。

"五步五环"教学的价值体现在以下三个方面：

一是有助于数学课堂教学质量的提升。支架式教学下初中数学深度学习从关注数学课程的核心内容入手，核心内容一般不是单一的知识点，而是一类内容形成的知识团或知识链，这些知识团或知识链分别反映了数学学科的基本问题，体现出数学学科的的核心本质。

二是有助于促进学生数学学科核心素养的发展。支架式教学下初中数学深度学习的发生既有对学生数学学习过程的改变，也有对数学学习结果的改变。关注学生理解、关联、迁移、应用、质疑等学习活动的过程性，强调学生能体会到知识的本质、内在的联系和在新情境中的应用，而不是对知识进行机械识记、反复练习、模式套用的学习过程和结果。

三是有助于促进初中数学教师专业知识发展、专业素养提升。改变以往教师单枪匹马备课的情形，成为校本教研、区域教研的主要内容，这使得很多"教"与"学"的问题在讨论中变得越来越清晰，很多设计在碰撞中找到最佳的呈现方式，整体教学设计的要求使跨年级的交流成为必然。

二、凝练"以情触教，以艺深雕"教学风格

2022年1月，本人的教学风格"以情触教，以艺深雕"被广东省中小学"百千万人才培养工程"平台广泛宣传报道，鲜明的教学艺术得到专家、同行们的高度认可。

（一）以情触教，善导勤诱

"动人心者，莫先乎情。情不深，则无以惊心动魄。"以情触教，将情感贯穿于教学的各个环节，以情激发学生的创造性、发散性思维，并以此去感染学生，拨动学生心弦，这对提高课堂教学质量是极其重要的因素。真教育是师生相互呼应的活动，唯独从教师内心出发，才能打入学生心灵深处。教师其身不凌驾于学生之上，而融于学生之中；其心不孤高自傲，而是与学生心心相通；其所施，不欲独霸课堂，把学生推上主人的地位，犹如春雨般渗入学生心田，润物细无声，给人心旷神怡的感受。

在课堂中，每一节课教师都以打磨艺术品的心态去开展，特别善于挖掘艺术情感型教材中的情感因素、形象因素，设置与教材相应的情境，教学语言富有形象性、鼓动性和感染力；对学生态度热情、真挚；性格开朗，情感奔放、风度潇洒。反思、总结、提炼和表达出自己的教学风格，促进自己成长为具有领军地位和发挥示范作用的专家型教师。

在教学中，善导勤诱，举一反三，点拨开窍，灵活处理教材，从学生实际出发，切中时机提出富有启发性的问题，巧妙点拨学生的"啡""愤"之处；能循循善诱，启迪思维；尊重学生的意见，促进学生发现学习，使学生有疑而入，无疑而出；教学语言精练、谐趣，能画龙点睛，一语中的，使学生明规律，得方法；教学风度挥洒自如，宽容和谐。

在学习中，营造轻松、民主、互通的课堂氛围，注重学生的独立性和参与性，给予每一位学生充分的选择机会和可发展的空间，善于发现学生的闪光点，多给予表扬和鼓励，使其形成良好的、稳固的学习习惯。走进学生的情感世界，倾听他们的心声，理解他们的学习，真诚地多给予关注和关心，发现问题及时了解情况，对于学生能自己解决的问题，鼓励和指导学生自己解决，学生解决不了的教师及时帮助解决。

（二）以艺深雕，激趣引思

教学不仅仅是简单的"传道、授业、解惑"，而是一门复杂、高超、具有特殊性的艺术——培养人才的艺术，即"教学艺术"。以艺深雕，用工匠之心雕刻艺术之美。教学本身是一种艺术，艺术最本质的东西是以情动人。教师以打磨艺术品的心态上好每一节课，情绪饱满，讲到动情之处，甚至慷慨激昂，扣人心弦，撼人心灵，使学生产生强烈的情感共鸣，共同营造出渴求知识、探索真理的热烈气氛，学生在获取学科知识的同时，也得到了人格和情感上的陶冶。

在设计中，注重深入浅出，条理清楚，层层剖析，环环相扣，结构严谨，注重用思维的逻辑力量吸引学生的注意力，用理智控制课堂教学进程，用激情培养学生对数学的热情。重视创造性思维的培养，讲究教学思路的出新，教学设计有创意。在教学方法上，常常是新意迭现，彰显了教师教学的活力和魅力，体现了教师对教材的独到见解、对规律的正确把握、对应变的灵活处置等方面的睿智和聪慧。

在导学中，追求自然流畅，讲究随势而为，因势利导。注重激趣引思，随着学生的思维活动组织教学；能营造和谐氛围，倡导有效参与，使学生的学与教师的教暗合共鸣，形成学习合力。课堂教学追求真情境真情真实，力图在抽象的数学内容中还原直观的情景。从教学习惯来讲，较多地采用对话式教学，重视讲清讲透，强调追问中自然形成真理性认识，体现原生态的数学味。

在讲授中，充满着机智，各种教学方法、技巧信手拈来，运用自如，恰到好处，丝毫不带有雕琢的痕迹。整个课堂教学的结构就像一种设计好的程序，过渡自然，组织严密，搭配合理，有条不紊，体现出教师对各种教学方法的合理运用和对知识重点、难点的准确把握。这是一种高效率的教学风格，是教师课堂教学所实施和追求的一种境界。

三、追求"情意数学"教学思想

确立了"情意数学"教学思想，在具体实施中围绕"情意数学"核心理念和方法，组建学习共同体，集体研讨和学习，探索出从"情意数学教学"到"情意数学教育"的有效实践路径。

"情意"，《现代汉语词典》的解释为："感情深厚。""情意数学"中的"情"就是情感、情境和情绪；"意"就是意境、意蕴和意义。"情意数学"课堂教学，立足学生核心素养的发展，基于数学眼光、数学思维和数学语言三个维度，探索真实情境、问题导向的互动式、启发式、探究式、体验式课堂教学方式。让学生逐步养成从数学角度观察现实世界的意识与习惯，发展好奇心、想象力和创新意识；形成重论据、有条理、合乎逻辑的思维品质，培养科学态度与理性精神；形成数学的表达与交流能力，发展应用意识与实践能力。凸显学生主体地位，关注学生个性化、多样化的学习和发展需求，以学科核心素养发展为指向，助推课堂从"浅层学习"走向"深度学习"。

"情意数学"的内涵聚焦"深究细研，思维灵动"，以"情"为根，以"意"为源，更落点于"情"与"意"的彼此融合、相助、促进。激发学生学习兴趣，引发学生积极思考，鼓励学生质疑问难，引导学生在真实情境中发现问题和提出问题，利用观察、猜测、实验、计算、推理、验证、数据分析、直观想象等方法分析问题和解决问题；培养学生主动学习，独立思考、动手实践、自主探索、合作交流，促进学生理解和掌握数学的基础知识与基本技能，体会和运用数学的思想与方法，获得数学的基本活动经验；培养学生良好的学习习惯，形成积极的情感、态度和价值观，逐步形成核心素养。聚焦于更有"情意的教与学"，追求"有情意的数学教育"。

"情意数学"的课堂，以支架式教学为理论基础，开展初中数学课堂深度学习的实践研究。支架式教学下以单元教学为主题统领深度学习，学生学习能力与合作能力的表现（三动）：互动、主动、灵动。支架式教学下以数学问题链设计指向深度学习，学生认知能力与创新能力的表现（七会）：会提问、会自学、会展示、会评价、会质疑、会讨论、会总结。支架式教学下以单元教学为主题统领深度学习,教师教学能力的表现(三能力):问题转化能力、问题处理能力、及时评价能力得到迅速提高。支架式教学下以数学问题链设计指向深度学习,教师课堂文化的表现(生成、发展):课堂生成自然、思维个性发展。

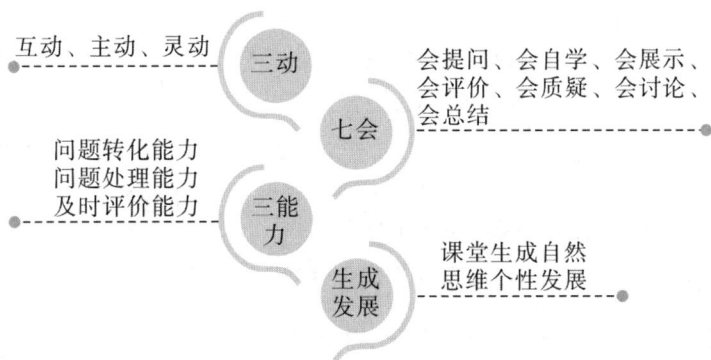

图 3 – 1 "情意数学"课堂教学目标

支架式教学下初中数学课堂深度学习评价量化表(学生版、教师版),参考深度学习项目综合评价量规制定评价指标体系,利用此表对全区初中数学课堂教学现状、实施阶段、总结阶段进行三次调查分析,收集数据、综合数据分析来印证本项目实验的成效。

表 3 – 1 支架式教学下初中数学课堂深度学习评价量化表(学生版)

一级指标	二级指标	评价内容	分值	自评	师评	综合
支架式教学下以单元教学为主题统领深度学习,学生学习能力与合作能力的表现	互动	师生之间。生生之间互动交流,小组活动、合作达到要求,有交互的实效性	10分			
	主动	学习时主动积极参与,自主学习兴趣深厚,主动完成学习任务	10分			
	灵动	有探究新问题、学习新知的动力,有学习的好奇心和欲望,有想法、有行动	10分			

（续上表）

一级指标	二级指标	评价内容	分值	自评	师评	综合
支架式教学下以数学问题链设计指向深度学习，学生认知能力与创新能力的表现	会提问	能根据教学情境、教材内容主动提出有价值的问题	10分			
	会自学	具有良好的自学习惯与能力，解决问题并发现新问题	10分			
	会展示	敢于发表自己的意见，敢于尝试操作，展示率高	10分			
	会评价	仔细观察别人的展示并进行客观评价，利用有关的资料论证自己的观点	10分			
	会质疑	有问题意识，敢于质疑问难，问题具有挑战性、独创性	10分			
	会讨论	小组讨论不流于形式，有一定的难度和价值，能表达小组集体的观点	10分			
	会总结	能在反思的基础上有针对性地进行归纳总结	10分			
总分			100分			

表3-2　支架式教学下初中数学课堂深度学习评价量化表（教师版）

一级指标	二级指标	评价内容	分值	自评	师评	综合
支架式教学下以单元教学为主题统领深度学习，教师教学能力的表现	问题转化能力	把教学目标及教学难点转化成问题，问题的设计有趣、有梯度、有逻辑性。教师的问题预设对学生学习产生了催化作用，学生提出的问题对教学起了主体作用	20分			

（续上表）

一级指标	二级指标	评价内容	分值	自评	师评	综合
	问题处理能力	学生学习过程中形成的问题类型，分为简单问题、较难问题、更难问题。简单问题学生自探，较难问题小组互帮互学，更难问题在教师主导下师生互动解决	20分			
	及时评价能力	学生提出的问题得到回应，表现好的小组及个人得到表扬，表现不足的小组及个人知道自己的不足之处，得到鼓励，学困生得到帮助	20分			
支架式教学下以数学问题链设计指向深度学习，教师课堂文化的表现	课堂生成自然	教师对教材进行二次加工处理，学生思维个性化，才能与才华得到展现，鼓励学生提出问题、表达观点，相互质疑，给学生选择的机会，设置个性化的作业	20分			
	思维个性发展	学生思维的发散性得到了扩张，学生创造欲望被激发，有创造的效果，能够经历探究发现的过程，表现出创新精神，有再生成问题或知识的能力	20分			
总分			100分			

　　如图3-2所示，学生学习能力与合作能力的表现发生了变化，互动、主动、灵动的增长率分别为19.8%、22.1%、21.3%。鼓励学生勤于思考、敢于质疑，激发应用意识、创新意识，发展学生思维的灵活性、发散性、迁移性。学生自我求知、做事的能力迅速发展，学生能利用快捷、简便、有效的方式获取准确知识、信息，并将其转化为自身能力。提高学生积极参与的能力，鼓励有效讨论的能力、多样化的观点，培养学生的合作意识和团队意识。

分值

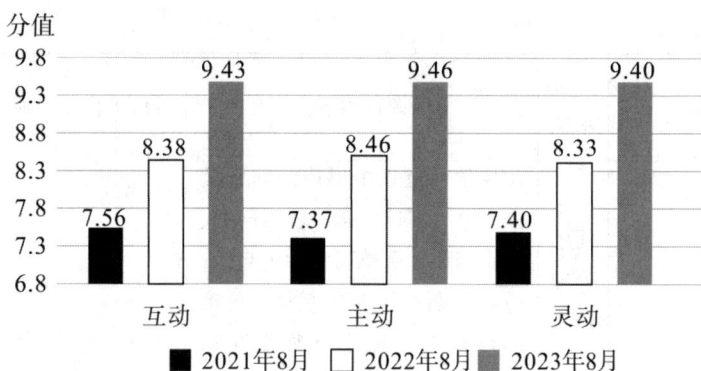

图 3-2 支架式教学下以单元教学为主题统领深度学习，学生学习能力与合作能力的表现

如图 3-3 所示，学生的认知能力与创新能力有明显转变，会提问、会自学、会展示、会评价、会质疑、会讨论、会总结分别提升 21.5%、20.8%、18.6%、21.8%、21.7%、21.3%、20.7%。改变单一的教师讲授方式，注重探究式、参与式、互动式、启发式的教学方式，让学生在实践、探究、体验、合作、交流、反思等学习过程中，提高运算能力、空间想象力、数据分析能力、推理能力和问题解决能力。同时，提高学生对数学学习的兴趣，增强学生对数学学习的自信心，降低学生对数学的学习焦虑，培养学生良好的数学学习习惯，从而提高学生数学学业成绩。

分值

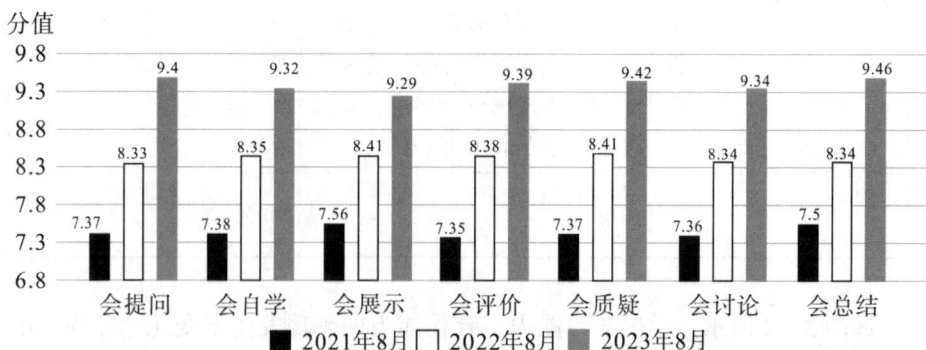

图 3-3 支架式教学下以单元教学为主题统领深度学习，学生认知能力与创新能力的表现

综合上述，我们把学生版的"支架式教学下初中数学课堂深度学习评价量化表"用雷达图呈现，从图 3-4 可视化雷达图中我们可以更全面地、直观地、多维度、整体性观察到十个评价指标明显提高，让学生养成乐于思考，勇

于探索的科学精神，增强认识真实世界、解决真实问题的能力，树立学好数学的自信心，养成良好的学习习惯，促进学生终身学习。

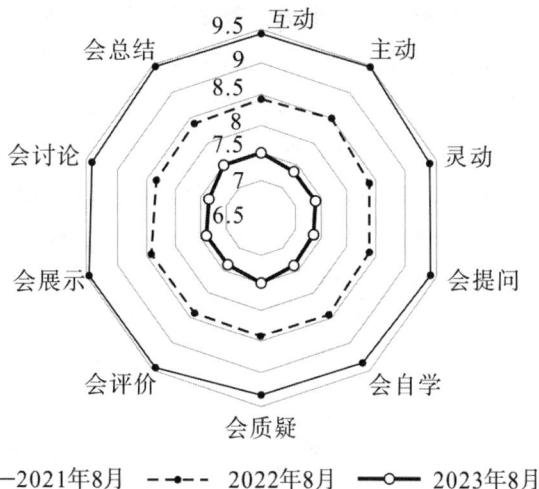

图 3 - 4　支架式教学下以数学问题链设计指向深度学习，学生认知能力与创新能力的表现

从图 3 - 5 的条形统计图中我们可以发现问题转化能力、问题处理能力、及时评价能力分别提升 19.3%、21.2%、19.8%。把学习内容问题化、数学化、科学化，正确引导学生探索问题转化方法，发展问题转化能力、问题处理能力，在教育教学中鼓励学生表达与交流，支持学生个性化学习等，提高数学教师探究教学行为。及时教学评价，发挥评价的育人导向作用，坚持以评促学，以评促教，综合运用学生自我评价、学生互相评价、教师评价等方式对学生的学习情况进行全方位的考察，在评价的过程中，让学生总结自己的进步，反思自己的不足，汲取他人值得借鉴的经验。

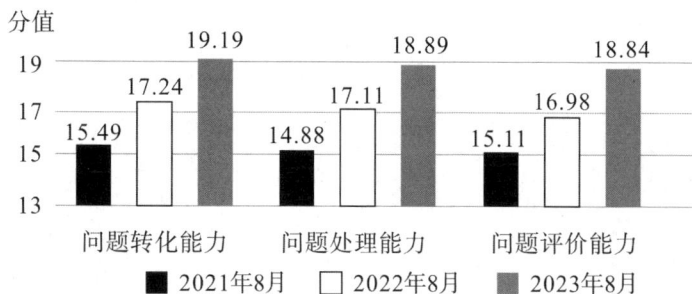

图 3 - 5　支架式教学下以单元教学为主题统领深度学习，教师教学能力的表现

从图 3 - 6 折线统计图中我们可以观察到课堂生成自然、思维个性发展分别提升了 22.1% 、20.8% 。课堂生成的教学过程是一个渐进的、多层次、多角度的非线性序列，教师的教育智慧激发富有生命力的、有效的课堂，师生之间互动，推动教学课程资源自然生成，遵循学生认知的曲线、思维的张弛以及情感的波澜，以灵动的教育机智捕捉课堂生成的契机。在真实情境中提出引发学生思考的数学问题，引导学生提出合理问题，激发学生学习动机，促进学生积极探究，让学生经历数学观察、数学思考、数学表达、概括归纳、迁移运用等学习过程，学生在数学学习的过程中，形成一种具有逻辑性、系统性和创造性的思维方式和能力。注重学生的独立思考能力、解决问题能力、逻辑推理能力的发展，学生数学思维快速发展。

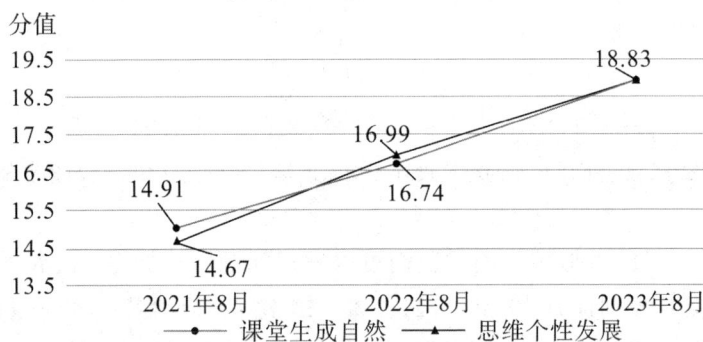

图 3 - 6 支架式教学下以数学问题链设计指向深度学习，教师课堂文化的表现

第四章　追求理解为先，为理解而教

第一节　理解为先模式

"理解为先教学设计模式"是处于世纪之交的美国教育界涌现出的一种理论和实践，由美国课程专家格兰特·威金斯和杰伊·麦克泰（Grant Wiggins & Jay McTighe）于 1998 年创立，并逐渐成形完善的。"理解为先教学设计模式"反映了两种不同观念之间的融合：①大量学习和认知研究结果表明，理解是学习和评估的重要追求，即"为理解而教，为理解而评"；②基于理解的课程设计才能帮助学生习得各个学科中重要的关键概念和要素，帮助学生获得深入持久的理解，并参与真实的情境性评估，掌握学习迁移的能力。这一教学设计模式提供了清晰的课程设计框架，依照"逆向设计"的三个阶段，从教学目标出发，设置相应的评估方式，再安排相关的教学规划，这样的顺序有效确保了整个教学环节始终围绕学科的教学重点，既确保了单元设计的协调一致性，又提高了教与学的有效性。

一、理解的含义及特征

谈及"理解"，这个词虽然应用广泛，但有众多的含义。"理解"在《现代汉语词典（第 7 版）》的解释为"懂；了解"。在《牛津英语词典》中，动词"understand（理解）"的意思是领悟含义或意义。

当教师希望学生"理解"学习内容而并非只是简单地"知道"时，这两者之间有什么区别？有些人认为"理解"即建构观点和事实之间的联系，并加以细化和精致化、形成概念知识结构化的表征或心智模式；也有人认为，"理解"即能够将所学的针对某个主题的知识和技能去创造性地思考和行动，以灵活的方式有效应用到新的情境当中。其实，"理解"这一术语的含义是多方面的，"理解"不同于单纯的"知道"，因此"理解"所涉及的教学和评估比单纯地对知识和技能的学习和检测要复杂得多。

理解与知道的意思是不同的，例如，我们会说一个人知道很多数学知识，但没有真正理解数学的本质，或者他知道每个词语的意思，但并不理解整个句子的意思。"知道"与"理解"之间的区别可见表4－1。

表4－1　知道与理解对比表

知道	理解
事实	事实的意义
大量相关事实	提供事实关联和意义的理论
可证实的主张	不可靠的、形成中的理论
对或错	有关程度或复杂性
知道一些正确的事情	我理解为什么它是知识，什么使它成为知识
根据所知回应提示	我能够判断何时使用以及何时不用我所知的内容

理解是智力层面的建构，是人脑为了弄懂许多不同的知识片段而进行的抽象活动标准。如果学生理解了，他们可以通过展示他们知道和能够做到的特定事情来证明自己理解了。约翰·杜威（John Dewey，1933）在《我们如何思维》（*How We Think*）中对理解作了清晰的总结，认为"理解是学习者探求事实意义的结果"：掌握一个事物、事件或场景的意义，就是要观察它与其他事物的联系：观察它的运作方式和功能、产生的结果和原因以及如何应用。方法—结果的关系是所有理解的核心。

过去的大量研究一再表明："许多课程总是强调记忆，而不是理解。"诚然，我们不能因为强调理解就否认知识记忆的价值，但在今天的知识经济时代，仅仅记忆事实性知识和程序性知识远远不够，重要的是能对复杂概念形成深刻的概念性理解，并能基于这些理解生成新的观点、新的理论、新的产品和新的知识。而本书理解为先的教学设计模式强调的"理解"主要有两个表现：一是意义建构活动，即学生能够主动建构新知与旧知之间的联系，利用已知内容从新信息中创生意义，通过推断和联系获得深层次的理解；二是学习迁移活动，即学生能够将理解、知识和技能有效运用到新的情境之中，并逐渐减少相应的指导或提示，直到完全不需要他人的扶持。

因此，此处的"理解"有以下两个特征：一是以完整的陈述句形式呈现，学习者能够对学科的重要观点得出概括性的结论，也就是说，教师希望学习者能够理解某个观点背后的具体意义；二是这里的"理解"只能通过有指导性的推断获得，即辅助学习者推断并验证自己的结论，而不是简单地对其进行机械的灌输。"理解"本质上是抽象的，通常是不明显的，不能直接获得，且容易被学习者误解，所以简单的传输内容并不能保证学生会真正接收。

理解既有动词意义，也有名词意义。动词的理解就是能够智慧而有效地使用（或用布卢姆的术语"应用"）知识和技能。名词的理解是努力去理解（动词）的成功结果——对一个不明显的观点的最终掌握，对许多无关联（可能看起来不重要）的知识元素所作的有意义的推断。

真正的理解包含另一种形式的迁移。我们利用大概念超越所看到的信息，使其变得有意义。我们面临的挑战是通过设计，而非靠运气或天性，使迁移成为可能。在精致设计的、促进迁移的教学（以及不断需要这种迁移的评估）中，学生需要把最初所学的没有清晰结构和用途的知识看成是一个更大的、更有意义的、功能更强的系统中的一部分。如果课程设计没有与生活联系到一起，那么像荣誉、宿命或水循环这样的概念就只是需要记忆的空洞词语，学生不会意识到这些概念的价值。迁移必须作为学校所有教学的目标，因为在教学时，我们只能传授在整个学科中占小部分的样本。所有教师在下课时都会想："哦，要是时间再多一点就好了！这些内容只是沧海一粟。"我们从来都没有足够的时间来教授所有内容。迁移是最重要也是最困难的任务，我们要让学生能够自主地学到更多的知识，因为这远比从教师那里学到的多。

二、理解的六个维度

提及认知过程的"理解"，不禁让人联想到布卢姆教育目标分类的升级版——布卢姆认知目标新分类，其修订的二维框架包括了从具体到抽象的四种知识（事实、概念、程序和元认知）和从低级到高级的六个认知过程（记忆、理解、应用、分析、评价和创造）。这里的六个认知过程根据思维水平的难易程度层层递进，由记忆层面逐渐向创生层面转变。这种不同知识维和认知过程维的每一个具体组合为教师依据教育目标指导教学实践提供了清晰的标准参照，同时为教师评判学生的学业表现提供了良好的量表模型。

而美国课程专家威金斯和麦克泰创设的理解为先教学设计模式将理解分为六个维度——解释、释义、应用、洞察、移情和自知。这里的六个维度不同于布卢姆认知目标新分类的认知维度，其并不是环环相扣且所有的维度都必须包含在内容的学习之中的。理解的六个维度迁移有多种方式来表达，更具体地讲，迁移作为理解的一种表现形式，可以通过这里总结出的理解的六个维度来加以揭示。那些能够理解并迁移其所学的个体可以做到以下六点：

（1）解释（explanation）是指学习者能够运用概念或原理，结合所提供的系统而又合理的现象、事实和数据，来建立深层次的联系并能够给出合理的说明与论断。解释是一种复杂的、恰当的说明和阐释。通过归纳或推理，系统合理地解释现象、事实和数据，洞察事物间的联系并提供例证。

以一个合理的理论揭示事物的内涵，搞清楚那些令人困惑的、孤立的或含糊的现象、数据、情感或者观点的含义。这些通过行为和结果表现出的理解，清晰、深入、启发性地解释了以下问题：事物是如何运作的？它们反映了什么？它们在什么地方相互联系？它们为什么会发生？

解释主要回答是什么、为什么、应如何等问题，指学习者能够对某一问题进行完善、合理的论证和说明，能够使用恰当的类比，清晰明确地讲解给他人。解释并不只是简单地讲述事物的具体内容，而是强调学习者能够明白产生某种结果的原因，能够对现象进行因果分析，知晓事件的来龙去脉。

（2）释义（interpretation）是指学习者能够有意义地叙述情节，提供合适的翻译以及从客观或自身角度来揭示事物的意义。学习者通过想象、听取轶闻、类比和模仿等方式揭示事物的含义，其目的在于表现"理解"而不是解释。这一维度特别强调用自己的语言来讲述。叙述有深度的故事；提供合适的转化；从历史角度或个人角度揭示观点和事件的含义；通过图片、趣闻、类比和模型等方式达到理解的目的。

释义的对象是意义，而不仅仅是貌似合理的解释。释义通过强有力的故事传递见解，而非抽象的理论。当一个人能有趣地释义当前或过去的经历，并且这种释义意义重大时，说明他达到了这样的理解。在数学领域，释义就是要从有限的数据中得出结论。

释义主要回答意义是什么、为什么重要、与自己有什么联系等问题，指通过有意义的阐释、叙述来揭示事物的意义，特别强调用自己的语言来讲述和解释。释义的目的不是解释而是理解，即释义内容并不是向别人介绍是什么，而是以讲述的方式发表自己对内容的理解。

（3）应用（application）是指学习者能够在复杂的真实环境中运用和调整所学的知识，也就是能够真正地将课程知识迁移到实际环境中。应用维度注重所学知识与具体环境的联系，或者说应用是一种情境性技能。在各种不同的真实情境中有效地使用和调整我们学到的知识。

我们经常说："纸上得来终觉浅，绝知此事要躬行。"如果学生真正懂了，那么他就会用，学生的应用创新本身就展示了其理解的情境。对概念或理论的真正理解意味着学生对它的再造，一旦一个孩子能够重复某个概念，并能在学习情境中有所应用，他往往给人一种已经理解这一概念的印象，然而，这并不完全符合再造的要求。自然而然地应用知识才是检验真正理解的根本标准。

应用主要回答怎么应用这些知识和技能、什么时候用、怎么调整理论和行为来适应新的情境等问题，指熟练掌握基本的知识和技能，能够灵活、恰当地将其应用到新的情境中或者解决新的问题。

（4）洞察（perspective）是指评判性地看待或听取想法与观点，能够从整体上认识并理解事物之本质，学生能够运用多种不同的方式来分析某个出现的问题，并从多个角度、用不同的方法加以解决。批判性地看待、聆听观点，观其大局。

从批判性思考的角度看，具有洞察力的学生有能力揭示各种似是而非的、未经检验的假设或结论。当学生能够获得洞察力时，他们就会站在一定的距离之外，批判地审视那些习惯性的或本能的信念、感觉、理论和诉求，而这些是不仔细的、不谨慎的思考者的特征。洞察作为理解的一个侧面，是一种成熟的思考，要具有从不同角度看待事物的能力，更深刻的洞察包括把握教师和课本背后的观点。

洞察主要回答"这个观点的立场是什么，有什么局限性，是否有不同的观察角度"等问题，指学习者能够批判性地看待某一问题，能够从不同的角度，应用不同的方法，脱离个人主观因素，全方位地分析某一个观点，学会质疑、探究和论证。

（5）移情（empathy）强调从他人角度看待问题，即能够深切体会别人的情感，同时又能很好地控制自身的情绪。移情意味着站在别人的立场，以别人的眼光，换位思考地看问题。能从他人认为古怪的、奇特的或难以置信的事物中发现价值，在先前直接经验的基础上进行敏锐感知。

移情不同于以批判的眼光看待事物，不是为了更客观地看待事物而将自己脱离情境。我们从当事人的立场看待事物发展，将自己代入当事人的处境，我们完全认同通过自身参与而得出的见解。换位让人感到温暖；而洞察是冷酷的，以旁观者的角度解析事物。移情需要更多学习体验，将深刻思考置于体验之中是非常必要的。为了确保更好地理解抽象概念，与教材所能提供的体验相比，学生应该需要更直接或更拟真的体验。

移情主要回答我怎么看待这个问题、如果是我会选择怎么做、我不理解的东西，别人是如何获得的等问题，指一种能深入体会他人的情感和观点的能力。由此，我们能够从他人的角度剖析其理解形成的原因和过程，与自身的认知过程形成对比，加以借鉴和完善。

（6）自知（self-knowledge）即展示元认知意识的智慧，能够意识到个人风格与思维偏见以及思考习惯对自身理解力的影响，正确地认识自我。能够意识到自己所不理解的内容并反思学习和经验的意义。显示元认知意识；察觉诸如个人风格、偏见、心理投射和思维习惯等促成或阻碍理解的因素；意识到我们不理解的内容；反思学习和经验的意义。

自知是理解的一个关键侧面，如果我们想要更深入地理解，能够超越自己，看待其他事物，那么自知要求我们自觉地质疑自己看待世界的方式，要求我们自律，寻找思维中不可避免的盲点或疏漏，也要求我们勇敢面对潜藏在有效的习惯、天真的自信、强大的信念与看似完整的世界观中的不确定性和不一致性。

自知主要回答我已经理解什么、还有哪些不足、我是如何获得理解等问题，是学习者对自己的认知过程和学习情况有一个清晰的认识，明了自己的优势与不足，对此进一步调整和改进，逐渐完善自身的一个过程。

解释、释义、应用、洞察、移情、自知这六个侧面表现了迁移的能力。我们应用这些不同但又相关的侧面来判断理解，正如同我们使用不同的指标判断一个独立且复杂的表现。例如，"好论文"是一篇有说服力的、有条理的、清晰的文章。说服力、条理性、清晰性这三个指标都需要满足，而每个指标是不同的，在某种程度上独立于另外两个指标。文章可能清晰但没有说服力，也可能很有条理但说服力不足。同时，我们应该把理解六侧面渗透到逆向设计三阶段的思考中，它们可以帮助我们弄清所需的理解、必要的评估任务和最有可能促进学生理解的学习活动。这些侧面能提醒我们，理解不能靠陈述事实，为了使学习者获得所期望的意义构建，理解需要有一定的学习行动和绩效评估。

三、理解的可迁移性

为了知道要应用哪一个事实，就要了解更多的事实。这个过程需要理解，即需要洞察本质、目的、受众、策略和手段。训练和直接指导可以使离散的技能和事实变得自动化（所谓"用心"去记），但这并不能让我们具备真正的能力，即理解是关于知识迁移的。如果具备真正的能力，那就能够将我们所学的知识迁移到新的甚至有时令人感到困惑的情境中去。对知识与技能的有效迁移能力是我们在不同的情境和问题面前创造性地、灵活地、流畅地应用所学知识的能力。迁移不仅仅是引入先前所学的知识和技能。正如布鲁纳（Bruner）所言，理解是"超越信息本身"。如果我们通过理解一些关键的想法和策略来学习，我们就可以创造新的知识并达到更深入的理解。

在阅读和数学中要得到机械学习和记忆之外的知识，我们必须学会和拥有看到模式的能力，当我们遇到"新"问题的时候，我们可以将它们看作是由熟悉的问题和技术衍生而来的变种。这需要我们学习如何用大概念和迁移策略来解决问题，而不仅仅是引入特定的事实或公式。大概念是必要的，因为它为迁移提供基础。人们在学习时，必须学会迁移知识和技能的能力。

知识和技能是理解的必要元素，但是仅仅有这些条件还不够。理解还需要更多条件：有敏锐的洞察力，有缜密、灵活地处理事情的能力，有自我评估、解释和批判的能力。迁移包括搞清楚哪些知识和技能与当前问题相关，以及如何运用已有知识去处理当前面临的挑战。学会迁移的一个关键因素是学生在将所学运用到新的具体的情境中时面临挑战。在这种情境中，死记硬背的学习方式或者是单一的操练永远无法使学生具备迁移的能力。

追求理解的教学设计模板要求设计者参考所给出的目标来区分不同类型的"预期结果"——掌握知能（A）、理解意义（M）与学会迁移（T）。

表4-2　A-M-T学习目标和教学角色表

三种相关的学习目标	掌握知能	理解意义	学会迁移
教师角色和教师策略	该目标试图帮助学习者获得实际信息与基本技能	该目标试图帮助学习者建构（达到理解）核心观点与步骤的意义	该目标试图增强学习者将所学自动而高效地运用于新环境的能力

（续上表）

三种相关的学习目标	掌握知能	理解意义	学会迁移
教师角色和教师策略	指导教学： 在此期间，教师最主要的作用就是通过明确而具有针对性的指导来告知学习者。必要时开展差异教学	促导教学： 在此期间，教师主要是帮助学生积极地处理信息并指导他们质疑复杂的问题、文本、项目、事件和模拟，必要时开展差异教学	辅导教学： 教师扮演教练角色，在日益复杂的环境下建立清晰的任务目标，给学生提供持续的表现机会，建立模型并给出持续化的反馈，在他们需要时教师也会给出即时的教学

注：类似上述的学习目标，这里的教师角色及其相关的方法为寻求既定学习结果而共同发挥作用。

　　学会迁移的能力不同于理解意义，尽管两者有着明确的联系。已经学习了知识与技能并且在教师的帮助下理解了所学的东西并建构意义后，学习者必须能够将其合理地应用于新的特殊情境中。如：我知道怎样进行加减法，这里需要哪些操作？那么当学会迁移作为目标时，教师扮演什么角色呢？教师必须像体育和艺术的教师那样发挥训练、观察、为学习者的表现提供反馈等作用。学习者需要大量的模板与机会来尝试表现——在新的复杂情境中运用所学。教师要示范不同的方法，观察学生表现，提供实时的持续反馈与建议，与此同时促使学生反思所学到的东西和还没学到的东西，并告知原因。当然，学会迁移的最终目标是不再需要教师。因此，老师的支持与"脚手架"将逐渐移除，学生学会自己迁移所学东西。

　　建立和保持高度清晰的迁移目标，"学会迁移"与"回忆并对号入座"是截然不同的。让学生运用不同的技能练习判断能力，并不仅仅是将某些技能拿来生搬硬套。学会迁移涉及判断何时运用何种知识与技能，因此迁移就是这种运用全部技能的明智策略。改变定式，使学生意识到先前学习的内容有着不同的使用方式。对迁移的研究强调教师需要向学生布置一些任务，在这些任务里随时间的推移其定式、格式、背景、模式、语言等会发生一定的变化，学生要学会思考如何更加灵活地运用所学的知识。学会迁移关乎应用核心观点来发现那些在别人看来只有新奇与差异中的相似与联系，要求学生从他们的经历和过去直接的教训中来总结归纳适用范围更广的原理、准则和观点。不论是简单地做笔记，还是创造性呈现，要让学生用自己的术语来整理重构所学，这是解决知识的长期记忆与灵活运用的当务之急。

第二节 "以终为始"的逆向设计

一、逆向设计是最好的

逆向设计（backward design）的概念和方法，可以避开学校教学设计中的两大误区——聚焦活动的教学和聚焦灌输的教学。前者没有明确学习体验如何帮助学习者达到学习目标；后者缺少明确的大概念来引导教学，缺乏为确保学习效果而进行设计的过程。教师在考虑如何开展教与学活动之前，先要努力思考学习要达到的目的到底是什么，以及哪些证据表明学习达到了目的；必须首先关注学习期望，然后才有可能产生适合的教学行为；最好的设计应该是"以终为始"——从学习结果开始的逆向思考。这个概念和方法对于今天我们追求有意义、有效果的教学设计以及思考和寻找教师教学行为转变的路径颇有启迪。

教学只是达到教育目标的一种方式，计划应先于教学。也就是说，教师应将设置教育目标置于规划学习活动之前，利用教育目标开发相应的教学活动。理解为先的教学设计模式为单元课程设计提供了一个有效的设计方法，即逆向设计。逆向设计是一个教学设计过程，它要求设计者从目标出发，并为达到这一目标而去设计前面的环节。为什么这种观点看起来如此合理？因为许多教师的教学设计都是从教科书、兴趣课和历史悠久的活动出发的，而不是从应该达到的目标或标准出发的。在逆向设计中，终点是预期学习结果（目标或标准）。设计者要做的就是从终点出发，之后进行评估，也就是寻找必需的证据来证明学生已经到达这个终点。通过明确学习结果和评估，设计者便可以确定必要的知识和技能，以及与学习结果相一致的教学活动。

为什么单元课程设计要"逆向"进行呢？传统的教学设计过程中，教师往往依据教科书的内容安排规划教学活动，这也许能够将教科书上的全部学习内容传授给学生。但因其内容过于宽泛零散，有广度却没有深度，学生的学习常常是浅尝辄止，学习效果反而不尽如人意。而逆向设计主张单元课程设计应先确定预期的学习结果，再依据结果设置合理的评估方式，用于考核学生是否已真正获得理解，最后综合考虑学习结果和评估方式来规划相关的教学活动。

"逆向"就是与常态教学设计的思维有"逆"，"逆"要有理，也要"逆"得值得关注。设计方法所"逆"于常态教学设计之处，主要在于常态教学设计中评估是教师最后要做的工作，而逆向教学设计要求教师在确定所追求的结果后，首先考虑评估的方案。有效的课程是"以终为始"来开展设计的，即从长期的预期学习结果出发经历三个阶段的设计过程（预期结果、提供证据与学习计划）。这样可以避免出现"覆盖教材内容"和"活动导向教学"这两个弊端，防止学习中目的不明确与重点不突出。

最好的设计应该是"以终为始"——从学习结果开始的逆向思考。当我们考虑到关注的教育目的"理解"时，逆向设计法的适用性就更加清晰了。如果我们不清楚所追求的特定理解是什么，不知道在实践中这些理解是如何表现的，那我们就不知道如何"为理解而教"，不知道应该采用哪些材料或开展哪些活动。就像导游一样，只有在清楚地知道希望"游客"对文化有哪些特定理解的情况下，我们才可能做出最好的决定：让我们的"游客"游览哪些"景点"，以及让他们在短时间内体验什么特定的"文化"。只有明确知道预期结果，我们才能专注于最有可能实现这些结果的内容、方法和活动。教师应该从输出端开始思考教学，即从预期结果开始思考教学。太多的教师都只关注自己的"教"，而不是学生的"学"。他们首先花大量的时间思考的是：自己要做什么、使用哪些材料、要求学生做什么，而不是首先思考为了达到学习目标，学生需要什么。

逆向设计的结果更清晰地界定并且更明智地平衡了短期和长期目标，提出了更恰当的评估办法，和一般的教案相比，教学目的性更强。尤其当你意识到教育的首要目的是实现有效的学习迁移时，逆向设计的优势则更加明显。教师要从学生长远的综合学业表现开始逆向设计，而不是仅仅从知识记忆的零散主题或片段技能出发。这样的学业表现才是真正的专业知识核心。换句话说，我们希望通过"设计"而不是靠"运气"实现理解。也就是说，我们不想只是简单地呈现内容和开展活动，然后祈祷正好有些部分灵验了。我们需要把单元设计工作看作车上安装的全球定位系统（GPS）：首先确定一个具体的学习目的地，然后发现到达那里的最好教学路径。

二、逆向设计的三个阶段

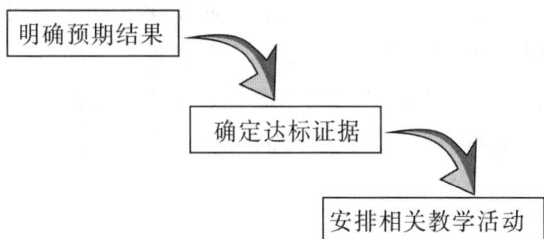

图4-1　逆向设计的三个阶段

（一）阶段一：明确预期结果

学生需要知道什么，理解什么，能做什么？哪些隐含在参照目标（比如：内容标准、课程目标）中的核心观点值得学生理解？学生需要持续理解的是什么？哪些具有引导意义的核心问题，值得学生贯穿整个单元去思考？哪些知识和技能有助于实现目标并激发有效的表现？

预期的学习结果指依据课程标准和需要深入持久理解的内容，预测学生在单元教学结束之后应该知道什么、能够做什么，什么内容需要深入持久的理解。这一环节在整个逆向教学设计的过程中起着至关重要的作用，是后续两个设计阶段的前提和基础，起着根本的导向性作用。在这一环节，教师需要确定以下三个方面的内容：学习迁移、意义建构、掌握知能。

1. 学习迁移

鉴于检测学习者是否真正获得理解，主要观察其是否能够成功迁移所学，因此，此环节将迁移目标放在首位。一方面，迁移目标强调学习者在学完相关内容之后可以将获得的理解、知识和技能有效应用到真实情境之中，或者可以和现实生活相联系，用以解决现实生活中的具体问题；另一方面，迁移目标强调学习者能够独立自主地运用所学解决具体问题，在接受他人帮助的过程中逐步探究，经过推断和论证获得深入理解，之后逐渐减少来自他人的扶持，直到最终能够完全独立自主地进行学习迁移，合理高效地解决真实问题。

2. 意义建构

意义建构指学生能够激活长时记忆中的相关旧知识，与当前面临的新知在工作记忆中建立联系，进行补充或修改整合，在大脑中形成系统化的知识结构，便于以后的提取利用或者进一步的合并与整合。在这一环节，意义建构分为以下三部分内容：确定应当深入持久理解的内容、确定基本问题、确定需要掌握的知识和技能。

（1）确定应当深入持久理解的内容。

确定什么是需要深入持久理解的内容，对于单元课程的设计者来说是极其重要的。虽然课程标准已经规定了要求学生掌握的知识范围，但其内容过于宽泛零散，远远超过学生在有限的时间里面能够牢靠掌握的接受范围，所以教师有必要对学习内容进行一定的筛选，确定哪些是最核心、最需要持久理解的内容。

（2）确定基本问题。

学生在经历真正的理解性学习时，经常会不断地质疑，实际上，理解性学习和提问这两者的关系是相互作用、相辅相成的。学生一旦以理解作为最终目标开展学习，那么他在学习的过程中一定会不断地产生疑问，寻找答案并加以论证；而这种不断质询和探索的过程则进一步加深了学生对内容的理解，无形中促进了理解性学习的发生。

3．掌握知能

掌握一定的相关知识和技能是实现意义建构和学习迁移的前提。没有相关的知识和技能作为支撑，学生就无法做到知识间的融会贯通，也就没有学习迁移的可能。这些重要的知识和技能与单元的核心内容紧密相关，所以教师还需要明确学生应该掌握的重要知能，帮助学生获得真正的理解性学习的"入场券"。

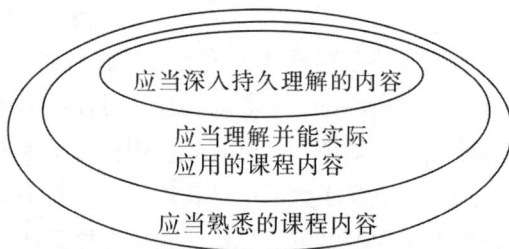

图 4 - 2　课程内容层次优选示意图

阶段一的预期结果是什么？有句俗语说："如果你不知道最终要去哪儿，那么结果会是东游西逛，漫无目的。"这一说法和逆向设计的思路正好相反。如前面所说，最终的"目的地"必须是关于学生的变化——学习本身所要追求的东西，即学生的输出，而不是关于内容或者教师的行为，即教师的输入。

一个教学设计是否有效，关键看其是否从教学的预期目标出发逆向思考，这样才能使学生学会应用所学的内容。然后，教师才更有可能知道达到这些目标的教育路径，避免简单的内容覆盖或者单纯的活动导向。

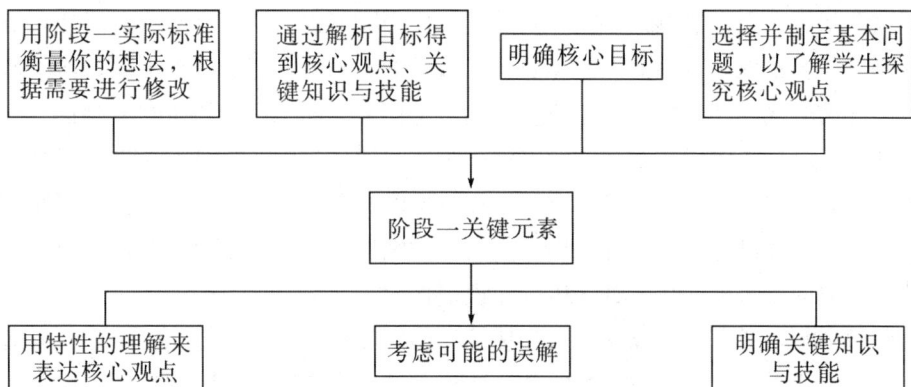

图4-3 阶段一关键元素网状图

（二）阶段二：确定达标证据

我们如何知道学生已经达到预期结果和内容标准？我们又如何知道学生是否真的理解了核心观点？我们用什么作为熟练的证据？逆向设计认为，我们在设计时需要收集评估证据，这些证据可以证明阶段一的预期结果已经实现。

确定阶段一的预期目标之后，设计者经常习惯性地跳过阶段二，直接规划阶段三的相关教学活动，但这容易导致教学活动偏离"为理解而教"的教学目标，教师无法有效监控学生当前的理解程度。因此，鉴于逆向设计要求的协调一致性，规划教学活动前，教师首先要确定能够证明学生已经获得理解的有效证据，每个学习单元设置一定的评估标准，利用这些评估反馈了解学生的学习情况，并进一步指导自身的教学。这个阶段教师需要完成以下三个任务：选择合适的评估方式、设计真实的情境任务、制定评分量规。

1. 选择合适的评估方式

教师在收集有效的评估方式时，需要考虑多种多样的评估方法，包括非正式的评估方式，如口头提问、课堂观察、课堂讨论、自我评估、同伴评估等；传统的正式纸笔测试，如随堂测验、学期考核、开放式问答等；真实情境任务和项目等。这些不同的评估方式在难易程度、时间跨度、情境设置等方面各有不同，因为阶段一教学目标多元化，所以需要针对不同的教学目标采取相应的评估方式，使得评估方式更加科学且更具说服力，确保不同风格的学习者都能够通过适合自己的评估方式展现自己的学习成果。

2. 设计真实的情境任务

理解并不只是要求学习者对知识和技能的准确重复或者熟练操作，其更强调学习者在面对现实问题时，能够独立判断使用什么、怎样使用以及为什么使用这些知识，怎样能够最快速最高效地解决当前面临的问题。因此，对理解的评判，需要采取更具挑战性、需要运用多种能力并使学习者置于不同真实情境下的评估方式，即真实情境任务。真实情境任务不同于传统的考查或测试，传统的纸笔测试大多以答案单一的客观题为主，偶尔包含一些要求学生自行判断的主观题，但这实质上只是要求学生在给出的两者中做出一个选择，并阐述自己的理由，并没有真正发挥考查学生的批判性思维能力的作用，而是以看似开放、探究的方式进一步考查学生的知识记忆。

教师需要考虑如何设计出真实情境，GRASPS 为任务的设计提供了一整套有效的思考方式，可以帮助教师设计出全面、真实、有挑战性的学业表现任务：

G——目标（Goal），即表现任务的目标，需要告诉学生任务是什么，要解决哪些问题或者克服哪些困难。

R——角色（Role），即表现任务需要你扮演怎样的角色，你的工作职责是什么，需要以什么身份完成这个任务。

A——受众（Audience），即表现任务服务的对象，你的目标观众是谁或者说你需要使哪些人信服。

S——情境（Situation），即表现任务的发生情境，在此情境中你需要处理哪些问题。

P——成果或学业表现（Product，Performance），即表现任务的最终成果，需要向学生阐明最终需要获得怎样的成果或者学业表现。

S——标准（Standards for Success），即表现任务的评估标准，任务开始之前，学生需要明确该任务有哪些要求、由谁来评估，以及评估标准是什么。

3. 制定评分量规

学业评价是教学设计中必不可少的一个重要环节，其以教育教学目标为依据，运用恰当有效的工具和途径，对学生的学业表现进行评价。同时，明确的评估标准和及时的评估反馈既可以帮助教师了解学生的学习情况，从而调整教学计划，也使学生清晰地了解学习目标，及时改善自己学习中的不足。因此，教师和学生共同制定一份评分量规成为优化教学设计、提高教学和学习效率的重要举措。

在阶段二，什么样的证据可以证明学生达到了单元目标？这要求单元设计者以评估者的身份来思考预期的结果是否已经达成。假设你的目标已经达成，怎样的具体评估任务最能检验你的总体目标是否已经达成？因此，必须确保阶段二的评估办法和阶段一的目标保持一致性。在阶段二的设计中，教师要注意最基本的目标是让学生学会知识、技能并在理解之后能够自主有效地加以应用。教师可以直接在以前的单元设计稿中添加下述语句，强调并提醒自己这才是真正的目标（阶段一），因而评估办法（阶段二）应该与之相对应。例如：阶段一：学生应自主地迁移所学……阶段二：任务应要求学生自主识别……或应用……或释义……

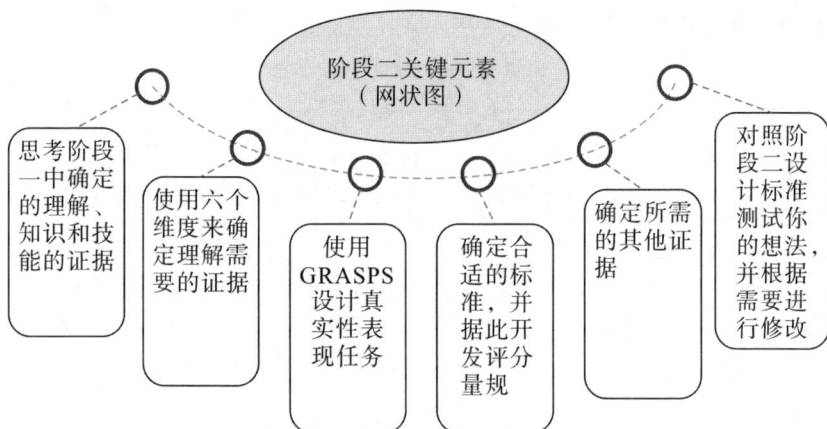

图4-4 阶段二关键元素网状图

（三）阶段三：安排相关教学活动

这个阶段教师需要安排相关的教学活动和学习体验，使其与前两个阶段的预期目标及评估方式保持一致，确保学生通过设计的一系列教学活动获得真正的理解。但是，在设计教学活动之前，教师首先需要注意避免两个比较常见的误区：活动导向、覆盖教材。

1. 避免"活动导向"和"覆盖教材"

具有吸引力的课堂常常是无数教师追求的重要课堂氛围之一，只有学生的积极性、探究欲等被充分激发，他们才会全力以赴地认真学习，所以教师有时为了打造一个"具有吸引力"的课堂，会刻意在课堂上安排大量的游戏、讨论等活动，希望以此吸引学生的注意力，提高学生的课堂参与度。但在这种"活动导向"引导的课堂，有时教师并没有围绕核心的教学内容安排活动，只是盲目地将各种活动堆砌在一起，实际上并没有真正激发学生的思考。另一个较为常见的误区是"覆盖教材"，教师教学完全照搬教科书的内容，教科书有什么教师就教什么。实际上，造成这种现象的主要原因是人们常常误认为，只要将所有的教学内容传授给学生，学生就能够学到更多的知识，但这种教学方式容易导致学生学到的内容过于肤浅表面，学生在学习的过程中并没有将其内化成自己的知识，将来很难将其灵活应用到现实生活中。

2. 安排合适的教学活动

在有了明确的结果和理解的证据之后，我们需要完成一份学习活动计划。我们需要教给学生哪些知识和技能，怎样教才能最好地实现表现目标？如何安排活动的顺序，才能最匹配预期结果？在计划学习活动的时候，我们需要将WHERETO 元素作为指导原则。

图 4-5   WHERETO 元素

W——明确教学目标（Where），指教师需要从学生的角度思考，在开展教学活动之前，使学生清楚他们需要达到的目标、被期望完成的任务、所学内容的价值，并安排测试检测学生的学情。

H——激发学习意愿（Hook），指教师在课堂教学活动中安排一些学习体验激发学生的学习兴趣，例如利用和主题有关的主要思想、基本问题或真实情境任务等引导学生积极主动思考，从而提高学生的课堂参与度。

E——逐步探究主题（Explore），指教师需要思考能够帮助学生更好地掌握基本思想、探究基本问题、优化学业表现的方法，例如讲授法、课外实践活动、探究性学习等。

R——反思学习过程（Rethink），指教师需要给学生提供反思和再思考的机会，这也是加深理解的重要方式，学生可以利用反思进一步改善自己的学习，例如教师让学生自己总结学习重点，自我完善学业表现和学习成果，培养元认知能力等。

E——展评学习所得（Evaluate），指教师需要给学生提供进行形成性评价及自我评价的机会，例如鼓励学生在学习过程中不断地自我总结学习所得及存在的学习疑问，整理学习内容的层次筛选。

T——设计多元风格（Tailor），指教师需要设计多元的课程内容、学习过程、评估方式等满足不同背景、能力、兴趣、学习风格的学习者，例如教师给学生进行诊断性评价，了解不同学生的学习需求，针对不同需求设计多样的学习方式、考核手段等。

O——组织教学活动（Organize），指教学活动展开的逻辑方式，例如教师可以以学习内容的难易程度或者以"示范—练习—反馈—调整"的顺序等为逻辑主线安排学习活动。

阶段三基于目标和证据来回答如何实现这些结果。阶段一和阶段二是教学的目标，我们需要一种评估办法和教学活动与之相对应。设计所有的学习规划都要以实现理解意义和学习迁移的目标为根据，因此学习者能够不断地自主应用所学。教学应不断减少引导、线索或其他形式的"脚手架"和提示。也就是说，如果学习者总需要别人的提示来判断应该应用什么内容、需要做什么及怎么做，那么这个学生在完成需要独立推断和应用的任务时表现较差。要培养学生的批判性思维，必须要仔细思考怎样设计才能帮助学习者实现这些重要和高级的目标。

图4-6 阶段三关键元素网状图

三、逆向设计的模板及实践——以矩形的定义与性质为例

课题	矩形的定义与性质
阶段 1　预期结果	
参考目标：（1）理解矩形的概念，以及矩形与平行四边形的区别与联系。 （2）探索并证明矩形的性质，会用矩形的性质解决简单的问题。 （3）掌握直角三角形斜边中线的性质，并会简单运用。	
学生将理解： （1）矩形的定义。 （2）矩形和平行四边形的区别与联系。 （3）证明矩形的性质的方法思路。 （4）直角三角形斜边上中线的性质。 （5）矩形的对称性。 （6）可利用矩形的性质和直角三角形斜边上中线的性质解决简单的问题。	基本问题： （1）矩形的定义是什么？ （2）矩形具备平行四边形的性质吗？ （3）矩形与平行四边形有什么区别与联系？ （4）如何证明矩形特有的性质？ （5）矩形是轴对称图形吗？ （6）直角三角形斜边上中线与斜边有什么数量关系？
学生将知道： （1）利用已学的知识证明矩形"四个角都是直角"和"对角线相等"。 （2）利用矩形的性质解决简单的问题。 （3）运用直角三角形斜边上中线的性质解决问题。 （4）简答题中几何语言的书写。	学生将能够： （1）利用矩形的性质、直角三角形斜边上中线的性质解决问题。 （2）将矩形转化为直角三角形和等腰三角形解决问题。 （3）综合运用矩形的性质、直角三角形斜边上中线的性质、勾股定理、面积法等解决问题。
阶段 2　评学依据	
学习任务： （1）自学课本内容，归纳矩形的定义和性质。 （2）理解如何证明矩形的性质和推导直角三角形斜边上中线的性质。 （3）运用矩形的性质、直角三角形斜边上中线的性质解决简单问题。 （4）总结归纳矩形的性质等内容。 （5）整理错题。	其他证据： （1）课前自学检测。 （2）学生上台分享解题思路以及呈现解题步骤。 （3）当堂练习、变式训练和"盲盒"检测挑战。 （4）自学评价、自我评价、小组评价与教师评价。 （5）课后作业得分。 （6）错题整理与错因分析。

（续上表）

阶段3　学习规划
学习过程
课前学习活动

一、任务驱动，构建知识 　　1. 如图，在矩形 $ABCD$ 中，对角线相交于点 O，若 $AD=6$，$BD=10$，则： 　　（1）$AC=$_____； 　　（2）$AB=$_____； 　　（3）矩形 $ABCD$ 的周长为_____； 　　（4）矩形 $ABCD$ 的面积为_____。 　　2. 如图，在 Rt$\triangle ABC$ 中，$\angle ACB=90°$，点 D 是 AB 的中点，则： 　　（1）若 $AB=8$，则 $CD=$_____； 　　（2）若 $CD=8$，则 $AB=$_____。 	**【活动意图】** 根据学习目标设计自学检测，引导学生明确新知识的重点，提高学生的自学能力。通过自学检测情况和自学评价，让学生总结收获和收集疑惑，使学生带着问题进入课堂，从而提高听课效率。

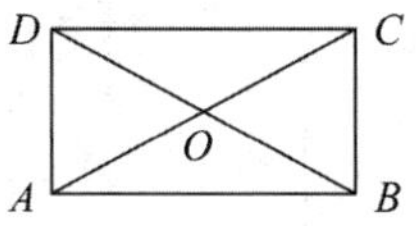

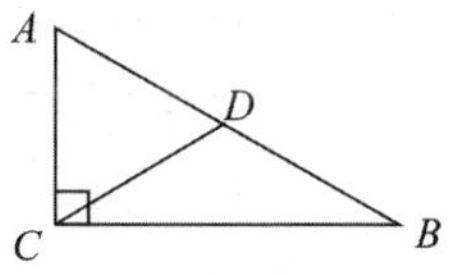

自学评价			
评价 指标	1. 细读课本并用横线画出概念	2. 自学过程中对学习目标的掌握情况	3. 能自主完成自学检测练习	4. 自学后是否仍存在疑惑
获得 水平				

注：优秀"A"，良好"B"，合格"C"，还需努力"D"。

（续上表）

课中学习活动	
二、搭建支架，引入新课 　　1. 观看以下图片，找出熟悉的平面图形：  	【活动意图】联系生活实际，利用学生一天生活情境增强趣味性，提高学生学习的兴趣。引导学生发现生活中隐藏的数学图形，寻找数学知识，发现数学问题。
2. 观看小视频，结合平行四边形教具的动态演示，回答以下问题。 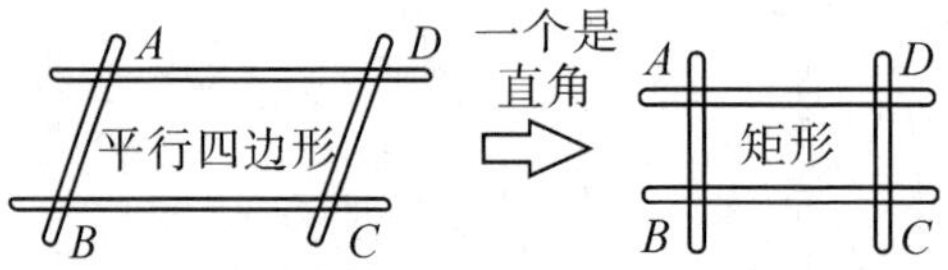 　　(1) 矩形的定义：有一个角是＿＿＿＿＿＿＿＿＿的＿＿＿＿＿＿＿＿叫作矩形。 　　(2) 矩形是＿＿＿＿＿＿＿的平行四边形，所以具备平行四边形的性质： 　　①边：＿＿＿＿＿＿＿＿＿＿＿＿＿＿ 　　②角：＿＿＿＿＿＿＿＿＿＿＿＿＿＿ 　　③对角线：＿＿＿＿＿＿＿＿＿＿＿＿ 　　(3) 除此之外，还有其他特殊的性质吗？	【活动意图】通过小视频和平行四边形教具的动态演示让学生直观观察平行四边形的变化过程，体会图形之间的动态变化。让学生直观认识到当平行四边形的一个角变化成直角时，平行四边形变成了矩形，并引导学生给矩形下定义，让学生的认识从感性提升到理性。活动以问题引导锻炼学生独立思考能力和合作交流能力，通过学生独立思考和小组合作探究矩形的性质，让学生进一步清楚平行四边形与矩形的区别与联系，知道它们最大的区别在于矩形的四个角都是直角和对角线相等。
三、展开支架，合作探究 　　**【活动1：证明矩形的四个角都是直角】**已知四边形 $ABCD$ 是矩形，$\angle B = 90°$，求证：$\angle A = \angle B = \angle C = \angle D = 90°$。 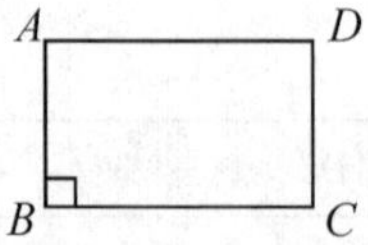 	【活动意图】教师引导学生从探究到猜想再到验证，得出性质定理，这符合学生知识建构的认知规律。由学生讲解证明的方法思路，使学生充分参与课堂，不仅使其分析问题和解决问题的能力在无形中提高，还增强了自信并感受了学习数学的快乐。

（续上表）

几何语言表示：∵ 四边形 *ABCD* 是矩形。 ∴ _____ **【活动2：证明矩形的对角线相等】** 如图，四边形 *ABCD* 是矩形，∠*ABC* = 90°，对角线 *AC* 与 *DB* 相交于点 *O*。求证：*AC* = *DB*。 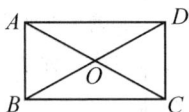 几何语言表示：∵ 四边形 *ABCD* 是矩形。 ∴ _____ 要点：（1）△*AOB*、△*AOD*、△*COD*、△*BOC* 都是_____三角形，面积_____。 矩形 *ABCD* 是_____图形，有____条对称轴。 **【活动3：探究直角三角形斜边上中线的性质】** 观察 Rt△*ABC*，在 Rt△*ABC* 中，*BO* 是斜边 *AC* 上的中线，*BO* 与 *AC* 有什么关系？ 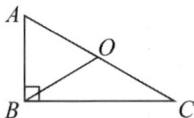 推论：直角三角形斜边上的_____等于斜边的_____，即：*BO* = _____。 **【归纳】** 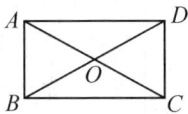 矩形的性质 ⎰ 边：_____ ⎱ 角：_____ 对角线：_____	 **【活动意图】** 学生对知识与过程进行梳理，形成完整的知识体系，还可以培养表达能力和归纳总结能力，发展核心素养。

（续上表）

【基础训练】 1. 矩形具有而一般平行四边形不具有的性质是( )。 　A. 对角线相等　　　　　B. 对边相等 　C. 对角相等　　　　　　D. 对角线互相平分 2. 如图，在矩形 $ABCD$ 中，对角线 AC、BD 交于点 O，有下列说法：①$AB /\!/ CD$；②$OA = OC$；③$AC \perp BD$；④$OA = OD$。其中，正确的个数有( )。 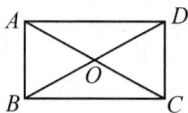 　A. 0 个　　　　　　　　B. 1 个 　C. 2 个　　　　　　　　D. 3 个 3. 如图，在 $\triangle ABC$ 中，$\angle ABC = 90°$，BD 是斜边 AC 上的中线。 　(1) 若 $BD = 3$ cm，则 $AC =$ _____ cm； 　(2) 若 $\angle C = 30°$，$AB = 5$ cm，则 $AC =$ _____ cm，$BD =$ _____ cm。 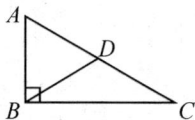	**【活动意图】** 学以致用并巩固所学的矩形和直角三角形斜边中线的性质，能够利用其解决简单的计算问题。设计难度低的题目，不仅增强了学生的自信心，感受成功的喜悦，还能提高学生的学习兴趣，为本节课内容的学习奠定了基础。
四、活用支架，深度学习 　如图，在矩形 $ABCD$ 中，两条对角线 AC、BD 相交于点 O，$\angle AOB = 60°$，$AB = 4$ cm，求对角线的长。 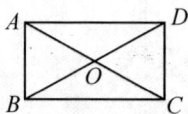	**【活动意图】** 一题多变的形式，不仅考查学生对矩形的性质和直角三角形性质的应用，巩固本节课所学的知识，还进一步巩固了勾股定理、30°的直角三角形的性质、方程思想等知识。

（续上表）

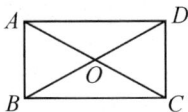

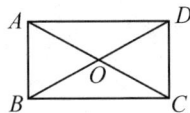

变式1：如图，矩形 *ABCD* 的两条对角线相交于点 *O*，∠*AOD* = 120°，*AC* = 8 cm，则 *AB* = _____，*BC* = _____。 $$\begin{array}{c}\text{(图：矩形}ABCD\text{，对角线交于}O)\end{array}$$ 变式2：如图，矩形 *ABCD*，*AB* = 8 cm，对角线比 *AD* 长 4 cm。则*AD* = _____，点 *A* 到 *BD* 的距离 *AE* 的长为_____。 $$\begin{array}{c}\text{(图：矩形}ABCD\text{，}AE\perp BD\text{于}E)\end{array}$$ **【轻松挑战】开盲盒** （1分）对于任意的矩形，下列说法一定正确的是(　　)。 　A. 对角线垂直且相等 　B. 四边都互相垂直 　C. 四个角都相等 　D. 不是轴对称图形 （2分）在矩形 *ABCD* 中，*AC*、*BD* 相交于点 *O*，若 △*AOB* 的面积为 2 cm²，则矩形 *ABCD* 的面积为_____。 $$\begin{array}{c}\text{(图：矩形}ABCD\text{，对角线交于}O)\end{array}$$	**【活动意图】** 通过设计"开盲盒"练习游戏，巩固知识的效果，利用"刺激感"和"好奇心"调动学生的积极性，活跃课堂气氛，培育高效课堂。

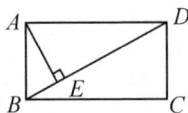

（续上表）

（3 分）如图，AC、BD 是矩形 $ABCD$ 的对角线，过点 D 作 $DE \parallel AC$ 交 BC 的延长线于 E，若 $BD = 4$ cm，则 $DE = $ _____。

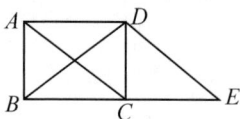

（4 分）如图，Rt△ABC 中，$\angle ABC = 90°$，$AB = 5$，D 为斜边 AC 的中点，$BD = 6.5$ cm，则 BC 的长为_____。

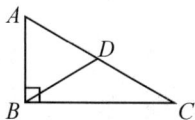

	自我评价		
评价指标	1. 能理解矩形的概念，以及矩形与平行四边形的区别与联系	2. 会证明矩形的性质，以及利用矩形的性质解决简单的问题	3. 能理解直角三角形斜边上中线的性质并作简单运用	4. 能积极举手回答问题
获得水平				

注：优秀"A"，良好"B"，合格"C"，还需努力"D"。

五、撤销支架，反思内化

【拓展提升】

如图，在矩形 $ABCD$ 中，E 是 BC 上的点，$AE = AD$，$DF \perp AE$，垂足为 F。求证：$DF = DC$。

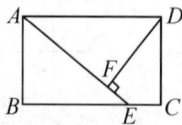

【活动意图】设计"拓展提升"题目，把本节课的教学内容再次拔高，让学生深度学习本节课的内容，加强学生运用新知的意识。

通过小组评价结果，更客观地反馈出本节课教与学的效果。

（续上表）

小组评价				
评价指标	1. 能理解矩形的概念，以及矩形与平行四边形的区别与联系	2. 会证明矩形的性质，以及利用矩形的性质解决简单的问题	3. 能理解直角三角形斜边上中线的性质并作简单运用	4. 能积极举手回答问题
获得水平				
注：正副组长互评，组长为组员评价。优秀“A”，良好“B”，合格“C”，还需努力“D”。				

六、课堂小结，思辨收获

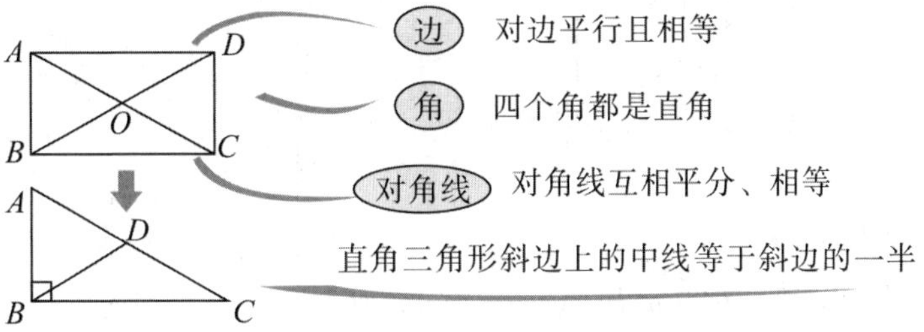
A
D
O
B
C
边
对边平行且相等
角
四个角都是直角
对角线
对角线互相平分、相等
A
D
B
C
直角三角形斜边上的中线等于斜边的一半

课后学习活动

课后作业：

【基础训练】

1. 如图，矩形 $ABCD$ 的对角线交于点 O，若 $\angle BAO=65^\circ$，则 $\angle AOD$ 等于（　　）。

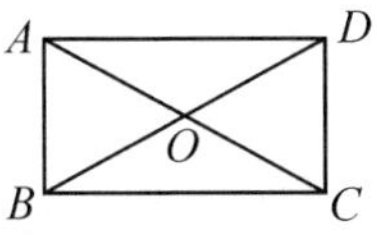
A
D
O
B
C

A. 110°　B. 115°　C. 130°　D. 150°

【活动意图】设计“基础训练”和“能力提升”两个层次的作业，使不同层次的学生得到不同的发展，达到巩固课堂学习内容的效果，能激发部分学生的学习兴趣。

学生总结与分析错题的错因与正确做法，从而避免今后学习与做题中重复犯错，加深对知识的理解与记忆。

（续上表）

2. 如图，矩形 *ABCD* 的对角线交于点 *O*。若 $\angle ACB = 30°$，*AB* = 2 cm，则 *OC* 的长为 _____。 （图） 3. 如图，*P* 是矩形 *ABCD* 的对角线 *AC* 的中点，*E* 是 *AD* 的中点。若 *AB* = 6 cm，*AD* = 8 cm，则四边形 *ABPE* 的周长为 _____。 （图） 【能力提升】 4. 如图，将矩形 *ABCD* 沿着直线 *BD* 折叠，使点 *C* 落在 *C′* 处，*BC′* 交 *AD* 于点 *E*，*AD* = 8 cm，*AB* = 4 cm，求 △*BED* 的面积。 （图） 5. 本节知识错题整理。 错题： 错因分析：	通过课后教师评价，教师准确地掌握学生的学习效果，从而及时有效地调整教学方法。

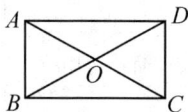

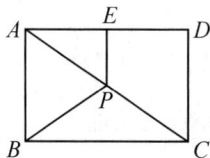

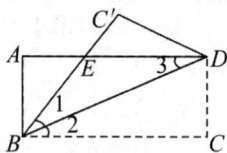

（续上表）

教师评价			
评价 指标	1. 课堂练习订正批 改情况	2. 错题整理情况	3. 解决问题的 策略、方法情况	4. 课后作业完 成情况
获得 水平			

注：优秀"A"，良好"B"，合格"C"，还需努力"D"。

第三节　"教—学—评一致性"落实教学专业路径

教了，不等于学了；学了，不等于学会了。但在备课中往往出现这样的现象：教师把学生设想为"天才"，误以为"我教过了，学生一定学好了，学好了一定做得好了"，只关注自己"是不是教过了，是不是讲过了，有没有讲完，有没有讲漏"，而很少关注"学生真的听懂了吗，真的学会了吗"。在这里，教师缺乏的就是"教—学—评一致性"的思考。"教—学—评一致性"越来越受到理论与实践研究者的关注，它反映了课程思维的本质要求，即整体一致地思考"为什么教""教什么""怎样教""教到什么程度"的问题。

一、"教—学—评一致性"内涵理解

20世纪80年代，美国发起了"由标准驱动并基于标准"的基础教育课程改革，把课程与教学的一致性作为一项关键性指标，用以衡量各州、各学校是否有效落实课程标准。这场基于标准的课程改革运动随后推动了国际上关于课程、教学与评价的一致性研究。最早提出"教学一致性"概念的是美国教育心理学家科恩。他用一致性概念来替代教学中的某些设计条件与预期的教学过程、教学结果之间的匹配程度，并且通过研究发现，教学目标与评价一致性越高，无论是普通学生还是天才学生都能得好成绩的比例也就越高。虽然，科恩等人提出了"教学一致性"的概念，但并没有对"一致性"的内涵和外延做过多的阐述，而最先对"一致性"概念进行全面深入分析的是美国著名教育评价专家韦伯。在韦伯看来，一致性是指"两种或更多事物之间的吻合程度，即事物各个部分或要素融合成一个和谐的整体，并指向对同一概念的理解"。"实现这种一致性的根本目的是更好地指导教师的教学与学生的学习"。韦伯关于一致性的界定基本上已成为其他研究者进一步研究的基础，以美国州立学校主管理事会的《州标准与评价系统：一致性指南》为代表的绝大多数政府工作报告及大型研究文件也均采纳了韦伯关于一致性的定义。

在我国长期致力于"教—学—评一致性"研究的华东师范大学崔允漷教授提出，"教—学—评一致性"包括以下四个部分：①清晰的目标是"教—学—评一致性"的前提和灵魂，判断教—学—评是否一致的依据就是，教学、学习与评价是否都是围绕共享的目标展开的。②"教—学—评一致性"涉及两种理解：一是针对教师而言，是指教师在特定的课堂教学活动中，教师的教、学生的学以及对学习的评价应该具有目标的一致性；二是针对教师与命题专家而言，是指教师的教、学生的学与命题专家的命题应保持目标的一致性。③"教—学—评一致性"指向有效教学，教学"有效"的唯一证据在于目标的达成，在于学生学习结果的质量，在于如何证明学生学会了什么。④"教—学—评一致性"的实现取决于教师的课程素养与评价素养。课程素养表现为坚持博雅教育（素质教育）的理念、确定和叙写清晰的目标、选择与组织匹配的素材或活动、采用与目标相匹配的方法、实施基于目标的评价。评价素养则表现为坚持育人理念、确定清晰的目标、设计与目标相匹配的评价任务、获取与目标达成相关的学习信息、解释这些信息并做出反馈或进行指导。

二、基于新课程标准的"教—学—评一致性"

为进一步深化教育改革，落实立德树人的基本任务，教育部于 2022 年 4 月颁布了《义务教育数学课程标准（2022 年版）》。就其内容而言，该文件较此前最核心的变化在于课程改革进程中目标的变化。自 2001 年以来，数学课程的目标由"双基"转变为"四基""四能"，再转变为以核心素养为导向的课程目标，逐渐将以知识为主的目标设定转变为以人为主的目标设定，即让学生从掌握知识到增加智慧，从学会数学到会学数学。该文件是对以往所颁布的课程大纲、课程标准的继承与创新，密切联系着我国实际国情，反映了我国着力提高育人质量的教育诉求。该文件中课程目标、课程结构、课程内容、教学活动、课程评价的设计与规划秉持着一脉相承的原则，强调素养导向以学生发展为目标，这必然要求教、学、评要有高度的一致性。

（一）理解新课标中的"教—学—评一致性"

"教—学—评一致性"即教师的教、学生的学以及对学习的评价应该具有一致的目标。清晰的目标是"教—学—评一致性"的前提和灵魂。没有清晰的目标，就无所谓教、学、评活动；没有清晰的目标，也就无所谓一致性。可以说，教学"有效"的证据在于目标的达成，在于学生学习结果的质量，在于如何证明学生学会了什么。在教学中，目标是课程教学的支点，而评价则贯穿教学始终以促进目标的达成。在实际课堂教学中，如果教师没有系统考虑目标在其中发挥的重要作用，就难以做到评价先行，所以"教—学—评一致性"常常成为空谈。因此，处理好教、学、评之间的关系，对于推动"教—学—评一致性"的实施有着举足轻重的作用。解决"教—学—评一致性"的问题实质在于提高教、学、评的相关性，研究教什么、学什么、评什么的问题。2022 年颁布的新课标，针对内容要求提出了与之相对应的学业要求和教学提示，进一步细化了评价与考试命题建议，其核心正是注重实现"教—学—评一致性"，不仅明确了"为什么教""教什么""教到什么程度"，而且强化了"怎么教"的具体指导，为教师落实"教—学—评一致性"提供了清晰的指导。

要落实"为什么教"，就需要深刻理解课程的育人价值，准确把握学生所需要培养的核心素养，明确学生所必需的必备品格和关键能力，把立德树人的根本任务落实在教学中。要落实"教什么"，就需要准确把握教学内容和教学活动，厘清知识结构，明确教学中需要培养的知识、能力、情感态度与价值观，确定合理清晰的教学目标。要落实"教到什么程度"，就需要整体理解和把握学习目标，把握学情，凸显学生的主体地位，充分发挥评价的功能，在学生学习基本知识、基本技能、基本方法，积累基本活动经验的同时，尽量满足学生多样化的学习需求，做到因材施教。要落实"怎么教"，就需要进一步发掘课标中内容要求、学业要求和教学提示所要传达的核心要义，整合教学内容，优化教学设计，变革教学方式，改进教学过程。

综上所述，"教—学—评一致性"落实的核心在于教学设计与教学实践。如何在教学设计中保障"教—学—评一致性"，如何在教学实践中落实"教—学—评一致性"，是促进教、学、评有效衔接的关键环节。

（二）单元教学设计保障"教—学—评一致性"

伴随着课程改革的持续深入，以目标为导向，根据主题、单元和课时等对教学内容进行统筹规划与设计，成为教师设计和开展教学的新方向。新课标进一步突出强调数学课程的教学设计与实践要落实以素养为导向的"教—学—评一致性"，强调教师的教学要改变注重以课时为单位的教学设计，推进单元整体教学设计以体现数学知识之间的内在逻辑关系，以及学习内容与核心素养表现的关联，架起单元教学设计与"教—学—评一致性"之间的桥梁。这里所提到的单元已不再局限于教材中固有的单元，而是用系统的方法论对教材中"具有某种内在关联性"的内容进行分析、重组、整合而形成的大单元。单元教学设计以学生的认知为起点，从提升学生的核心素养的角度出发，对教材内容与教师课堂教学进行了统筹整合与优化，从而形成一个有效的闭环。

单元教学设计循环上升的发展模式与"教—学—评一致性"的基本理念十分切合。一方面，单元教学中的评价注重对学生知识理解、技能形成、问题解决的综合评价，更符合学生学习的规律，可以为学生提供充足的练习机会，让学生完整地经历知识内化迁移的过程，为"教—学—评一致性"提供更加灵活的、可操作的时间和空间。单元教学设计要求在恰当的时候对学生的学习进行评价，更加凸显了"教—学—评一致性"的重要价值。另一方面，教学内容与学习活动是一脉相承的，教师的教学一定是基于学生学习经验的教学。学习活动作为学生系列化的学习体验，其设计也应当根据对学生已有水平的评价结果而设计，对学生学习的评价实际就是对学生学习效果的检验。因此，"教—学—评一致性"促使"学习目标、学习活动和评价任务成为有机的整体，呈现出高度的内在一致性"。新课标指出，单元教学设计要分析数学内容本质和学生认知规律，合理整合教学内容，分析主题、单元、课时的数学知识和核心素养主要表现，确定单元教学目标，并落实到教学活动的各个环节，促进学生对数学教学内容的整体理解和把握。因此，要保障单元教学设计中的"教—学—评一致性"需要考虑以下几个要素：

第一，确定合理清晰的目标。目标直接决定着教学的方向和质量，教师应当以课程标准为依据，正确理解教材，巧妙运用教材，科学研究学生的认知特点，分析数学知识和核心素养的主要表现，在系统整合的过程中确定单元学习目标。第二，将学习目标转变为评价任务。学习目标既是教师教的方向，也是学生学的标杆，更是学习评价的基准。教师应当使评价先行，在评价设计中进一步审视目标的科学性和合理性，有效分解目标并设计评价，保证目标与评价的一致性。第三，合理规划学习活动。学习目标和评价任务的确定，为教师的教学设计提供了清晰的、宏观的、易于操作的框架。教师应当根据目标进一步梳理知识体系，调整课时安排，将目标转变为合理的、与学生学习经验相对接的学习活动，并分步实施，为学生提供序列化的学习体验，从而实现"教—学—评一致性"。

（三）聚焦核心素养达成"教—学—评一致性"

核心素养是对党的教育方针的具体化，反映了有理想、有本领、有担当的时代新人的培养要求。义务教育课程标准对学生核心素养发展提出的具体要求是课程育人功能和价值的高度凝练。落实"教—学—评一致性"，教师应从发展学生核心素养的角度制定教学目标，将核心素养的培育作为教学的出发点和落脚点，使教学目标在培育学生核心素养方面起到指引性、规定性的作用。

新课标对"教、学、评"的内涵进行了阐述和说明："教"主要体现为基于核心素养目标和内容载体而设计的教学目标和教学活动，决定育人方向和基本方式，直接影响育人效果；"学"主要体现为基于教师指导的、学生作为主体参与的实践活动，将学科知识和技能转化为自身的学科核心素养，决定育人效果；"评"是教师依据教学目标确定评价内容和评价标准，通过组织和引导学生完成以评价目标为导向的多种评价活动，主要发挥监控教与学过程和效果的作用，为促教、促学提供参考和依据，实现以评促学、以评促教、以评育人的功能。为此，教师应该注重各教学要素相互关系的分析，设计并实施目标、活动、评价相统一的教学。

核心素养是教学的出发点，也是教学的落脚点和着力点。如果说制定教学目标解决的是"去哪里"（为什么教、教什么）的问题，那么设计教学活动解决的就是"怎么去"（怎么教）的问题。课堂教学是发展学生核心素养的主渠道，教师应秉持核心素养导向理念，设计有助于核心素养形成和发展的教学活动。

知识是教学的载体，也是发展学生核心素养的支点。知识本位的教学活动主要指向知识的传授、讲解、记忆与理解，核心素养的教学活动本质是把知识转化为素养。要将传统教学设计中基于知识授受的教学过程，转变为基于学生核心素养发展的教学过程，不仅要考虑教学内容的逻辑、教学过程的环节和学生的认知特点等，还要在教学理念上以学生的学习与发展为本，注重学生的自主探究活动，调动和发挥学生学习的积极性、主动性和创造性。因此，教师设计教学过程注重以下几个方面：

第一，以核心素养为导向整合教学内容。教学内容是落实教学目标、发展学生核心素养的载体。教师进行教学活动设计时，应准确把握内容要求和学业要求，分析教材，整体梳理教学内容，把握每一个学习主题涉及的范围、层次、要点，以及核心概念、重要问题，不仅要整体把握教学内容之间的关联，还要把握教学内容主线与相应核心素养发展之间的关联。根据实际需要对"内容要求"相关学习主题内容进行重新组合，加强内容之间的关联性。教学内容可以基于单元主题进行整合，也可以围绕关键问题进行整合，还可以运用大概念进行整合。

第二，强化情境设计与问题提出。真实、生动、直观且富有启迪性的学习情境，能够激发学生的学习兴趣，引发学生的思考，促进学生核心素养的发展。在教学中，教师可根据教学目标、教学内容、学生的已有经验，以及学校的实际条件，有针对性地创设情境。在真实情境中提出能引发学生思考的问题，也可以引导学生提出合理问题。问题的提出应引发学生认知冲突，激发学生学习动机，促进学生积极探究，让学生经历观察、思考、表达、概括、归纳、迁移运用等学习过程，使学生在解决问题的过程中掌握知识，发展核心素养。

第三，以探究实践为主要方式开展教学活动。探究和实践是主动获得新知的重要途径，教师应充分认识这种学习活动在培养学生核心素养中的价值，要加强对探究和实践活动的研究与指导，整合启发式、探究式、互动式、体验式和项目式等各种教与学方式的基本要求，设计并实施能够促进学生深度学习的思维型探究和实践。

（四）实际教学中落实"教—学—评一致性"

1. 辩证看待教学、评价与发展之间的关系

维果茨基提出教学要走在发展前面。这是因为，一方面，教学能够促进学生的智力发展，教学决定着学生的智力发展水平、发展速度；另一方面，教学在发展中有着重要的主导作用，教学既要适应学生的现有水平，也要创造学生的最近发展区。因此，对于教师所设置的学习活动来说，需要适应学生的最近发展区，即任务难度可以略高于学生目前已有的认知水平，这样的教学能够让学生不断跨越最近发展区从而达到更高水平。但对学生的评价而言，评价任务的确定应当与既定的学习目标相适应，与学生的能力水平相匹配。较高的评价目标或较低的评价目标均不利于学生的发展。教师在教学中应当辩证地看待教学、评价与发展之间的关系，关注核心素养的阶段性和各阶段间的一致性，把

握教学内容与核心素养发展的一致性，以促进学生核心素养的发展。

2. 正确认识评价在教学中的重要地位

评价不仅仅是教学中的一个重要环节，还是始终伴随并影响教师教学的一条主线。单元教学设计更加强调评价设计先于教学实践，即当教师确定单元的核心教学目标后，应该随之形成与教学目标相适应的评价任务，形成与教学目标相匹配的学习任务。这样环环相扣的教学设计凸显着教、学、评的一致性。教师应该厘清根据评价的教学设计与根据成绩的教学设计之间的区别，打破唯成绩论、一考定终身的僵硬局面，突出评价的多维度、多元化、多样化，关注学生的情感、态度与价值观，关注学生应用意识和创新意识的培养。其中，评价内容的选择要凸显育人的价值，关注学生科学精神和社会责任的培养。评价情境的创设要激发学生的学习兴趣，培养学生的良好学习习惯。

3. 合理设计促进教与学的评价任务

以往的评价往往忽视了让学生经历知识发展的过程，而素养的形成需要学生经历数学活动经验积累的过程，让学生感受到数学学习的必要性。"教—学—评一致性"的核心在于促使目标的达成，指向核心素养的培养，更强调以序列化的体验活动作为评价任务，避免重知识轻能力的误区。在单元教学设计中，教师可以精心选用或开发高质量的过程性评价、单元教学评价资源，如单元大任务、项目式学习等方式，这样不仅可以对学生的基础知识、基本技能和数学解题能力进行测评，而且能够关注到对学生核心素养与关键能力的评价。

三、逆向设计落实"教—学—评一致性"

（一）逆向设计满足"教—学—评一致性"的策略保障

随着基于标准的教育改革运动的出现，基于泰勒的目标模式，威金斯和麦克泰进一步深化研究，提出了"逆向设计"，主张在教学设计中首先明确学习目标，然后确定实施学习目标的评价方式，最后规划学习经验和教学。基于"教—学—评一致性"的教学设计，我们可以称之为"逆向设计"或"始于目标的教学设计"，它遵循的是"教学目标—评价任务—教学活动"三个步骤。"教、学、评"高度一致性包括：教学目标与评价任务的一致性、教学目标与教学活动的一致性、评价任务与教学活动的一致性。

第一步围绕课标、教材、学情、核心素养的这四个方面制定可观、可测、可评的清晰具体的教学目标,因为教学目标对教学起到导学、导教、导评的作用。第二步围绕教学目标制定评价任务,制定评价任务时还需要创设真实且富有价值的问题情境,为数学学科核心素养的形成和发展提供真实的表现机会;有别于传统教学设计将评价置于最后考虑,评价不再是教学过程结束后游离于教学活动之外、凌驾于教学之上的一个孤立环节,评价是教学过程的有机组成部分。教师应先学会评价再学习上课,是为学习的评价而不是对学习的评价。就是强调评价对促进学习、调控教学的作用。第三步围绕评价任务设计教学活动,保证教学活动的针对性。抓住了这"三围绕"就能确保"教、学、评"的高度一致性,从而确保融合在教学目标中的数学学科核心素养渗透到每节课堂中。

"教—学—评一致性"和逆向设计都指向学生发展。基于课程标准将发展学生核心素养的理念转化到每节数学课的动态过程,发展学生核心素养要求"教—学—评一致性"。逆向设计的理念是为理解而教,其目的就是促进学生"理解",要求学生理解隐藏在事实背后的内容,即理解核心概念,能够有效改善以应试为导向的传统教学。同时,逆向设计中蕴含着一致性的思想,逆向设计的三阶段是一个循环往复的设计流程,教学目标、评价任务、教学活动之间高度关联、相互影响、相互制约。这样的关系要求教师确立教学目标之后,必须有相应的评估证据证明学生已经达到了预期结果,也必须有对应的教学活动来实现教学目标。因此,逆向设计本身就体现了一致性的思想。

(二) 逆向设计为"教—学—评一致性"提供设计框架

评价既是促进学生学习的重要手段,又是诊断、调控和引导课堂教学的重要媒介,评即学、评即教、教即评;"教—学—评一致性"的教学是以生为本,将评价贯穿在教学始终,切实促进目标达成的教学,逆向设计强调从结果出发,将评价融入整个教学活动的反向设计,以达成学生学科素养的全面发展。

教师在设计以目标为中心的"教、学、评"活动时,要以明确教学目标为纲要,参考目标、学生将理解、基本问题、学生将知道、学生将能够作为预设目标;学习任务、评价依据作为评学依据;课前学习活动(任务驱动,构建知识;自学评价)、课中学习活动(搭建支架,引入新课;展开支架,合作探究;活用支架,深度学习;自我评价;撤销支架,反思内化;小组评价)、课后学习活动(课后作业,教师评价)作为学习规划,以学习目标的达成度检测学习成效,进一步推动教学改革。

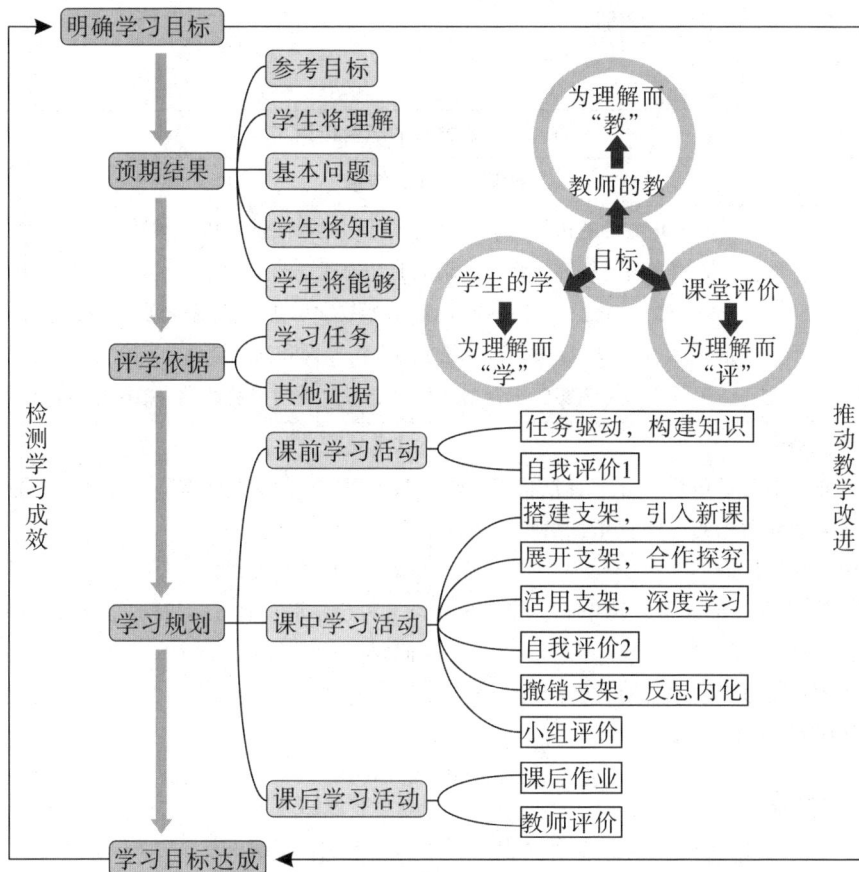

图 4 - 7 "教—学—评一体化"教学思路

　　上述过程与评价先行的逆向设计不谋而合，因此，逆向设计和"教—学—评一致性"的理念高度契合，两者不仅关注学生"学了吗"，而且更侧重于"学会了吗""怎样证明学生已经学会了"。上述各项都需要教师深化学科理解，深思课标要求，深挖教材资源，关注评价的多元性和全面性，把诊断性、形成性和终结性评价贯穿教与学的全过程。

四、教学实践案例

课题	正方形的综合运用
阶段 1　预期结果	

参考目标：（1）巩固正方形的边、角、对角线、对称性等性质的知识。

（2）通过实验与探究，将感性认识上升到理性的思考之中，学会用特殊与一般关系、数形结合、图形的割补转化等数学思想方法发现问题、分析问题、解决问题，在实验与探究的问题中会合情推理和演绎证明。

（3）在正方形趣味实验中，增强学生学习数学的兴趣和学习数学的信心。

学生将理解：	基本问题：
（1）正方形的对角线平分垂直且相等，能分成 4 个等面积的等腰直角三角形，并且是中心对称图形。 （2）旋转的三要素是旋转中心、旋转角、旋转方向。 （3）利用正方形的中心对称性理解正方形旋转面积不变性。	（1）正方形的对角线有哪些特点？它是什么图形？ （2）旋转的三要素是什么？ （3）正方形的中心对称性能解决什么问题？
学生将知道： （1）从图形旋转中体验正方形的中心对称性。 （2）从旋转的角度对正方形中心对称性进行再认识，理解化一般为特殊的思想方法。 （3）通过观察、分析、归纳，了解将两个大小不同的正方形剪拼成一个大正方形的基本思路，设计出剪拼方案。	学生将能够： （1）探究、归纳正方形的面积不变性。 （2）会综合运用正方形的面积不变性解决问题。 （3）将两个大小不同的正方形剪拼成一个大正方形的方法，理解剪拼的基本原理。
阶段 2　评学依据	
学习任务： （1）通过实验与探究，将感性认识上升到理性的思考之中。 （2）在探究活动中经历从直观到抽象的认知过程，体验从特殊到一般的研究方法数形	其他证据： （1）课前自学检测。 （2）当堂练习与当堂小测。 （3）自学评价、自我评价、小组评价与教师评价。

（续上表）

结合、图形的割补转化等数学思想。 （3）从实践中发现剪拼的一般规律，进而优化剪拼方法，积累相应数学活动经验，进一步提升动手操作的能力。 （4）利用正方形面积不变性解决问题。 （5）整理错题。	（4）课后作业得分。 （5）错题整理与错因分析。

阶段 3　学习规划

学习过程

课前学习活动

一、任务驱动，构建知识 　1. 旋转的三要素：_____ 、_____ 、_____ ； 　2. 如下图，正方形 $ABCD$ 中，对角线 AC 与 BD 相交点 O，请完成以下填空： 　（1）线段 AC 与 BD 位置、数量关系：_____ ； 　（2）图中共有_____个等腰直角三角形； 　（3）$S_{\triangle DOC} : S_{正方形ABCD} =$ 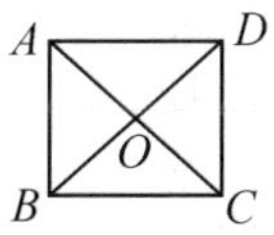 _____ 。 　3. 如图1，正方形 $ABCD$ 中的对角线 AC 与 BD 相交点 O，分别延长 OD 到点 M，OC 到点 N，以 O 为直角顶点作等腰直角三角形 OMN。将正方形 $ABCD$ 固定，将 $\triangle OMN$ 绕点 O 逆时针旋转 α 角（$0° < \alpha < 90°$）。 　如图2，若 OM 与 AD 交于点 E，ON 与 DC 交于点 F，请观察思考解决下列问题： 　（1）找出图中新出现的全等三角形：_____ ； 　（2）$S_{四边形OEDF} : S_{正方形ABCD} =$ _____ ；	**【活动意图】** 设计引导式的问题支架，帮助学生明确学习目标，抓住学习要点，提高学生的自学能力。设置自学检测和自学评价，帮助学生总结自学收获、发现学习需求，让学生带着问题进入课堂，为深度学习做好准备。

（续上表）

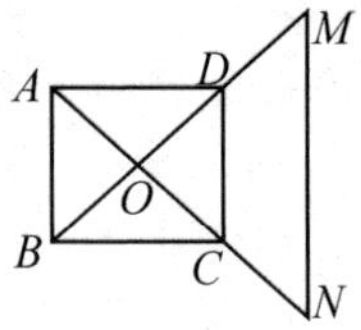

图1　　　　　图2

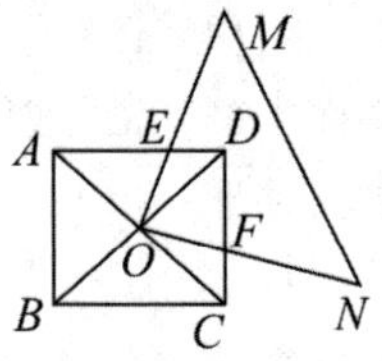

	自学评价			
评价 指标	1.　细读课本能大概 理解面积不变性	2.　自学过程中对学 习目标的掌握情况	3.　能自主完成 自学检测练习	4.　自学后是否 仍存在疑惑
获得 水平				

注：优秀"A"，良好"B"，合格"C"，还需努力"D"。

课中学习活动

二、搭建支架，引入新课	【活动意图】立足学生已
问题1.　请你在图中添加两条直线，将一块正方形分割成面积相等的四个部分，设计出分割方案。 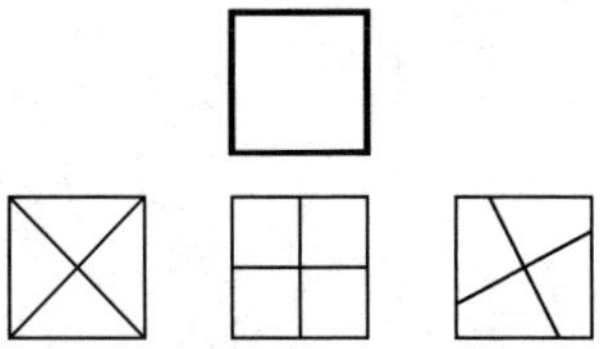 问题2.　以上分割有什么共同点？	有知识引入新课，请学生交流设计方案，为发现共性作铺垫。通过说理过程，加深学生对分割方案的理解。引导学生对图形形成共性认识，从而揭示问题的本质，激发学生的学习兴趣。
三、展开支架，合作探究 【实验一】 　　如图，正方形 $ABCD$ 的对角线交于点 O，点 O 又是正方形 $A_1B_1C_1O$ 的一个顶点，而且这两个正方形的边长相同，当正方形 $A_1B_1C_1O$ 绕点 O 转动，两个正方形重叠部分的面积是否发生变化，为什么？	【活动意图】实验一：体会图形旋转时面积的不变性，经历从旋转的特殊位置发现一般结果的过程，了解化一般为特殊的思想方法。 　　（1）通过学生对问题的证明，培养学生严谨的数学思维；

（续上表）

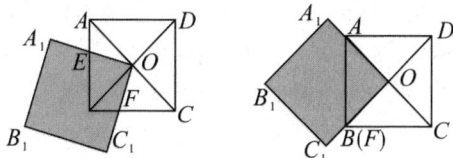

探究 1：当 OA_1 与 OA 重合，OC_1 与 OB 重合时，重叠部分的面积与一个正方形的面积有何关系？

探究 2：当 $OA_1 \perp AB$ 于点 E，$OC_1 \perp BC$ 于点 F 时，它们之间的关系会改变吗？

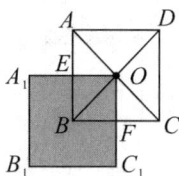

探究 3：当 OA_1 与 AB 交于点 E，OC_1 与 BC 交于点 F 时上面的结论是否成立？若成立，请证明，若不成立，请说明理由。

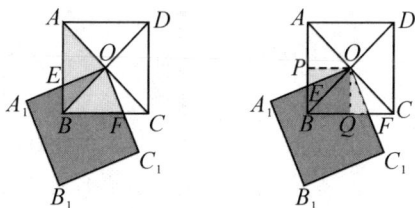

探究 4：从以上操作你能得出什么结论？

【实验二】

环节 1：将两个边长相等的正方形剪拼成一个正方形。通过观察学生拼图作品，找到具体拼法，从而在特定条件下发现剪拼的可行性。

（2）引导学生发现问题本质就是 OA_1 与 OC_1 是过对角线交点 O 且互相垂直的线段，将新问题转化成已解决的问题，体现数学的化归思想的应用，加深对此类问题的理解。

实验二：环节 1 以学生的作品作为后续问题的铺垫，帮助学生快速找到答案，也是对前面问题的再认识过程；发现在特殊情况下将两个边长相等的正方形剪拼成一个大正方形

（续上表）

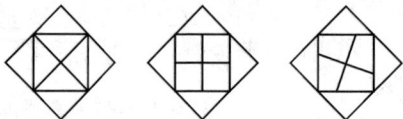

环节2：给你两个边长分别为 a、b（$a > b$）的正方形，你能通过切割的方式把它们拼接成一个大正方形吗？你将如何切割？

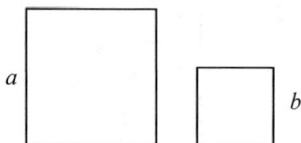

解题的关键是"切割点"。

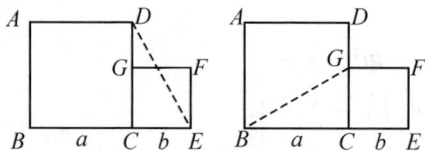

①当两个正方形的面积和为：$a^2 + b^2$。

②剪拼后大正方形的面积 $= a^2 + b^2$。

③剪拼后大正方形的边长 $= \sqrt{a^2 + b^2}$。

④你能画出 $\sqrt{a^2 + b^2}$ 的线段吗？

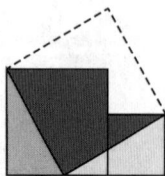

方案一

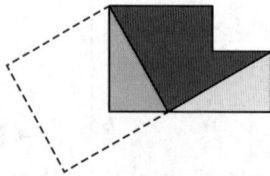

方案二

的可行性，进而为环节2的探究活动作铺垫。

环节2通过观察动手操作，使学生感受剪拼的可行性；发现正方形面积之间的关系、边之间的关系。利用勾股定理，帮助学生发现剪拼所得的正方形的有关信息，分散难点。找出图形中隐藏的大正方形的边，为探究剪拼方案作准备。利用平移的思想，进一步发现图形中隐藏的大正方形的边，为探究剪拼方案作准备。

完善学生剪拼的一般流程：①依据面积不变和勾股定理找到正方形的边；②依据边作出正方形并找到重叠部分；③将不重叠部分剪拼填空。

通过学生讨论方案、尝试剪拼、小结经验等小组活动，充分调动学生的探究热情，为学生提供展示自己的舞台，同时增强学生的团队合作意识。引导学生经历"初步感知剪拼的可行性—找到问题关键点，尝试剪拼—小结成功（或失败）的原因—发现剪拼规律，进而优化方案"的过程，体验数学研究过程的逻辑性和规律性，培养学生问题思辨的能力。

（续上表）

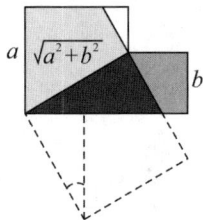 **方案三** 　　**【小结】**以图形中任何一条长度为 $\sqrt{a^2+b^2}$ 的线段作正方形都能够找到剪拼成正方形的方案，但是由于分割后所得的图形不同，导致重叠部分较小而需要剪拼的部分过大或者分割后的图形比较复杂，而一时难以发现剪拼方法。	
四、活用支架，深度学习 　　1. 练习：四边形 $ABCD$ 中，$\angle A=\angle C=90°$，$AB=AD$，$BC=4$，$CD=6$，求四边形 $ABCD$ 的面积。 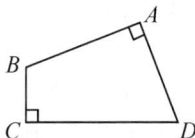 　　2. 将一块矩形的直角顶点放在正方形 $ABCD$ 的对角线交点位置，两边与对角线重合如图甲，将这块矩形绕直角顶点顺时针方向旋转（旋转角小于 $90°$）如图乙。 　　（1）试判断 $\triangle ODE$ 和 $\triangle OCF$ 是否全等，并证明你的结论。 　　（2）若正方形 $ABCD$ 的对角线长为 10，试求矩形和正方形重合部分的面积。	**【活动意图】**回顾计算不规则图形面积的常用方法——割补法，体会用割补法对不规则图形进行图形变形的必要性，为解决问题作铺垫。引导学生解决问题时，考虑化一般为特殊的思想方法。通过学生对问题的证明，培养学生严谨的数学思维。引导学生理解求正方形的边长，只要已知 BC、CD 之和，即可求出四边形的面积。 　　进一步强化学生对正方形中的旋转问题的认识，体会不同图形的旋转，深化动态分析的思维方法。让学生学有所用，培养学生思考分析问题的能力及严谨的思维习惯。

（续上表）

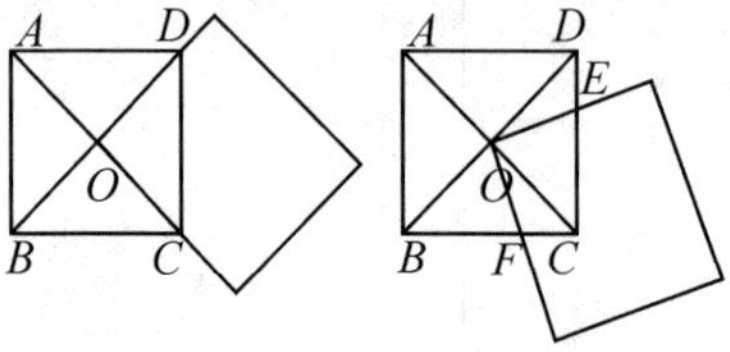

图甲　　　　　图乙

	自我评价		
评价指标	1. 能正确运用割补法拼接新正方形	2. 能用正方形面积不变性解决简单实际问题	3. 能运用转化思想，解决正方形综合问题	4. 能积极举手回答问题
获得水平			

注：优秀"A"，良好"B"，合格"C"，还需努力"D"。

五、撤销支架，反思内化	【活动意图】
小结：本节课我们学到什么知识点？掌握了哪些解题方法？ 当堂检测：工人师傅将一块如图所示的铝板，经过适当的剪切拼接，焊接成一块正方形铝板，请画出剪切方法，并将剪切后的铝板拼成一个面积与原图面积相等的正方形。 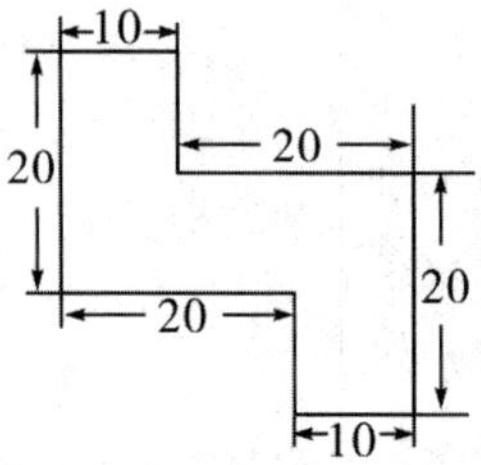 	选取与实验二类似的实际问题，检测学生对已学知识技能的掌握情况；可以将其转化为两个正方形剪拼为一个大正方形的问题，考查学生对于解决问题的基本思路（即化一般为特殊的思想）的掌握情况；体现本节课所学知识的实用价值。

	小组评价		
评价指标	1. 能正确运用割补法拼接新正方形	2. 能用正方形面积不变性解决简单实际问题	3. 能运用转化思想，解决正方形综合问题	4. 能积极举手回答问题
获得水平			

注：正副组长互评，组员互评。优秀"A"，良好"B"，合格"C"，还需努力"D"。

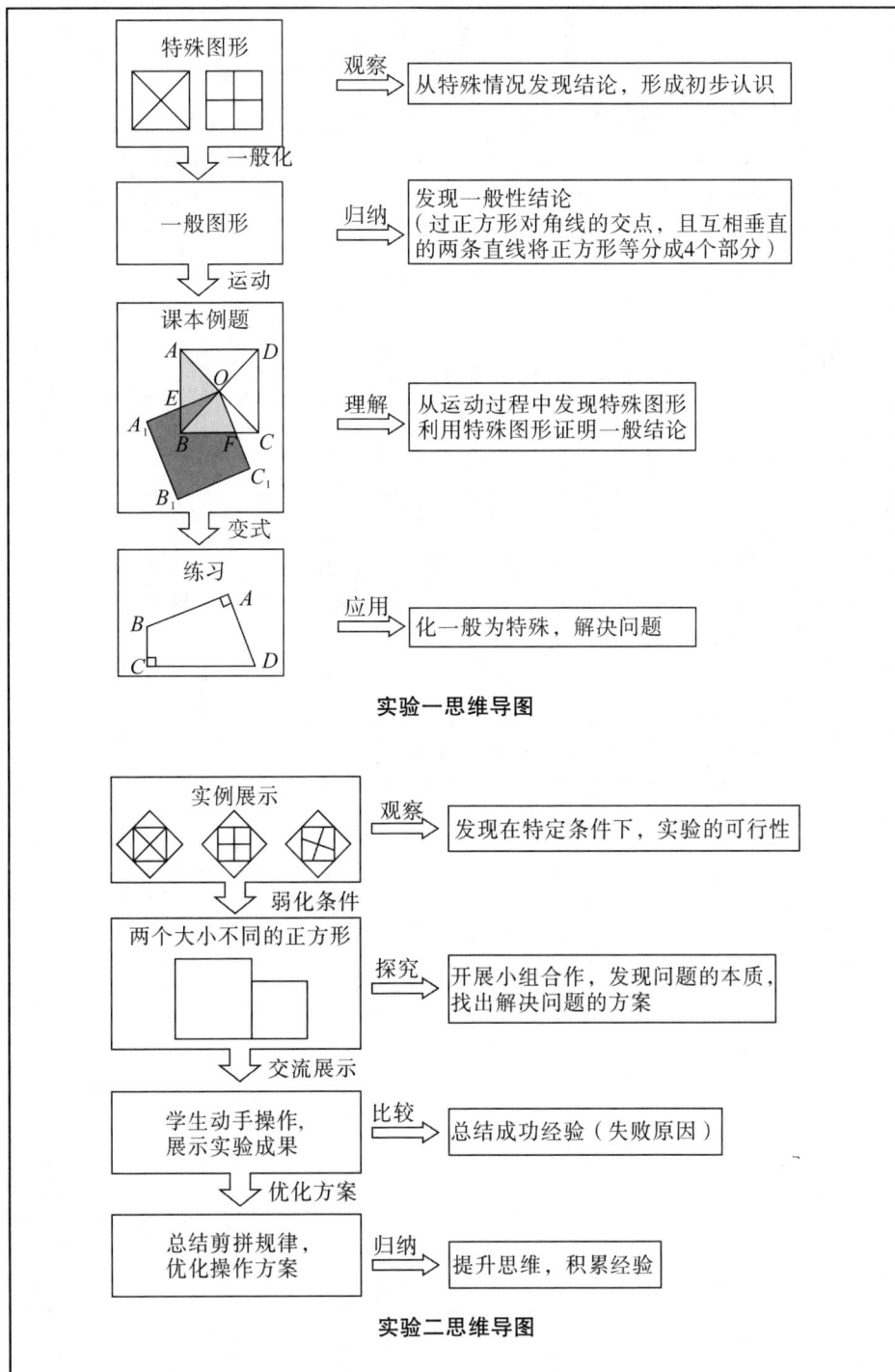

（续上表）

实验一思维导图

实验二思维导图

（续上表）

课后学习活动	
课后作业： 1. 用作业本完成教材 P68 综合运用 8。 2. 预习教材 P70－71。 3. 本节知识错题整理。 错题： 错因分析：	【活动意图】巩固、总结与分析错因与正确做法，加深对知识的理解与记忆。通过课后教师评价，让教师准确地掌握学生的学习效果，及时有效调整教学方法。

教师评价			
评价 指标	1. 课堂练习订正批改情况	2. 错题整理情况	3. 解决问题的策略、方法情况	4. 课后作业完成情况
获得 水平				
注：优秀"A"，良好"B"，合格"C"，还需努力"D"。				

参考文献

［1］中华人民共和国教育部. 义务教育数学课程标准（2022 年版）［S］. 北京：北京师范大学出版社，2022.

［2］曹一鸣. 新版课程标准解析与教学指导：初中数学（2022 年版）［M］. 北京：北京师范大学出版社，2022.

［3］史宁中，曹一鸣. 义务教育数学课程标准（2022 年版）解读［M］. 北京：北京师范大学出版社，2022.

［4］刘月霞，郭华. 深度学习：走向核心素养（理论普及读本）［M］. 北京：教育科学出版社，2018.

［5］刘晓玫，黄延林. 深度学习：走向核心素养（学科教学指南·初中数学）［M］. 北京：教育科学出版社，2019.

［6］格兰特·威金斯，杰伊·麦克泰格. 追求理解的教学设计［M］. 2 版. 闫寒冰，宋雪莲，赖平，译. 上海：华东师范大学出版社，2017.

［7］杰伊·麦克泰，格兰特·威金斯. 理解为先单元教学设计实例：教师专业发展工具书［M］. 盛群力，张思铭，王陈烁，等译. 宁波：宁波出版社，2020.

［8］格兰特·威金斯，杰伊·麦克泰. 理解为先模式：单元教学设计指南：一［M］. 盛群力，沈祖芸，柳丰，等译. 福州：福建教育出版社，2018.

［9］陈静静. 学习共同体：走向深度学习［M］. 上海：华东师范大学出版社，2020.

［10］李松林，张丽. 深度学习设计的框架与方法：核心素养导向的分析视角［J］. 中国教育学刊，2022（9）.

［11］崔允漷，夏雪梅. "教—学—评一致性"：意义与含义［J］. 中小学管理，2013（1）.

［12］吴和贵. 支架式教学：有效教学的生长点：高中数学课堂教学方式的探索与研究［M］. 广州：中山大学出版社，2013.

［13］商庆平. 数学支架教学法［M］. 长春：吉林大学出版社，2018.

［14］黎康丽. 情意数学：指向深度学习的初中数学支架式教学［M］. 长春：东北师范大学出版社，2022.

［15］黎康丽. 深度学习下支架式教学的探究：以"五步五环"法求阴影部分面积为例［J］. 中学数学教学参考，2023（7）：14－16.